商务数据分析系列丛书

商务数据分析项目化教程

主　编　　蔡吸礼　卢桂荣　陈海城
副主编　　杨　凡
联合开发：慕研（杭州）数据分析师事务所
　　　　　数字产业学院（杭州）

电子工业出版社
Publishing House of Electronics Industry
北京·BEIJING

内 容 简 介

本书秉持项目驱动、理论与实践相结合的编写理念，涵盖电商数据分析基本理论、市场分析、竞争分析、店铺诊断、渠道分析、产品分析、活动分析、广告分析、客户分析、库存分析、撰写分析报告 11 个项目。每个实战项目均来自企业真实的数据案例。教材内容按照企业数据分析流程（数据获取、清洗和处理、数据分析、数据可视化）展开，是企业工作过程的再现。同时，每个项目中又设置了素养园地，以便学员在学习的过程中积累数据分析岗位必备的专业知识、实操技能，潜移默化地养成职业素养。

本书内容图文并茂，并配有多媒体教学资源。本书既可以作为高职院校电子商务、商务数据分析与应用、大数据分析与应用等相关专业的教材或参考书，也可以作为社会各界人士自学或培训的参考书。

未经许可，不得以任何方式复制或抄袭本书之部分或全部内容。
版权所有，侵权必究。

图书在版编目（CIP）数据

商务数据分析项目化教程 / 蔡吸礼，卢桂荣，陈海城主编．—北京：电子工业出版社，2025.1
ISBN 978-7-121-43787-8

Ⅰ．①商… Ⅱ．①蔡… ②卢… ③陈… Ⅲ．①商业统计—统计数据—统计分析—高等学校—教材 Ⅳ．①F712.3

中国版本图书馆 CIP 数据核字（2022）第 101413 号

责任编辑：吴　琼
印　　刷：中煤（北京）印务有限公司
装　　订：中煤（北京）印务有限公司
出版发行：电子工业出版社
　　　　　北京市海淀区万寿路 173 信箱　邮编　100036
开　　本：787×1 092　1/16　印张：18.25　字数：467.2 千字
版　　次：2025 年 1 月第 1 版
印　　次：2025 年 1 月第 1 次印刷
定　　价：65.00 元

凡所购买电子工业出版社图书有缺损问题，请向购买书店调换。若书店售缺，请与本社发行部联系，联系及邮购电话：(010) 88254888，88258888。
质量投诉请发邮件至 zlts@phei.com.cn，盗版侵权举报请发邮件至 dbqq@phei.com.cn。
本书咨询联系方式：(010) 88254573，zyy@phei.com.cn。

前　言

二十大报告中指出，加快发展数字经济，促进数字经济和实体经济深度融合，打造具有国际竞争力的数字产业集群。当前，数字经济发展速度之快、辐射范围之广、影响程度之深前所未有，正在成为重组全球要素资源、重塑全球经济结构、改变全球竞争格局的关键力量。数据蕴含新的竞争优势，以前企业用数据找到问题，而数字经济时代，是用数据找到机会，越来越多的企业借助数据和算法的"智慧"，进一步提升技术、产品和服务供给能力，以高质量供给，创造新需求，实现供需的高水平动态平衡，畅通国内循环。随着经济活动的数字化转型加快，数据对提高生产效率的作用日益凸显，数据成为新型生产要素，对生产、流通、分配、消费活动和经济运行机制、社会生活方式、国家治理模式等产生重要影响。

近年来我国电子商务快速发展，已成为数字经济和实体经济的重要组成部分，是催生数字产业化、拉动产业数字化、推进治理数字化的重要引擎，是推动国民经济和社会发展的重要力量。同时，伴随网民数量的增长红利逐步减少，电子商务消费渗透率不断提升，电子商务市场的竞争越发激烈，精细化数据分析和精准运营已经成为电商行业的重点研究方向。电子商务活动过程中可以收集大量数据，这为商务数据分析提供了良好的生存土壤。电商企业的数据分析场景已经覆盖整个运营过程，从市场分析到商品企划，再到活动分析、会员分析、仓储分析等多个方面。数据分析技术可以帮助电商企业提高运营效率，为电商企业的重大决策提供有效的数据依据，从而帮助电商企业创造更高的商业价值。因此，数据分析能力已经成为电子商务从业者的必备技能之一。

本书选择了电商企业的数据分析实战项目来安排教材内容，每个项目又分为多个任务，按照理论和实践结合的思路组织教学内容，共计 11 个项目，每个项目的内容如下：

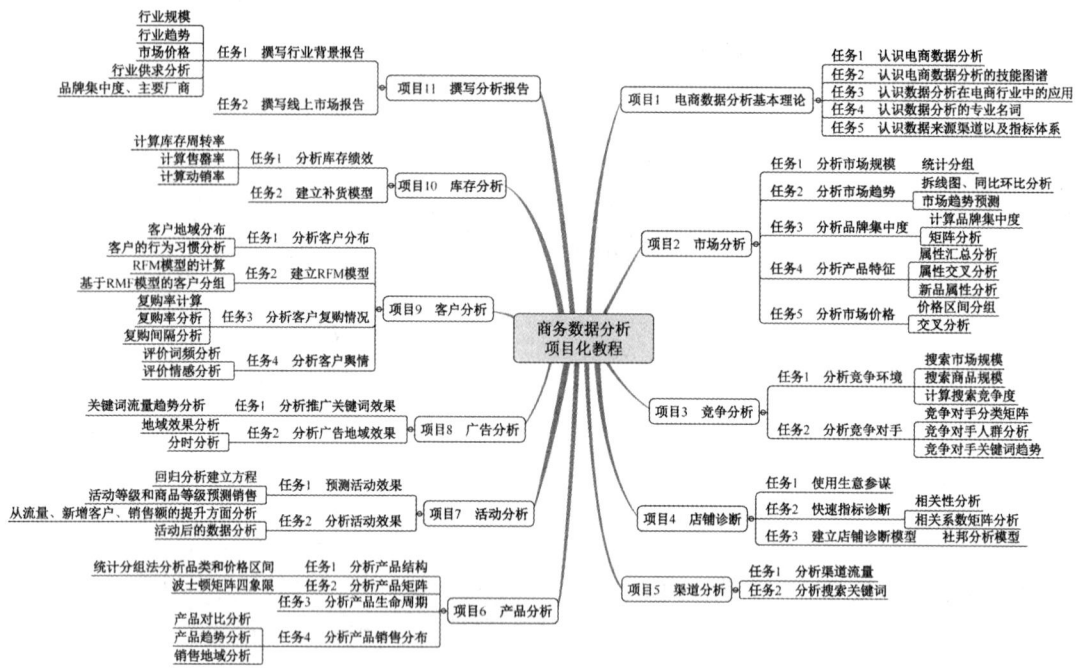

本书特色如下：

（1）知识传授、能力培养与价值塑造有机结合。

将商务数据分析领域中蕴含的诚信意识、法治意识、安全意识、社会担当意识、工匠精神、创新思维、家国情怀等思政元素挖掘出来，并在每个项目中安排了多个课程思政案例，形成"润物细无声""盐溶于水"的课程思政效果。引导学员在学习知识、技能的过程中，形成正确的世界观、人生观、价值观。

（2）以实战项目驱动，贯穿基本理论、方法、新技术、新规范的传授。

本书实战项目均来自企业真实的数据分析项目。每个实战项目都围绕项目背景、解决思路和方法、基本理论、实施过程、项目拓展等几个环节展开，贯穿数据分析领域新技术、新规范的介绍。此外，项目实施过程围绕数据获取、清洗和处理、数据分析、数据可视化几个步骤展开，是企业工作过程的再现。学员在学习的过程中可以零距离体验工作岗位，增强了学习的针对性，便于学员快速掌握数据分析的方法和技能，达到学以致用的目的。

（3）配套资源丰富。

教材编写图文并茂，配有课程标准、多媒体课件、视频资源、数据源、操作结果等立体化教学资源，学习者可以扫描书中的二维码进行在线学习，也可以登录华信教育资源网免费下载。教材编写过程中使用的是 Excel 2019 工具，建议学习者安装软件后再进行学习。

本书由杭州科技职业技术学院蔡吸礼老师、卢桂荣老师，以及慕研杭州数据分析事务所、杭州沐垚科技有限公司创始人陈海城老师担任主编；广东女子职业技术学院杨凡担任副主编；杭州科技职业技术学院赵志华老师、李同乐老师对教材的课程思政内容提出了宝贵建议。书中实战项目数据由慕研杭州事务所提供。此外，本书得到了电子工业出版社相关编辑的精心指导和大力支持，在此对各位专家、老师们的辛勤付出表示衷心的感谢。

由于电子商务行业发展迅速，加上编者水平有限，书中疏漏之处在所难免，恳请读者批评指正。如果有建议，欢迎发送至编者邮箱 biyou_0@163.com。

本教材由浙江省高等学校访问工程师项目（项目编号：FG2020300）资助，项目主持人是杭州科技职业技术学院卢桂荣老师。

编者

目 录

项目 1　电商数据分析基本理论 ··· 1

　　学习目标 ·· 1
　　项目导图 ·· 2
　　任务 1　认识电商数据分析 ·· 2
　　任务 2　认识电商数据分析的技能图谱 ··· 7
　　任务 3　认识数据分析在电商行业中的应用 ··· 11
　　任务 4　认识数据分析的专业名词 ··· 14
　　任务 5　认识数据来源渠道及指标体系 ··· 16
　　素养园地 ·· 23
　　学习小结 ·· 23

项目 2　市场分析 ·· 25

　　学习目标 ·· 25
　　项目导图 ·· 26
　　任务 1　分析市场规模 ·· 26
　　任务 2　分析市场趋势 ·· 37
　　任务 3　分析品牌集中度 ··· 49
　　任务 4　分析产品特征 ·· 53
　　任务 5　分析市场价格 ·· 59

	素养园地	66
	实训项目	67

项目 3　竞争分析 68

	学习目标	68
	项目导图	69
	任务 1　分析竞争环境	69
	任务 2　分析竞争对手	77
	素养园地	103
	实训项目	103

项目 4　店铺诊断 104

	学习目标	104
	项目导图	105
	任务 1　使用生意参谋	105
	任务 2　快速指标诊断	123
	任务 3　建立店铺诊断模型	129
	素养园地	136
	实训项目	136

项目 5　渠道分析 137

	学习目标	137
	项目导图	137
	任务 1　分析流量渠道	138
	任务 2　分析搜索关键词	142
	素养园地	164
	实训项目	165

项目 6　产品分析 166

	学习目标	166

项目导图 ·· 167

任务 1　分析产品结构 ··· 167

任务 2　分析产品矩阵 ··· 184

任务 3　分析产品生命周期 ··· 191

任务 4　分析产品销售分布 ··· 195

素养园地 ·· 202

实训项目 ·· 203

项目 7　活动分析 ·· 204

学习目标 ·· 204

项目导图 ·· 205

任务 1　预测活动效果 ··· 205

任务 2　分析活动效果 ··· 211

素养园地 ·· 213

实训项目 ·· 213

项目 8　广告分析 ·· 214

学习目标 ·· 214

项目导图 ·· 215

任务 1　分析推广关键词效果 ······································· 215

任务 2　分析广告地域效果 ··· 218

素养园地 ·· 221

实训项目 ·· 222

项目 9　客户分析 ·· 223

学习目标 ·· 223

项目导图 ·· 224

任务 1　分析客户分布 ··· 224

任务 2　建立 RFM 模型 ··· 232

任务 3　分析客户复购情况 ··· 241

任务 4　分析客户舆情 249

　　素养园地 258

　　实训项目 258

项目 10　库存分析 259

　　学习目标 259

　　项目导图 260

　　任务 1　分析库存绩效 260

　　任务 2　建立补货模型 262

　　素养园地 271

　　实训项目 271

项目 11　撰写分析报告 272

　　学习目标 272

　　项目导图 273

　　任务 1　撰写行业背景报告 273

　　任务 2　撰写线上市场报告 275

　　素养园地 280

项目 1
电商数据分析基本理论

在电子商务时代,数据被赋予了特殊的使命,从业者们将不断研究如何用数据驱动运营,把数据资产转变成生产力,从而提高电商企业的数据化运营能力,提高销售业绩,建立技术壁垒。

学习目标

知识目标:
- 了解电商数据分析常见的应用场景
- 理解业务能力、数学和统计学对数据分析的重要性
- 掌握统计学的基本方法
- 了解运筹学的概念
- 掌握数据分析工具的种类
- 掌握数据指标体系

能力目标:
- 能根据业务场景选择数据分析软件

素养目标:
- 通过本章节教学内容,学生可以了解电商数据人才需要具备的知识、能力和素养方面的要求,为以后走向工作岗位打下良好的基础
- 了解电商平台运营过程中应当遵守的法律法规,增强法治意识,培养法治思维,提升法治素养

项目导图

本项目介绍认知数据分析、电商数据分析所需的各个技能及数据分析在电商中的应用，让读者了解数据分析可以做什么，以及电商数据人才需要具备的知识和能力，电商数据分析基本理论导图如图 1-1 所示。

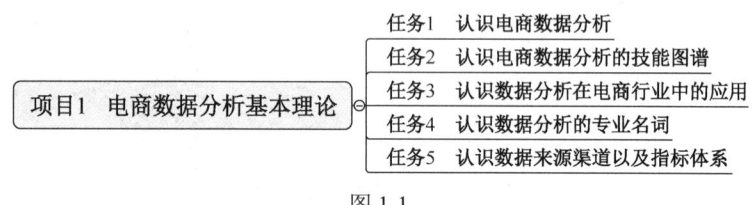

图 1-1

任务1 认识电商数据分析

认识电商数据分析

1. 什么是电商数据分析

数据分析是将数据转变成有效信息的过程，信息具有指向性，由于每个人的背景、经验及掌握的信息不同，对于相同的数据会产生不同的看法，也就是每个人都有自己认为的有效信息。比如，一家做亚马逊出口汽配产品的企业可能不会关心淘宝网母婴产品的市场情况。

如图 1-2 所示，数据分析过程的核心工作是建立参考系，比如在分析自己店铺数据时，需要建立的参考系有：同期的行业大盘，过去的自己，同期的对手等。所有的分析方法论都是直接作用于参考系的，让参考系起作用，充分利用参考系。

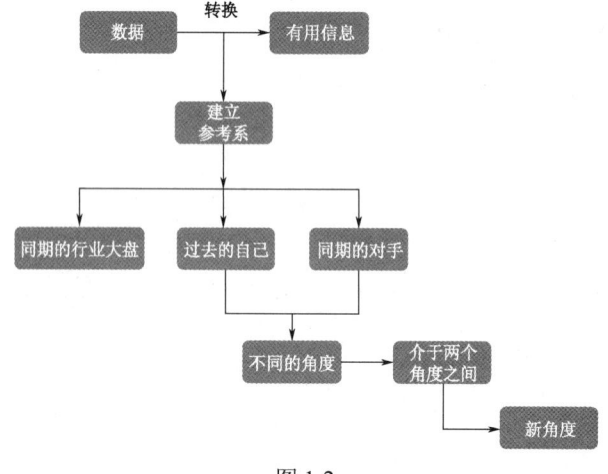

图 1-2

数据分析从另一个角度讲是从不同的角度对事物进行观察，从而看清楚事物的全貌，也就是维度和度量之间的不同组合，通过不同的组合、交叉产生不同的视角，从而看清事物的全貌。从这个角度来讲，数据分析就是维度和度量之间的组合关系。

2．电商数据分析的作用

电商数据分析可以给运营人员提供决策依据，特定的分析维度视角可以帮助运营人员做出有效的决策。

例 1-1：某线下企业想转型线上，考虑成本原因，咨询是开设淘宝店（集市店）好还是天猫店好。

采集该企业所在的淘宝和天猫平台上的类目店铺及经营数据，经统计分组后如图 1-3 所示，可以看出天猫平台的竞争小、份额大，建议入驻天猫平台，由天猫平台打入市场。如果选择淘宝平台起步，将面临激烈的竞争。

平台	店铺数量	数量占比	销售总额（元）	销售总额占比
淘宝	4351	98.91%	193858.74	24.36%
天猫	48	1.09%	601822.72	75.64%
总计	4399	100.00%	795681.46	100.00%

图 1-3

例 1-2：某运营人员在优化某产品标题时需要替换掉某些词，哪些词可以替换呢？

收集该产品的关键词数据，如图 1-4 所示，将其转变成词根数据，可以发现"情人节""手工""友情"这几个词都没有流量产生，因此将这 3 个词删掉后不会影响产品现有的流量和销量。

词根	访客数	支付买家数	支付金额	平均转化率
diy	64	2	488	3.13%
保鲜	36	1	378	2.78%
玻璃	262	4	945	1.53%
干花	125	2	567	1.60%
礼盒	107	2	488	1.87%
礼物	18	0	0	0.00%
玫瑰	137	3	677	2.19%
情人节				
生日	32	0	0	0.00%
手工				
鲜花	43	1	378	2.33%
永生花	645	12	3337	1.86%
友情				
长生花	98	0	0	0.00%
罩	189	2	378	1.06%
总计	1756	29	7636	1.65%

图 1-4

总而言之，数据能够给运营指明更清晰的方向，让运营的决策更精准，运营的成功率也就更高，如图 1-5 所示。

图 1-5

3. 电商数据分析的标准流程

数据是客观的事实，但是数据本身并不会告诉人们它的价值，其中蕴涵的信息需要分析师进行挖掘并发现。数据分析的标准流程有以下八个步骤，如图 1-6 所示。

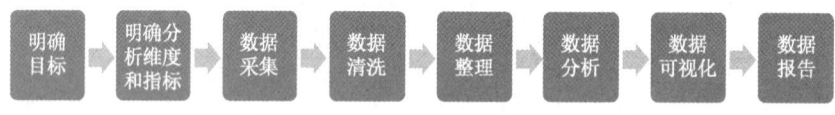

图 1-6

（1）明确目标。数据分析是一种目的明确的行为，因此开展数据分析的基础是明确目标，在此之前任何的分析都可能是无用功。比如，你想要了解销售情况，又或是想找到数据之间的某种规律，这其中一切的行为动作，都基于某个目标展开。

（2）明确分析维度和指标。在明确分析目标之后，围绕分析目标，选定分析的维度和指标，通过选定的范围才可以有目的地收集数据，并开展分析。明确的分析范围能避免分析报告内容冗余，而且不深入。例如，分析店铺新上线的详情页的效果，需要分析的维度有日期、页面，指标有停留时间、转化率。

（3）数据采集。确定分析所需要的维度和指标后，就可以开始收集数据，或通过爬虫收集，或通过手工记录。基础的数据采集可采用 Excel、八爪鱼、火车头、码栈等软件，进阶的数据采集可使用 Python。

（4）数据清洗。采集数据后，并不是所有的数据都可以直接使用，可能会有一部分"脏数据"污染数据集，进而影响分析结果。在分析前需要对数据进行检查，如发现"脏数据"就必须将其清洗掉。

例 1-3：表 1-1 是从淘宝生意参谋下载的店铺数据，其中第三条观测值中存在以"-"为标记的缺失值，此类缺失值如果不处理将无法进行下一步的操作，需将数据中存在的"-"符号替换为数字"0"。

表 1-1 店铺经营数据

统计日期	PC 端支付金额/元	PC 端支付商品数/个	PC 端支付老买家数/个
2023-05-03	907.62	41	8

续表

统计日期	PC 端支付金额/元	PC 端支付商品数/个	PC 端支付老买家数/个
2023-05-04	268.94	15	1
2023-05-05	1 196.92	15	-
2023-05-06	1 938.21	16	2
2023-05-07	319.15	23	5

数据清洗可使用 Excel、Python 等工具，亦可使用专业的 ETL 工具。其中 Excel 中的 Power Query 组件（Office2016 及以上版本），可实现小量数据的清洗功能。

（5）数据整理。因为收集的数据一般都是杂乱的，并不能直接用于分析，需要对数据进行整理。比如，要观察新的详情页上线后用户行为的变化，就可以按照上线前和上线后的用户行为数据进行分类汇总，然后通过两份数据的对比得到结论。

例 1-4：表 1-2 是淘宝网女装 T 恤和衬衫两个品类在 2023 年 1 月到 3 月的销售额数据，将数据整理成表 1-3 的形式，更便于分析。

表 1-2　未经整理的行业数据

子行业名称	销售额/千万元	年月
T 恤	509	2023 年 1 月
衬衫	467	2023 年 1 月
T 恤	524	2023 年 2 月
衬衫	501	2023 年 2 月
T 恤	1 036	2023 年 3 月
衬衫	945	2023 年 3 月

表 1-3　整理过后的行业数据

年月	T 恤/元	衬衫/元	总计/元
2023 年 1 月	509	467	976
2023 年 2 月	524	501	1 025
2023 年 3 月	1 036	945	1 981
总计	2 069	1 913	3 982

（6）数据分析。这个步骤非常重要，目的是将数据转变成有用的信息。数据分析的结果绝大多数都来自于数据间的对比。

例 1-5：表 1-4 是对淘宝产品标题中的关键词词根进行分析，进而对标题进行优化。通过表 1-4 中支付买家数的对比，发现"收纳箱"和"大号"这两个词根的支付买家数为 0，表示没有用户通过这两个词产生成交，因此得到的信息是"收纳箱"和"大号"这两个词可以优化。

表1-4 关键词词根分析

关键词词根	访客数/个	支付买家数/个
工具箱	342	29
五金	45	1
收纳箱	12	0
加厚	7	3
大号	5	0
手提式	2	1

（7）数据可视化。数据可视化是借助图形化手段，清晰有效地传达与沟通信息。

例1-6：将表1-5中的数据集更直观地展现出来。

表1-5 多个产品的对比数据

产品	点击率指数	转化率指数	交易指数	流量指数	口碑指数
A	0.85	0.42	0.59	0.74	0.94
B	0.62	0.48	0.51	0.78	0.86
C	0.96	0.67	0.83	0.55	0.74

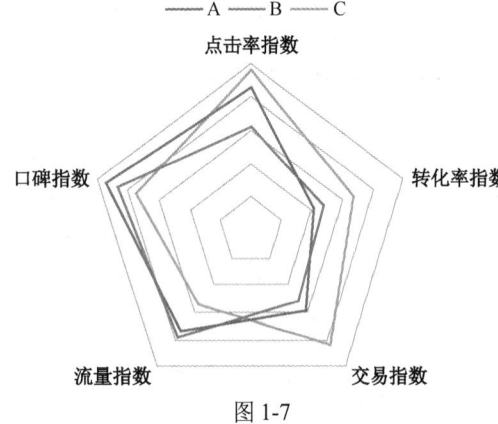

图1-7

用表1-5中的数据画出雷达图，如图1-7所示，各个产品间的差异清晰可见。

（8）数据报告。数据报告是将一系列的分析结果具有逻辑性地进行集中展现并阐述分析结论的文档，可以使用PPT、Word工具制作报告。报告页面样例如图1-8所示。

- ◆ 结合0～14岁儿童性别结构分布图，可以看出，新生男女数量差距逐渐缩小，女童比例逐步上升。
- ◆ 可以合理推测未来母婴市场女童产品市场需求会有一定提升。
- ◆ 考虑女童服装购买特点和数量，这很可能是新的着力点。

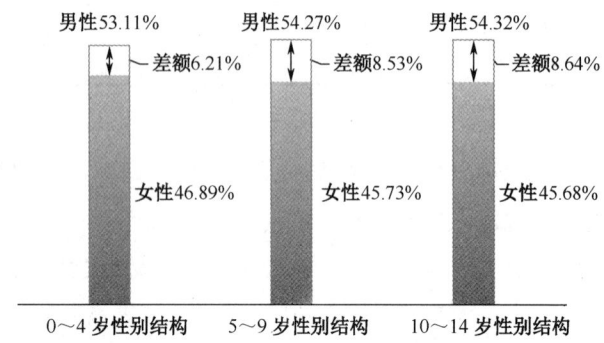

图1-8

任务 2　认识电商数据分析的技能图谱

认识电商数据分析的技能图谱

电商数据分析师和业务数据分析师的定位相似，需要多种技能的支撑才可以完成数据分析任务，因此可以知道数据分析并不是一门独立的学科，它跟多个学科的知识有着紧密的联系。电商数据人才除了能从数字中获取有价值的信息，还需要具备熟练的数据处理能力。

- 数学和统计学：数学和统计学是数据分析最基本的理论知识，数据分析就是这两门学科的应用。
- 运筹学：运筹学是现代管理学的一门重要专业基础课，主要研究如何求得最优解，可解决运营过程中的最佳决策问题。
- 数据分析方法论：数据分析方法论是前人分析的经验归纳，套用方法论可以快速入门数据分析。
- 数据分析工具：单靠笔尖或计算器进行数据分析速度太慢，面对大量资料的整理需要专业的技能，因此至少熟练掌握一种数据工具才能大大提高数据分析的效率和精度。
- 电商业务能力：对电商业务场景的高敏锐度是一名电商数据工作者的核心能力，只有懂业务的分析师才能将数据转化成生产力。
- 电商数据指标体系：了解并掌握电商的数据指标体系可以帮助分析者更快、更清晰地开展数据分析工作。

1. 数学和统计学

数据分析来自统计学，而统计学来自数学。数学知识是数据分析的理论基础，普通的商业分析要求的数学水平在高中及以上，要求能看懂数学符号和数学公式，如果要涉及数学建模，则要求数学水平在大学本科及以上，如图 1-9 所示。具体的技能要求如下：

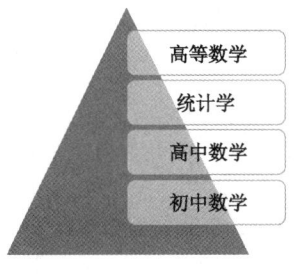

图 1-9

- 初中数学基础：数学运算（基本运算、因式分解），方程与方程组，不等式与不等式组（简单的线性规划），初步统计（平均数、众数、中位数、极差、方差、标准差、频数、频率、频率分布直方图），初步概率（概率计算）。
- 高中数学基础：集合（交、并、补），基本初等函数（指数函数、对数函数、幂函数），函数的应用（求极值、最值及变化趋势），数列（递推逻辑、归纳演绎），简易逻辑（真假命题、假设逻辑），合情推理（归纳、类比），演绎推理（三段论）等。
- 统计学基础：抽样调查与推断，概率论，描述统计学，推断统计学。
- 更深层次的学习与研究：要求掌握线性代数、微积分、复变函数等数学知识。

2．运筹学

运筹学是现代管理学的一门重要专业基础课，也是数据分析的理论基础之一。它是20世纪30年代初发展起来的一门新兴学科，其主要目的是在决策时为管理人员提供科学依据，是实现有效管理、正确决策和现代化管理的重要方法之一。该学科是应用数学和形式科学的跨领域研究，利用统计学、数学模型和算法等方法，去寻找复杂问题中的最佳或近似最佳的解答。

在电商业务背景下，运筹学具有非常广泛的应用场景，如最佳推广方案、最短运营路径、最佳产品组合、最佳人工排班方案等。

3．数据分析方法论

数据分析是将数据转化成有用信息的过程，在电商分析中的主要目的是了解现状和问题产生的原因，并能对未来做预测。预测是商业分析的核心。

许多电商从业者在分析数据的时候会遇到许多问题：不知从哪方面切入开展分析，分析的内容和指标不知是否合理、完整。出现这些问题都是因为分析人员缺少方法论。

方法论可以帮助分析人员依循某些轨迹顺利地开展分析活动，常见的分析方法有以下9种：
- 对比法：只有通过参照物的对比才能了解现状和发现问题，通过横向和纵向的对比找到自己所处的位置。
- 拆分法：将大问题和相关的指标拆解成多个小问题和多个相关指标，通过拆解问题和指标可以快速找到问题的原因。
- 分组法：将数据依据某些维度进行分组统计，通过观察分组后的结果洞察事物的特征。
- 排序法：基于某个度量值进行递增或递减的排列，通过排序后的结果查看所有观测值的情况。

- 交叉法：将两个及以上的维度进行交叉分析，比如通过产品特征和价格区间两个维度的交叉分析，找到更符合企业定位的细分市场。
- 降维法：分析问题时遇到指标过多的时候，采用业务梳理的方式选择核心指标进行分析，减少过多指标的干扰。在统计学上也可以使用主成分分析或因子分析的方法达到降维的目的。
- 增维法：分析问题时指标的信息量不足，通过计算派生出新的指标，包含了更多的信息量，比如搜索竞争度=搜索人气÷商品数。
- 指标法：在分析时采用指标的方法进行分析，一般制成表格来查看分析结果。
- 图形法：在分析时采用图形的方式更加直观地进行分析。

除了以上常见的分析方法之外，还有一些在业务上常用的思维分析框架，如以下 7 种方法：

- SWOT 分析法：通过该方法了解自己所处的环境，对内外部因素进行分析并制定应对策略。
- 描述性统计法：描述性统计是用来概括、表述事物整体状况及事物间关联、类属关系的统计方法，基于统计值来表示数据集的集中和离散等情况。
- 矩阵分析法：将主要因素放在矩阵的两个维度轴进行定量或定性的分析，并通过某个点将数据分为四个象限。
- 多维分析法：将三个及以上的维度在表格、多维平面图或三维图中进行观测分析。
- 数据归一化分析法：将数值映射在[0,1]内，消除因为值域不同产生的分析难点，一般配合多维分析法或在数据建模时使用。
- 时间序列分析法：针对连续变化的时间数据进行分析的方法，主要用于预测连续的未来数据，比如分析店铺未来每天的销售额。
- 相关性分析法：研究指标间的相关程度，常用于寻找关键影响因素。

4．数据分析工具

数据分析必须掌握两个及以上的分析工具，分析工具的种类繁多，主要分成以下 3 类：

- 数据库：按照数据结构来组织、存储和管理数据的仓库。常见的数据库有 Access、MSSQL、MySQL、Oracle、DB2 等。
- 数据分析与可视化工具：用于组织数据进行分析和可视化呈现的工具，常见的工具有 Excel、Power BI、Tableau 等。
- 统计&数据挖掘工具：用于统计分析和数据挖掘算法的工具，常见的工具有 R 语言、Python、SPSS、SAS 等。

企业在不同阶段对数据分析工具的需求不同：

第一阶段：这个阶段企业的现状是数据用 Excel 或 WPS 文件存储，数据文件多而杂乱，企业无法对庞大的历史数据进行分析，数据管理杂乱，这个阶段的企业需要解决数据的统一管理及分析问题。这个阶段可选用 Excel 和 MySQL 工具，Excel 解决分析层和应用层的问题，MySQL 可解决大数据量的存储和计算问题。Excel 和 MySQL 在国内企业的使用率较高。

第二阶段：这个阶段的企业已经实现了数据的统一管理和分析，但随着企业数据量和数据应用能力的提升，虽然 Excel 可以满足大数据量下多表建模联合分析的需求，但刷新一张分析模型文件所需的时间太久，此时可选用微软的 Power BI 满足复杂的业务建模需求。部分企业在这个阶段会有专业统计方法和数据挖掘的需求，可选择 SPSS。SPSS 有两个工具，一个是 Statistics，用于统计分析；另一个是 Modeler，用于商业数据分析与挖掘。

第三阶段：这个阶段的企业已经属于数据驱动型企业了，数据应用已渗透生产、流通、销售和管理等各个环节。随着数据种类的复杂化，原有的数据采集、清洗及算法应用的效率满足不了需求，要运用 IT 技术和算法解决商业问题，真正地将数据转变成生产力，可以在 R 语言和 Python 之间进行选择，这两者都是应用非常广泛的编程语言。

第四阶段：这个阶段的企业已经是深度的数据驱动型企业了。进入这个阶段的企业只有少数的龙头企业，通过技术手段的提升可以极大地提高企业的工作效率和商业收益。运用大数据和人工智能可以升级改造企业所有的生产环节，此时需要应用大数据框架（如 Hadoop）及人工智能框架（如 Tensorflow）。

5．电商业务能力

数据分析是为商业服务的，因此在进行数据分析时必须了解业务的形态和过程。业务能力是通过参与业务流程或跟业务人员紧密沟通获得的。电商业务能力可以归纳为以下 5 点：

- 商业逻辑：企业通过一连串的商业活动达到最终的商业目的，就是企业运作过程中的内在规律。
- 平台规则与流程：指在电商平台或自由平台进行经营时必须遵守的规则和相关流程。
- 对产品和消费者的了解：商业无非就是将产品卖给消费者，充分了解产品和消费者是至关重要的一环。
- 推广能力：对产品或品牌的推广，让用户知道产品。

- 营销能力：对用户进行营销，让用户选择产品。

6. 电商数据指标体系

数据指标体系是指相互之间有逻辑联系的指标构成的整体，是基于业务构建的，一个完善的数据指标体系将给业务提供有力的支撑，而且可以防止因为人员的流动导致数据分析部门运作瘫痪。

因为业务的差异性，导致不同电商平台、不同商户的数据指标体系可能存在差异，但大致都可以按以下公式计算：

$$销售额 = 访客数 \times 转化率 \times 客单价$$

以上是电商通用公式，基于这条公式可以延伸出其他指标体系。

任务3　认识数据分析在电商行业中的应用

认识数据分析在
电商行业中的应用

数据分析的目的是提升企业的效益，增加企业的利润。所以对电商企业经营过程中的各个环节进行数据分析，为经营者提供有效的决策依据，不但可以提高经营效率，还可以提升企业的经营能力。

1. 数据诊断

数据诊断是指对网店运营的数据指标进行分析对比，找出有异常的数据指标或找出跟分析问题最为相关的指标。

常用的店铺快速诊断方法有以下两种：

- 杜邦分析法（Du Pont Analysis）：根据杜邦分析法将相关指标进行拆解，并展示最相关的指标变化，可以通过指标间的关联和变化快速发现店铺的问题。
- 相关性分析法（Correlation Analysis）：先分析问题找到核心指标，选择相关性分析找到与问题的核心指标相关程度高的指标，再有针对性地分析这些指标。

2. 数据复盘

数据复盘是针对某个事件对各个工作环节产生的数据进行梳理，并还原事件的过程。这个事件指的是某次大促或某个方案的执行。

诊断与复盘相近，数据复盘是还原具体的每一个过程，分析的数据包含工作人员的数据，比如客服人员拨打了100位网店客户的电话。运营能从整个工作过程中进行提炼和总结，而数据诊断并不需要还原具体过程。

3．市场分析

市场分析是指应用统计学、计量经济学等分析工具对特定市场的运行状况、产品生产、产品销售、市场竞争力、市场竞争格局、市场政策等市场要素进行深入分析，从而发现市场运行的内在规律，进而预测未来市场的发展趋势。市场分析是发现和掌握市场运行规律的必经之路，是企业发展的大脑，对指导市场内企业的经营规划和发展具有决定性意义。

电商市场分析的过程包含以下内容：

- 市场容量（Market Volume）分析：分析的是市场相对规模，市场规模是难以估算的，根据统计学的方式估算的结果并不能完全吻合，因此用电商的市场数据（抽样）来分析电商的相对规模，给决策者提供有价值的参考依据。
- 市场趋势（Market Trends）分析：对市场的自然规律进行探索，以及对未来的发展趋势进行预测，让决策者提前根据市场发展趋势做出预判，并对经营策略进行调整。
- 市场细分（Market Segmentation）分析：市场细分是市场选择的基础，根据消费者群体将市场划分成多个子市场，子市场之间的需求存在着明显的差异。
- 目标市场（Target Market）选择：目标市场选择是指根据自身情况估计每个细分市场的优劣势，并选择进入一个或多个细分市场。
- 品牌分析（Brand Analysis）：以品牌为分析维度，研究品牌市场的分布，从而找到市场空白。

4．竞争分析

竞争分析是针对竞争市场环境和竞争对手展开的分析，帮助企业更深入地了解市场和自己的竞争对手。

竞争分析包含以下内容：

- 竞争环境分析：是指针对电商平台搜索环境、价格和品牌的分析，代表了企业市场成本及进入门槛的高低。
- 竞争对手的选择：是指行业竞争标杆的确定，根据竞争对手矩阵和对手分类，确定不同时期的行业标杆，对企业的发展起到正面的引导作用。
- 竞争对手数据跟踪：长期收集并跟踪竞争对手数据，掌握竞争对手的动态。
- 竞争对手分析：是指针对某个竞争对手的人群、产品、渠道等开展的分析。

5．渠道分析

渠道分析是指对电商流量渠道的精细化分析，针对各个渠道的销售情况、用户、价格分布等细节进行分析，以帮助企业调整渠道布局。

渠道分析包含以下内容：
- 传统流量渠道分析：指针对传统的聚合式流量入口的分析，比如搜索、活动、首页、广告等渠道，掌握各个渠道的市场表现和用户特征，帮助企业优化渠道运营策略。
- 社交渠道分析：指针对分布式的社交渠道入口的分析，比如微淘、淘宝直播等，对投放在渠道的产品、内容进行分析，指导企业调整社交渠道的运营策略。

6．活动及广告分析

活动及广告分析是指对促销活动和广告投放的效果分析，从而了解企业的营销活动和广告的情况，并对下阶段的工作提出优化建议，对某些区域的促销和广告策略进行局部调整，对用户进行更精准的营销。

促销及广告分析包含以下内容：
- 活动效果预测：分析同类产品的活动效果，对活动销量进行预估，帮助企业制订活动营销策略。
- 活动效果对比分析：活动结束后将活动数据与同类活动、日销数据进行对比分析，总结活动的成败。
- 关键词效果分析：分析广告投放的关键词的效果和趋势。
- 地域效果分析：分析广告投放的地域的效果和趋势。

7．产品分析

产品分析是指对企业产品结构和销售情况的分析，通过对这些指标的分析来指导企业的产品结构和运营策略，提高所营产品的竞争能力和合理配置能力。

产品数据分析包含以下内容：
- 产品结构分析：对产品的价格、品类、热卖程度等因素进行分析，了解各类产品的比例关系，从而调整产品的生产和销售策略。
- 产品矩阵分析：通过矩阵分析法分析产品，基于两个或多个因素的相互作用对产品的影响，洞察产品所处的态势，从而制定产品的战略方向。
- 产品生命周期分析：基于产品的销售趋势分析产品的生命周期，贯穿新产品的构想到产品消失的整个过程。
- 产品销售分析：主要分析不同因素对销售业绩的作用，如销售时段、地域、价格等，通过产品间的对比了解热销和滞销产品，从而制定产品的销售策略。

8. 库存分析

库存分析是对企业的库存绩效进行分析的过程，包括库存预警和补货数量的分析，帮助企业提高仓库管理能力和库存绩效，降低不良库存量。

库存分析包含以下内容：

- 库存绩效分析：指对库存的存量、动销率、售罄率、库存周转率等进行分析，帮助企业管理库存，掌握库存情况。
- 补货数量测算：指对产品补货的测算，帮助企业科学补货。

9. 客户分析

现阶段电商企业获取新客户的成本极高，一个新客户的成本甚至高达数百元，提高客户的价值和预防客户的流失对电商企业非常重要，通过对客户进行分析，有助于提高企业的客户运营能力。

客户分析包含以下内容：

- 客户分布：掌握客户的分布情况，可以大致了解客户的画像，根据人群分布地区制订营销计划，提升营销效果，降低广告成本。
- RFM 模型：基于 RFM 模型对客户价值和客户创利能力进行评判，让经营者有针对性地对客户进行分类管理。
- 复购分析：即客户对该品牌产品或服务的重复购买次数。对客户的复购情况进行分析，重复购买次数越多，消费者对品牌的忠诚度就越高，反之越低。
- 舆情分析：对客户在线上留下的文字（聊天记录、评论等）进行统计和模型分析，了解客户对品牌、产品的看法、需求和情感上的喜恶，这对产品的战略定位起到非常重要的作用，有助于运营者做出正确的决策。

任务 4　认识数据分析的专业名词

认识数据分析的专业名词

1. 维度和分类数据

维度是数据分析的术语之一，是指不同值的对象的描述性属性或特征。维度不能以数值的大小来反映强度，属于分类数据，如性别、地域、日期、渠道分类、产品名称等。

2. 度量和定量数据

度量是数据分析的术语之一，是指可以用数字大小来衡量且具有同等距离的字段，也称为指标，度量属于定量数据。度量可以分为绝对度量和相对度量。绝对度量反映的是规模大小的指标，如销售额、访客数等。相对度量是用来反映质量好坏的指标，如转化率、利润率、退款率等。分析一个事物的发展程度可以从数量和质量两个角度入手，以全面衡量事物的发展程度。

3．粒度

粒度是维度的分析单位，如分析国内地域的销售分布，可以选择省份作为粒度，如广东省、浙江省等。如分析某省份的销售分布，可以选择城市作为粒度，如杭州市、湖州市等。

4．量纲和单位

量纲是表征物理量的性质（类别），如时间、长度、质量等；单位是表征物理量的大小或数量的标准，如秒、米等。

在做数据分析时会遇到销售额和转化率，两者量纲不同，不能直接放在一起分析。

5．数据集、事实表和维度表

数据集又称资料集、数据集合或资料集合，是一种由数据组成的集合。如一张记录网店数据的表。

事实表是记录已经发生的事实的数据，大多数统计或收集下来的数据都是事实表。

维度表是观察事实表的一个或几个角度，维度表中的数据不可以重复，如日历表，日历中不会出现重复的日期。

6．算法和函数

算法是指解题方案的准确、完整的描述，算法是运用数学方法将现实复杂的问题降维成数学问题的方法。

函数是封装好的算法，可供用户直接调用。比如，Excel 中的 Sum 函数，程序提前封装好算法，用户直接调用 Sum 指令即可。

7．模型

模型是解决某些问题的整体方案，可分为业务模型、关系模型和算法模型。业务模型是基于业务逻辑构建的可自动处理业务中间过程的整体结构，比如杜邦分析法构建的杜邦分析模型。关系模型是基于表与表之间的关系建立的解决方案，一般涉及跨表联查；算法模型是基于算法构建的解决方案，如关联算法、回归模型等。

任务 5　认识数据来源渠道及指标体系

认识数据来源渠道
及指标体系

1．数据来源

电商数据分析的主要数据来源有：

- 交易或订单数据：小到一家店铺，大到电子商务平台，都会有订单数据产生，订单数据主要记录订单金额、收货地址及订单状态等信息。
- 用户行为数据：平台拥有用户在平台上全链路的行为数据，商家拥有用户在自己店铺消费的行为数据。
- 运营数据：不管是平台还是商家都拥有丰富的运营数据，如阿里巴巴的生意参谋，京东的数据罗盘，包括点击率、转化率等核心指标。
- 口碑评价数据：以文本、图片和视频为主的数据，反映用户对平台或产品的满意程度。
- 内容数据：包括直播、短视频、图文三大类型，商家可以查看其细分内容渠道的种草效果，以便更好地调整内容运营的方向和策略。

2．数据口径

数据口径也称统计口径，是指统计数据所采用的标准，包含统计内涵和统计范围。统计内涵即进行数据统计的具体内涵（项目内容），如店铺的销售金额，包括全店产品的销售额，但要扣除退款的金额。统计范围是在指标内涵基础之上的汇总意义，如店铺销售金额、下单金额之间是口径差异，店铺的销售金额和某品类的销售金额是统计范围的差别。

数据口径的统一没有对错之分，如 A 企业将下单金额定义为销售金额，B 企业将支付金额定义为销售金额。企业在确定数据口径时会为了某些目的采用不常用的命名规则。

统一数据口径是企业开展数据分析事务的前提条件，只有统一数据口径之后，分析人员方可以使用数据开展分析工作。

3．基础数据指标

（1）交易指标。

支付金额：指统计时间内，客户完成支付流程后的所有订单的金额汇总，是电商企业重点关注的收入指标。

支付件数：指统计时间内，客户完成支付流程后的所有订单的商品件数汇总。

支付父订单数：指统计时间内，客户完成支付流程后的父级订单数量，父级订单指的是一次下单总的订单号。

支付子订单数：指统计时间内，客户完成支付流程后的子级订单数量，每一个订单中的不同 SKU（SKU 为单品的最小库存量单位，可简单地理解为商品的具体规格，如颜色、尺码、文案等，比如红色 M 码是一个 SKU，红色 L 码又是一个 SKU）都是一个子订单。支付子订单数除以支付父订单数等于 SKU 连带率。

支付转化率：指统计时间内，完成支付流程的客户数量占总访客数的比例。支付转化率是重要的指标之一，常用于评估运营的好坏或用户对商品的喜好程度。

（2）流量指标。

曝光量：指统计时间内，商品或店铺得到曝光（展现在客户面前）的次数。

浏览量：指统计时间内，商品或店铺被用户打开（进入对应的 URL 中）的次数。

访客数：指统计时间内，商品或店铺被用户打开（进入对应的 URL 中）的人数去重数。访客数是重要指标之一，常用于评估客群的规模。

全网点击率：在所选的终端（PC 端或无线端），在搜索关键词后出现的搜索结果中，点击店铺或商品的次数占关键词搜索次数的比率。该指标常用于评估运营的好坏或用户对商品的喜好程度。在页面分析中点击率有不同的含义，其中：

无线端点击率=点击人数÷访客数

PC 端点击率=点击次数÷浏览量

（3）服务指标。

退款率：统计时间内，退款成功笔数除以支付宝支付子订单数所得到的比例，退款包括售中和售后的"仅退款"和"退货退款"。

（4）其他指标。

加购人数：统计时间内，将商品加入购物车的访客数去重。

收藏次数：统计时间内，商品被访客收藏的次数，一件商品被同一个人收藏多次记为多次。

更多生意参谋指标如表 1-6、表 1-7 所示。

表 1-6 流量类、交易与商品类和公用指标详解

指标类型	指标名称	指标注释
流量类	浏览量	店铺或商品详情页被访问的次数，1 个人在统计时间内访问多次记为多次。所有终端的浏览量等于 PC 端浏览量和无线端浏览量之和
	PC 端浏览量	店铺或商品详情页在 PC 端浏览器上被访问的次数，1 个人在统计时间内访问多次记为多次
	无线端浏览量	店铺或商品详情页在无线设备（手机或 Pad）的浏览器上被访问的次数，称为无线 WAP 的浏览量；在无线设备的 App（包括手机淘宝、天猫 App、聚划算 App 等）上被访问的次数，称为无线 App 浏览量，无线端浏览量等于无线 WAP 和无线 App 浏览量之和

续表

指标类型	指标名称	指标注释
流量类	访客数	店铺页面或商品详情页被访问的去重人数，1个人在统计时间内访问多次只记为1次。所有终端访客数为PC端访客数和无线端访客数直接相加之和
	PC端访客数	店铺或商品详情页在电脑浏览器上被访问的去重人数，1个人在统计时间范围内访问多次只记为1次
	无线端访客数	店铺或商品详情页在无线设备（手机或Pad）的浏览器上，或者在无线设备的App（目前包括手机淘宝、天猫App、聚划算App等）上被访问的去重人数，记为无线端访客数。特别地，如果通过无线设备浏览和App访问的是同一人，无线端访客数记为1个
	跳失率	一天内，来访店铺浏览量为1的访客数除以店铺总访客数，即访客数中只有1个浏览量的访客数占比，该值越低表示流量的质量越好。多天的跳失率为各天跳失率的日均值
	人均浏览量	店铺的浏览量除以访客数的值，多天的人均浏览量为各天人均浏览量的日均值
	人均停留时长	来访店铺的所有访客总的停留时长除以访客数的值，单位为秒，多天的人均停留时长为各天人均停留时长的日均值
	点击人数	点击店铺页面的去重人数，1个人在统计时间范围内多次点击该页面会只会被计算为1次
	点击转化率	统计周期内，统计页面的点击产生的下一步页面的浏览页面数占统计页面被浏览的页面数的比率
	跳出率	统计时间内，访客中没有发生点击行为的人数占访客数的比率，该值越低越好
交易与商品类	下单买家数	统计时间内，拍下商品的买家人数去重，1个人拍下多件或多笔，只算1个人
	下单金额	统计时间内，商品被买家拍下的累计金额
	支付买家数	统计时间内，完成支付的买家人数去重，预售分阶段付款的在付清当天计入；所有终端支付买家数为PC端和无线端支付买家人数去重
	PC端支付买家数	在PC端拍下商品后，在统计时间内完成付款的去重买家人数（特别说明：不论支付终端是电脑还是手机，拍下商品为PC端，就将该买家数计入PC端支付买家数）
	无线端支付买家数	在手机或Pad上拍下后，统计时间内完成付款的去重买家人数（特别说明：不论支付终端是电脑还是手机，拍下为手机或Pad，就将该买家数计入无线端支付买家数）
	支付金额	买家拍下后通过支付宝支付的金额，未剔除事后退款金额，预售阶段付款在付清当天计入。所有终端的支付金额为PC端支付金额和无线端支付金额之和
	PC端支付金额	买家在电脑上拍下商品后，在统计时间范围内完成付款的支付宝金额，未剔除事后退款金额，预售分阶段付款在付清当天计入（特别说明：支付终端不论是电脑还是手机，拍下商品为PC端，就将后续的支付金额计入PC端）
	无线端支付金额	买家在无线端拍下商品后，在统计时间范围内完成付款的支付宝金额，未剔除事后退款金额，预售分阶段付款在付清当天计入（特别说明：支付终端不论是电脑还是手机，拍下为手机或Pad，就将后续的支付金额计入无线端）
	客单价	统计时间内，支付金额除以支付买家数的值，即平均每个支付买家的支付金额
	下单转化率	统计时间内，下单买家数占访客数的比值，即来访客户转化为下单买家的比例
	下单—支付转化率	统计时间内，下单且支付的买家数占下单买家数的比值，即统计时间内下单买家中完成支付的比例
	支付转化率	统计时间内，支付买家数占访客数的比值，即来访客户转化为支付买家的比例
	支付件数	统计时间内，买家完成支付的商品数量，如出售手机16G内存的2个、32G内存的1个，那么支付件数为3个

续表

指标类型	指标名称	指标注释
交易与商品类	下单件数	统计时间内，商品被买家拍下的累计件数
	UV 价值	支付金额除以访客数
	商品动销率	统计时间内，所选终端条件下，店铺整体商品售出率，即支付商品数占店铺在线商品数的比值，PC 端商品动销率=PC 端支付商品数÷店铺在线商品数，无线端商品动销率=无线端支付商品数÷店铺在线商品数
	收藏人数	统计日期内，通过某渠道访问该商品并收藏该商品的去重买家人数
	加购人数	统计日期内，通过某渠道访问该商品并加入购物车的去重买家人数
公用	同行平均	在所选的比较二级类目中，超过同行平均这个指标值，意味着处于行业前 40%范围内
	同行优秀	在所选的比较二级类目中，超过同行优秀这个指标值，意味着处于行业前 10%范围内
	淘内免费访客占比	根据所选终端统计的，淘内免费来源渠道的访客数占淘内免费渠道来源的访客数和淘内付费渠道来源的访客数之和的比率，所有终端淘内免费来源访客数等于 PC 端和无线端淘内免费的访客数之和
		淘内免费其他是指通过淘宝外 App 访问淘宝 App 或天猫 App 等淘系 App，由于目前尚未有相关数据记录，所以无法识别来源，暂时归入淘内其他；淘宝 App、天猫 App 等淘系 App 内有一部分无线的活动页面，由于没有打上相关的标记，暂时归为淘内其他；部分在淘宝 App 中的插件者安卓用户的部分日志缺失，则会将该部分数据归入淘内其他
	淘内付费访客占比	根据所选终端统计的，淘内付费来源渠道的访客数占淘内免费渠道来源的访客数和淘内付费渠道来源的访客数之和的比率，所有终端淘内付费来源访客数等于 PC 端和无线端淘内付费的访客数之和
	访客地域	根据访问者访问时的 IP 地址进行计算，如果 1 个访问者一天通过多个省份的 IP 地址访问，会同时计入多个省份
	访客来源关键词	访客入店前搜索的关键词，如果访客通过多个关键词进入店铺，同时计入多个关键词
	新访客/老访客	本次访问前 6 天内曾经来访过店铺，记为老访客，否则为新访客

表 1-7 生意参谋首页相关指标详解

页面范围	指标名称	指标注释
实时概况	访客数	0 点至统计时间观看店铺自播直播间、观看自制全屏页短视频 3 秒及以上、浏览店铺自制图文 3 秒及以上、浏览商品微详情 3 秒及以上、访问商品详情页及店铺其他页面的去重人数，1 个人在统计时间范围内访问多次只记为 1 个。所有终端访客数为 PC 端访客数和无线端访客数相加去重
	支付金额	买家拍下商品后通过支付宝支付的金额，未剔除事后退款金额，预售阶段付款在付清当天计入。所有终端的支付金额为 PC 端支付金额和无线端支付金额之和
	支付买家数	统计时间内，完成支付的去重买家人数，预售阶段付款在付清当天计入。所有终端支付买家数为 PC 端和无线端支付买家去重人数，即统计时间内在 PC 端和无线端都对商品完成支付，买家数记为 1 个
淘宝商家成长层级	层级	淘宝网根据店铺实际经营情况，评估店铺所处成长阶段，并提供多项经营权益和清晰的晋级通道，助力店铺成长。淘宝网将商家分为 8 个成长层级，从低到高分别是 Lv1 至 Lv8
整体看板	访客数	统计周期内访问店铺页面或商品详情页的去重人数，1 个人在统计时间范围内访问多次只记为 1 次。所有终端访客数为 PC 端访客数和无线端访客数之和。实时计算过程中，店铺流量高峰时，可能会出现交易数据处理快于浏览数据，导致访客数小于支付买家数

续表

页面范围	指标名称	指标注释
整体看板	老顾客复购率	过去365天内有过支付行为的买家在统计时间内再次购买的比率。即过去365天有过购买行为且在统计时间内再次购买的买家数占过去365天有过购买行为的买家数的比率
	支付金额	买家拍下后通过支付宝支付的金额,未剔除事后退款金额,预售阶段付款在付清当天才计入内。所有终端的支付金额为PC端支付金额和无线端支付金额之和
	支付转化率	统计时间内,支付买家数/访客数,即来访客户转化为支付买家的比例
	客单价	统计时间内,支付金额/支付买家数,即平均每个支付买家的支付金额
	退款金额	统计时间内,卖家申请退款的订单支付金额之和
	支付老买家数	统计时间的最小统计日期前365天内有过支付行为的买家,在统计时间内有至少一次购买行为的买家数
流量看板	跳失率	计时间内,访客中没有发生点击行为(没有收藏、加购物车、购买、单击超链接等)的人数除以访客数的值,即跳失率=1-单击人数÷访客数,该值越低表示流量的质量越好。多天的跳失率为各天跳失率的日均值
	人均浏览量	浏览量与访客数的比值,多天的人均浏览量为各天人均浏览量的日均值。其中浏览量是店铺所有页面被访问的次数
	平均停留时长	平均停留时长=来访店铺的所有访客总的停留时长÷访客数,单位为秒,多天的人均停留时长为各天人均停留时长的日均值
转化看板	访客—加购转化率	统计时间内,加购人数占访客数的比率
	支付买家数	统计时间内,完成支付的去重买家人数,预售分阶段付款在付清当天才计入内;所有终端支付买家数为PC端和无线端支付买家去重人数,即统计时间内在PC端和无线端都对商品完成支付,买家数记为1个
	访客—支付转化率	统计时间内,来访客户转化为支付买家的比例
评价看板	退款金额	退款申请时间在统计周期内的退款金额数
	描述相符评分	最近180天描述相符评分=最近180天描述相符评分累加和÷最近180天描述评分次数
	卖家服务评分	最近180天服务态度评分=最近180天服务态度评分累加和÷最近180天服务态度评分次数
	物流服务评分	最近180天物流服务评分=最近180天物流服务评分累加和÷最近180天物流服务评分次数
退款看板	退款率	退款率=成功退款笔数÷支付子订单数
	成功退款金额	在统计时间内,已完成退款的金额
	成功退款笔数	在统计时间内,已完成退款的笔数
客单看板	人均支付件数	统计周期内,支付商品件数与支付买家数比值
	连带率	统计周期内,每个订单平均购买SKU商品数,是支付子订单数与支付主订单数的比值
竞争情报	流失金额	选定周期下,访问了本店商品但未购买的访客,当天购买了其他店铺的相同子类目商品的总支付金额
	流失人数	选定周期下,访问了本店给商品但未购买访客,而购买了其他店铺的相同子类目商品的总访客数
行业排行	交易指数	根据产品交易过程中的核心指标如订单数、买家数、支付件数、支付金额等,进行综合计算得出的数值。数值越大反映交易的热度越大,不等同于交易金额。
	搜索人气	根据统计周期内的用户搜索人数拟合出的指数类指标。搜索指数越高,表示搜索人数越多

续表

页面范围	指标名称	指标注释
内容看板	内容种草人数	统计周期内，15天内观看短视频3秒及以上，点击或加购短视频下挂的本店商品，浏览图文3秒及以上，点击或加购图文下挂的本店商品，点击直播间下挂的本店商品的去重人数之和
	种草成交金额	统计周期内，观看短视频、图文3秒及以上，或者点击短视频、图文、直播间下挂的本店商品的用户15天内支付成功的商品金额之和
	内容引导访客数	统计周期内，观看店铺自播直播间、观看自制全屏页短视频3秒及以上、浏览自制图文3秒及以上、观看微详情视频3秒及以上，或者通过点击所有下挂本店商品的直播、图文、短视频内进入商品详情页的去重人数

（来源：生意参谋）

4．常用分析度量

常用分析度量用于帮助用户判断运营情况的好坏，销售额、访客数、客单价及转化率等关键指标都可以使用分析度量。常用的分析度量有：年累计（Year to Day，简称 YTD）、环比、同比、目标完成率。

年累计：一年时间内，某个指标的累加数据，常用的指标情况有支付金额 YTD、访客数 YTD、退款金额 YTD 等。

环比：对比上个月同期，某个指标的变化幅度。计算公式为：环比=（本期数据－上期数据）÷上期数据。

同比：对比去年同期，某个指标的变化幅度。计算公式为：同比=（本期数据－去年同期数据）÷去年同期数据。

目标完成率：在指定时间范围内，完成目标的比例。计算公式为：目标完成率=年累计销售额÷目标销售×100%。

5．建立数据指标体系

第一步：先确定统计指标，包括平均值、汇总值、最大值、最小值、目标达成率、环比增长率、同比增长率七个基本统计指标。

第二步：基于公式，销售额=访客数×转化率×客单价，整理与其相关的指标，如图1-10所示。

访客数	转化率	客单价
·浏览量	·点击率 ·停留时间 ·访问深度	·人均支付件数

图 1-10

第三步：如表 1-8 和表 1-9 所示，给每个指标统一的统计口径和解释，让单位的所有同事都可以一目了然，从而提高沟通和工作效率。

表 1-8 数据指标体系

分析模块	指标	来源	定义	算法	指标类型	数据类型	相关数据源表	相关数据报表
销售	销售额	生意参谋	下单且支付的总金额	支付转化率×访客数×客单价	正指标	数值	店铺取数表	店铺整体分析报表
销售	上新率	自行统计	上新的 SKU 占比全店 SKU 的比例	$\dfrac{新SKU}{总SKU数}$	/	百分数值	/	商品信息表
销售	退款金额	售后报表	申请退款且退款成功的总金额	成功退款订单的汇总金额	逆指标	数值	售后退款表	/
销售	退款率	自行统计	当月成交后退款的订单数与总订单数的比例	$\dfrac{退款订单数}{总订单数}$	逆指标	百分数值	/	售后退款表店铺取数表

数据指标字段说明：

分析模块：指标所属的分析模块。

指标：指标的名称。

来源：该数据的来源。

定义：该指标的统计口径。

算法：该指标可通过哪个算法计算得出。

指标类型：指标是正指标（越大越好）还是逆指标（越小越好）。

数据类型：数据存储的形式，常见的有数值、文本、日期等。

相关数据源表：该指标可在数据库中哪张表找到。

相关数据报表：使用这个指标的报表名称。

表 1-9 不同统计周期各个部门需要关注的数据指标

统计周期	部门	相关度量值	表现方式	KPI	变化阈值	变化说明
月、周、天	运营部	总销售额年累积销售额	折线图	/	15%	市场趋势下降，换季，竞争对手打击，违规，断货
月	运营部产品部	/	卡片，表格	10%	/	采购/生产、拍摄、设计的进度
月	产品部售后部	年累积退款总额	/	/	比销售额增幅高 30%	产品质量，详情页描述，恶意订单

数据指标字段说明：

统计周期：该指标的统计间隔，常见的有：按天统计、按 3 天统计、按周统计、按月统计、按季度统计、按年统计。

部门：可查看该指标的部门，用于指定数据权限。

相关度量值：通过该指标计算出来的相关度量值。

表现方式：该指标用什么可视化对象进行展现。

KPI（关键绩效指标）：该指标的 KPI。

变化阈值：超过变化阈值需要提醒经营者注意。

素养园地

《中华人民共和国电子商务法》（简称《电商法》）对科学合理界定《电商法》调整对象，规范电子商务经营主体权利、责任和义务，完善电子商务交易与服务，强化电子商务交易保障，促进和规范跨境电子商务发展，加强监督管理，实现社会共治等若干重大问题进行了合理规定。

《中华人民共和国电子商务法》

作为一个优秀的数据分析师需要具备哪些知识和技能？企业对数据分析师有哪些素养要求？虽然我们是在校生，但是在学习期间也要关注国家经济发展过程中的人才战略和市场需求，把自己所学知识与社会经济发展结合起来，明确自己的发展方向和目标，不断挖掘自身潜力，切实提高综合素质，不断挑战自我、超越自我，为实现中华民族的伟大复兴而奋斗。

成为一个合格的数据分析师，
需要具备哪些素质？

学习小结

本项目主要介绍了电商数据分析的理论基础，读者需掌握以下内容：

- 电商数据分析的技能图谱，电商不同于零售，数据更丰富，场景更复杂
- 数据分析的标准流程
- 数据分析在电商中的应用场景
- 统计学是数据分析的核心理论基础
- 运筹学可以让店长/运营者的决策更聪明
- 了解电商数据来源及重要指标

项目 2
市场分析

市场分析是指利用统计学、计量经济学等分析工具对特定市场中产品的生产情况、销售情况、技术水平、市场竞争力、市场政策等要素进行深入分析，从而发现市场运行的内在规律，进而预测未来市场的发展趋势。市场分析是发现和掌握市场运行规律的必经之路，对指导市场内企业的经营规划和发展具有决定性意义。市场分析的目的是帮助企业掌握市场情况，以便企业制定市场战略。

学习目标

知识目标：
- 了解常见的 5 种统计分组法及其应用场景
- 理解产品投放市场后不同阶段的情况
- 理解品牌集中度的概念

能力目标：
- 掌握分析市场规模的思路和方法
- 掌握分析市场趋势的思路和方法
- 掌握分析市场价格的思路和方法
- 掌握分析品牌集中度的思路和方法
- 掌握分析产品特征的思路和方法

素养目标：
- 培养以商务决策为导向的数据收集意识，培养学生对数据的敏感度

- 培养在加工处理数据时一丝不苟、精益求精、严谨认真的工匠精神和科学态度
- 了解国内和国际的经济环境，认识国家统一大市场，了解国家发展新格局和新市场战略，从而更好地把握行业市场

项目导图

本项目共包含 5 个任务，分别是分析市场规模、分析市场趋势、分析品牌集中度、分析产品特征、分析市场价格。通过这 5 个任务可掌握市场情况，为企业进行市场决策提供必要的数据依据。项目任务导图如图 2-1 所示。

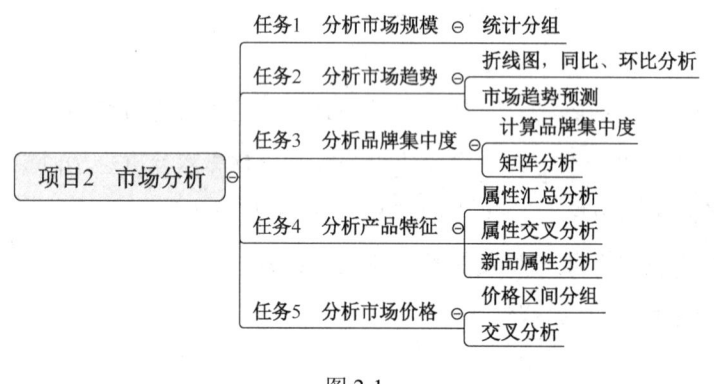

图 2-1

任务 1　分析市场规模

分析市场规模

◎ 情景导入

现有一家以线上市场为主的零食生产型企业，其天猫店想横向拓展品类，此时企业需要分析各品类的市场规模，从而知道各品类的行业天花板在哪里。

理论导读：品类、行业天花板

品类在淘宝网又称为类目，细分品类称为子类目。

行业天花板是指行业内企业销售额的极限数字。市场容量的大小决定了行业天花板的高低，正常来讲容量越大天花板越高，分析时可用市场容量和行业头部企业来确定行业天花板。

例如，淘宝网某行业的市场规模是十亿元，那么业内店铺的最大销售额可能是十亿元，但从市场经济实际运行情况来讲是不可能的，假设市场被 20 家店铺瓜分了 80% 的份额，这

20家店铺的天花板在4 000万左右。

◎ 解决思路

分析市场的主体为淘宝网，选择阿里巴巴的生意参谋作为数据源，订购生意参谋专业版后采集数据。采集近3年的数据作为数据源，使用统计分组法根据品类分组分析。

理论导读：统计分组法

统计分组法在统计研究中占有重要地位，不仅是统计、资料整理的重要方法，还在整个统计工作阶段发挥特有的作用，也是商务数据分析时比较常用的统计方法。

了解并掌握统计分组法可提高从业者的数据分析能力。统计分组法分为以下5种，如表2-1所示。

表2-1 统计分组法

序号	分组方法	分组依据	案例
1	类型分组法	按不同类型进行分组	按店铺类型分，有天猫店和集市店，分组后可观察各组店铺数量或销售额的差异
2	结构分组法	根据研究对象的内部结构进行分组	淘宝类目从一级类目分为服饰、数码等，服饰又可以分为服装、饰品，服装又可进一步分为T恤、衬衫等
3	水平分组法	基于研究对象的不同水平进行分组	用于区分不同的价格区间，如单价为0~20元的销售量，20~40元的销售量
4	依存关系分组法	把性质上有关的社会经济现象联系进来进行分组	研究产品定价和销量之间的关系，可把产品分别按照销售额和价格进行分组，然后观察各组的销售额和产品数量分布，将两者联系起来进行分析
5	时间阶段分组法	根据时间粒度进行分组，如年份、季度、月份、天等	分析店铺销售额的时候可把销售额按照不同的时间阶段分组，根据天及以上的粒度分组可以研究销售额的趋势，根据小时粒度分组可以研究消费者的行为特征

一般认为市场容量越大相对市场竞争也就越大，需要的市场预算也就越多；市场容量越小相对市场竞争也就越小，需要的市场预算也就越少。实力雄厚的企业应该选择市场容量较大的市场，实力不足或新兴企业应选择市场容量相对较小的市场。

分析时可从多个指标描述市场容量，比如销售额、流量、销售件数等。市场容量是评判行业的一个维度，但在商业层面分析时要注意不能单纯地认为市场容量越大越好，市场容量的大小只是一种现状，如何选择市场、如何确定市场策略，需要企业结合内外因素才可以准确判断。

◎ 实施过程

自己采集数据累积成行业数据，可分别采集每个类目的品类词的搜索数据，按销量排序采集前 100 页数据作为行业样本，根据二八原则，用前 100 页的商品数据可代表市场风向。每个词每个月底或月初采集一次，可获得当月销量。

1. 分析市场规模

分析市场规模需要汇总市场数据，运用统计分组法，可以快速发现数据的特征。

例 2-1：表 2-2 是从淘宝网的生意参谋平台采集的食品行业 2018 年 1 月至 2020 年 12 月的市场数据，使用 Excel 汇总数据研究市场规模。

表 2-2　生意参谋采集的市场数据

一级类目	二级类目	年份	月份	搜索人数/人	访客数/个	交易指数
零食/坚果/特产	饼干/膨化	2018	1	34 989 344	76 136 969	962 138 650
……	……	…	…	…	…	…
零食/坚果/特产	饼干/膨化	2020	12	34 077 709	86 557 782	1 453 737 902
零食/坚果/特产	豆干制品/蔬菜干	2018	1	11 064 730	25 439 490	212 444 724
……	……	…	…	…	…	…
零食/坚果/特产	豆干制品/蔬菜干	2020	12	13 445 743	34 880 108	287 954 893
零食/坚果/特产	糕点/点心	2018	1	25 816 423	57 670 571	844 718 718
……	……	…	…	…	…	…
零食/坚果/特产	糕点/点心	2020	12	35 309 258	79 138 845	1 309 328 092
零食/坚果/特产	蜜饯/枣类/梅/果干/冻干	2018	1	19 851 278	48 970 903	899 113 931
……	……	…	…	…	…	…
零食/坚果/特产	蜜饯/枣类/梅/果干/冻干	2020	12	21 441 277	47 294 480	846 491 626
零食/坚果/特产	牛肉干/猪肉脯/卤味零食	2018	1	17 120 387	40 316 450	767 739 889
……	……	…	…	…	…	…
零食/坚果/特产	牛肉干/猪肉脯/卤味零食	2020	12	24 620 921	63 313 753	1 252 125 259
零食/坚果/特产	巧克力	2018	1	9 716 070	30 291 106	384 321 924
……	……	…	…	…	…	…
零食/坚果/特产	巧克力	2020	12	12 710 667	46 301 245	414 349 837
零食/坚果/特产	山核桃/坚果/炒货	2018	1	25 643 761	63 223 279	2 409 050 179
……	……	…	…	…	…	…
零食/坚果/特产	山核桃/坚果/炒货	2020	12	22 180 406	69 935 079	1 478 485 017
零食/坚果/特产	糖果零食/果冻/布丁	2018	1	20 943 802	43 556 175	612 277 525
……	……	…	…	…	…	…
零食/坚果/特产	糖果零食/果冻/布丁	2020	12	22 748 962	58 250 420	822 258 750
零食/坚果/特产	鱿鱼丝/鱼干/海味即食	2018	1	7 805 460	19 963 990	210 345 756
……	……	…	…	…	…	…
零食/坚果/特产	鱿鱼丝/鱼干/海味即食	2020	12	10 542 733	34 857 115	362 118 031

数据透视表是 Excel 中快速完成统计分组的便捷工具，可自定义分组维度。利用数据

透视表快速实现数据的统计分组，基于统计分组后的数据使用图表将数据可视化展示，具体操作步骤如下。

（1）创建数据透视表。选中 Excel 中的数据，在【插入】选项卡中单击【数据透视表】，如图 2-2 所示，在弹出的【创建数据透视表】对话框中检查设置，检查引用的数据区域范围是否准确，检查完毕后单击【确定】按钮，如图 2-3 所示。

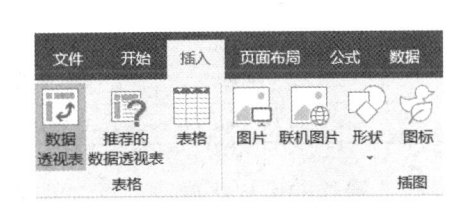

图 2-2

图 2-3

（2）在新建的数据透视表中设置字段。将【二级类目】字段拖到【行】区域，将【交易指数】【访客数/个】【搜索人数/个】字段拖到【值】区域，如图 2-4 所示。原则上【交易指数】属于指数类型，求和汇总不具备统计学意义，但由于生意参谋不提供交易金额，因此本例将交易指数当作交易金额。

图 2-4

（3）完成了不同的类目对应的数据汇总，设置好字段后的数据透视表如表 2-3 所示，可以观察到"糕点/点心""山核桃/坚果/炒货""饼干/膨化"是一级类目下规模最大的二级类目。

表 2-3　统计分组后的数据结果

二级类目	交易指数	访客数/个	搜索人数/个
饼干/膨化	33 374 271 361	2 602 175 060	999 277 818
豆干制品/蔬菜干	7 622 555 219	1 012 015 687	404 395 733
糕点/点心	38 530 237 745	2 605 232 698	1 056 010 172
蜜饯/枣类/梅/果干/冻干	22 038 533 599	1 672 000 661	603 529 292
牛肉干/猪肉脯/卤味零食	26 791 798 747	1 731 929 661	685 510 133
巧克力	7 918 790 166	799 695 477	251 603 274
山核桃/坚果/炒货	34 972 247 466	1 704 999 468	587 035 386
糖果零食/果冻/布丁	15 244 301 855	1 535 714 383	575 775 396
鱿鱼丝/鱼干/海味即食	8 387 898 221	929 735 190	313 916 169

在本次分析市场容量的场景中，可选择饼图作为最终的可视化展现对象，可视化对象可用于报告中，对比表格更直观和美观。

> **知识加油站**：饼图
>
> 饼图常用于统计学模块，在商业分析中用于表达整体的一部分，在反映占比时被广泛应用。饼图不属于坐标系图形，因为饼图并没有 X 轴或 Y 轴，画出饼图仅需要一个维度字段和一个指标或度量值即可。

（4）在已完成的数据透视表基础上，选中该数据透视表，在【插入】选项卡中单击【插入饼图或圆环图】按钮，如图 2-5 所示。

图 2-5

在弹出的下拉列表中选择【二维饼图】中的第一个【饼图】，如图 2-6 所示。

数据透视表中有三个指标字段，但饼图只需一个指标字段，因此会默认使用第一个指标字段，效果如图 2-7 所示。饼图使用交易指数字段划分了占比，发现各类别指标呈现不够详细，利用结合排序法和图注可让饼图的阅读效果更佳。

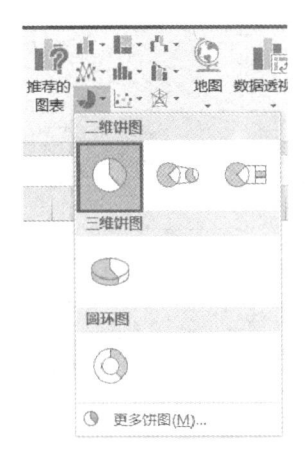

图 2-6 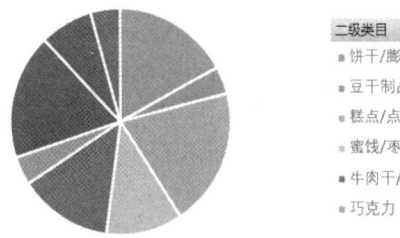　　　　　　　　　　　　　　　　图 2-7

（5）在数据透视表对应的【求和项:交易指数】字段中单击鼠标右键，在弹出的菜单中依次选择【排序】→【降序】选项，如图 2-8 所示。

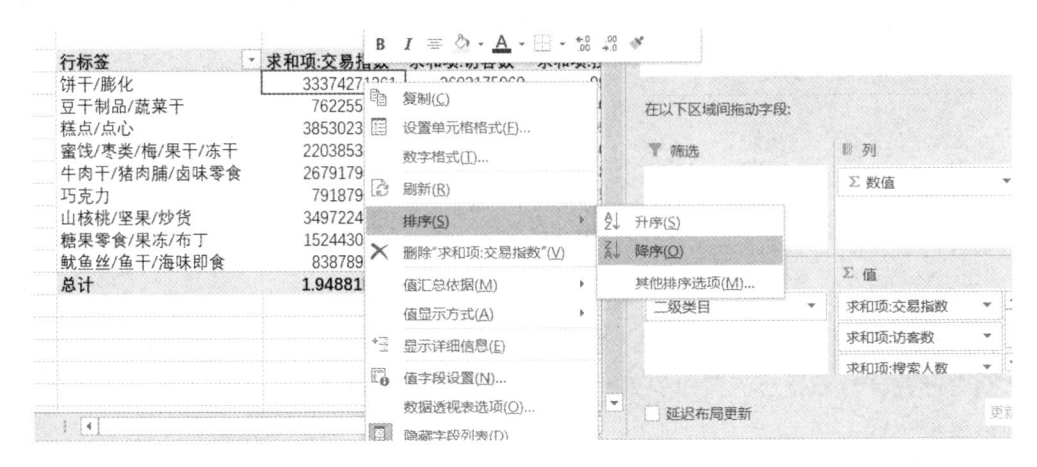

图 2-8

> **知识加油站**：排序法
>
> 排序法是基于某度量值的大小，将观测值按递增或递减的顺序排列，每一次排列只能基于一个度量值。排序法是从对比法中衍生的一种常用方法，百度搜索风云榜、淘宝排行榜等业内知名榜单采用的就是排序法，通过排序后的榜单，用户能快速获取目标信息。

（6）设置好降序后再选中饼图并单击鼠标右键，在弹出的菜单中选择【添加数据标签】选项，如图 2-9 所示。

（7）在数据标签上单击鼠标右键，在弹出的菜单中选择【设置数据标签格式】选项，如图 2-10 所示，选中【类别名称】和【百分比】复选框。

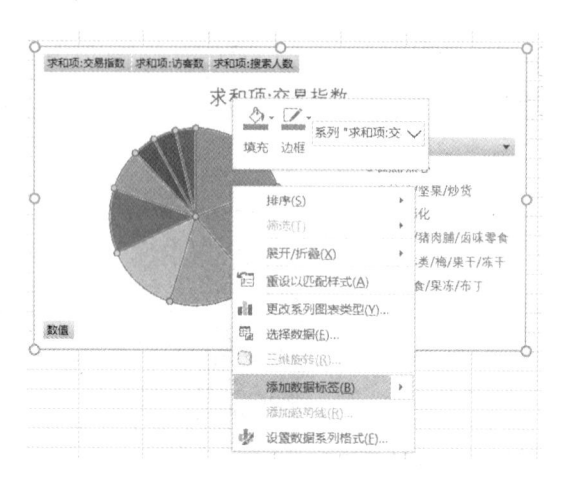

图 2-9 添加数据标签

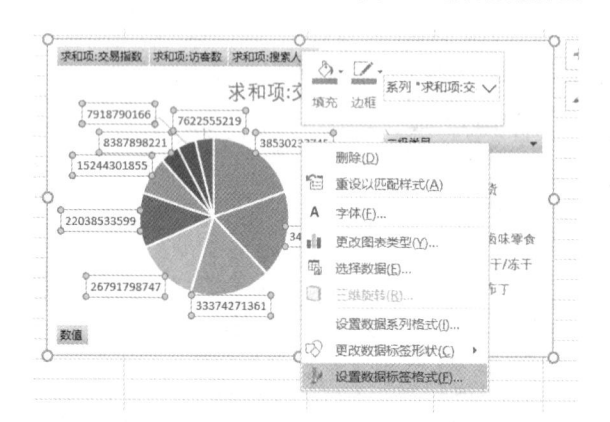

图 2-10

设置好数据标签后的饼图如图 2-11 所示，可以看出可读性比设置前提高了许多。可以直观地看出"糕点/点心""山核桃/坚果/炒货""饼干/膨化"的市场规模排在前三。

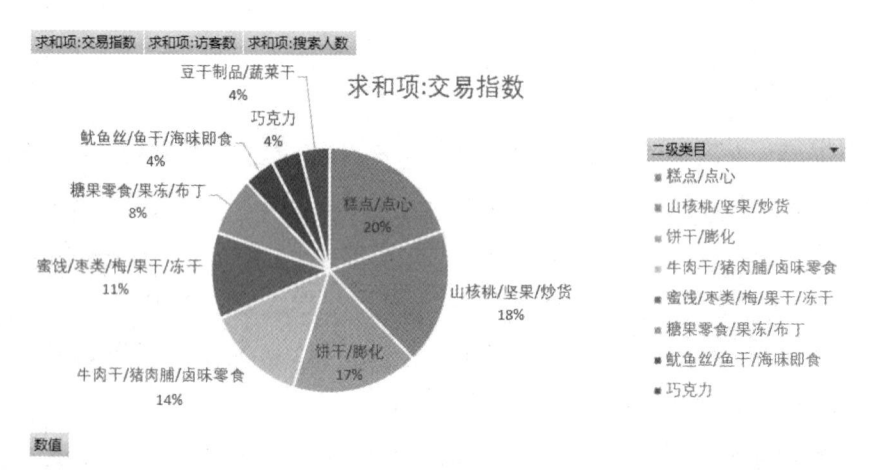

图 2-11

饼图中类目名称已经在图中展示出来了，可以删除图右侧的图例；另外可以删除透视图上方的按钮，来增强美观性。鼠标右键单击【求和项：交易指数】按钮，选择【隐藏图表上的值字段按钮】选项，如图2-12所示，结果如图2-13所示，图表可读性大大提升。

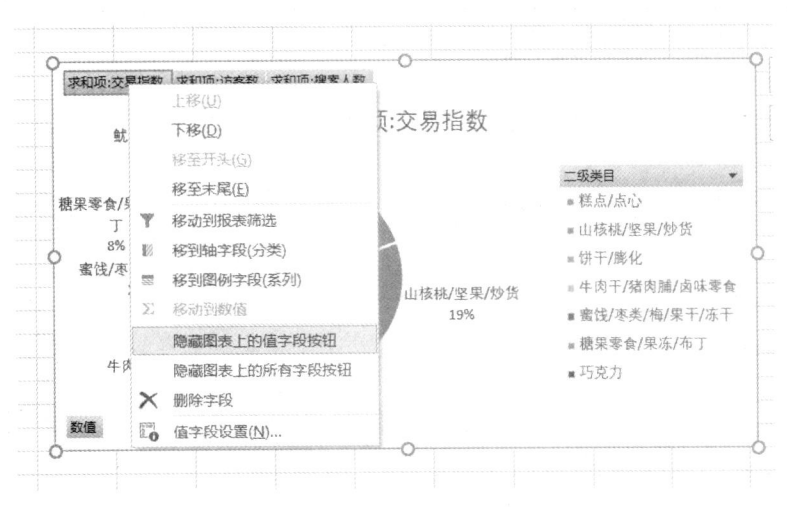

图 2-12

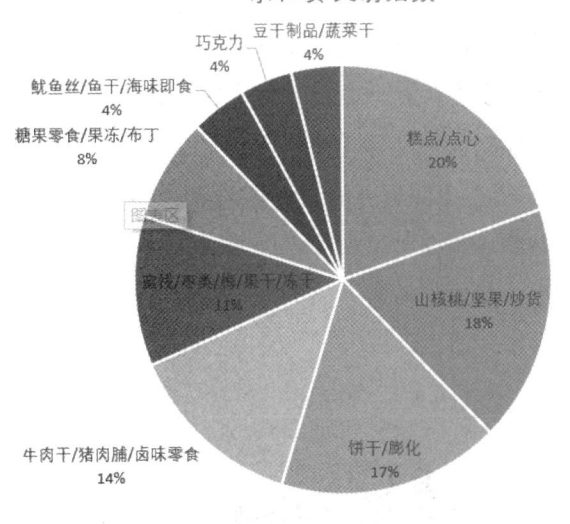

图 2-13

2．确定行业天花板

行业天花板的确定要根据企业主体的颗粒度，如果以品牌为颗粒度，则分析头部品牌的最大规模；如果以店铺为颗粒度，则分析头部店铺的最大规模。

以品牌规模为例，从淘宝网生意参谋后台的市场模块采集数据，查看淘宝零食行业前10名的品牌在2020年第一季度的规模，如表2-4所示，市场天花板约为10亿元。

表 2-4　淘宝零食行业 TOP10 品牌在 2020 年第一季度的销售额规模

排名	品牌	交易金额/元
1	三×××	9.74 亿
2	百草味	7.28 亿
3	良品铺子	3.38 亿
4	德芙	0.91 亿
5	徐福记	0.74 亿
6	来伊份	0.72 亿
7	费列罗	0.64 亿
8	沃隆	0.58 亿
9	好想你	0.57 亿
10	卫龙	0.54 亿

◎ 提升拓展

可视化呈现除了饼图之外，还可以选择环形图、柱形图、树状图等，不同的对象有不同的特点。

分析市场规模拓展提升

1. 环形图

环形图又称圆环图，是由两个或两个以上大小不一的饼图叠在一起，挖去中间的部分所构成的图形。操作步骤如下，选中例 2-1 中处理好的数据，单击【插入】选项卡中的【插入饼图或圆环图】按钮，在弹出的下拉列表中选择【圆环图】，如图 2-14 所示。效果如图 2-15 所示，圆心由内至外的三环分别是交易指数、访客数和搜索人数，虽然圆环图突破了饼图只能展现一个指标的限制，但从视觉感官来看，信息的传达会因为指标过多而造成阅读困扰。

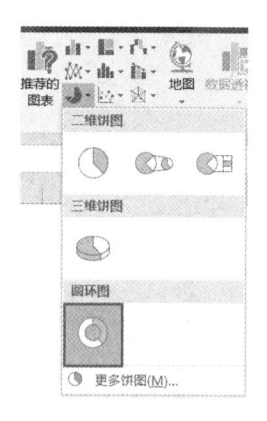

图 2-14　创建圆环图

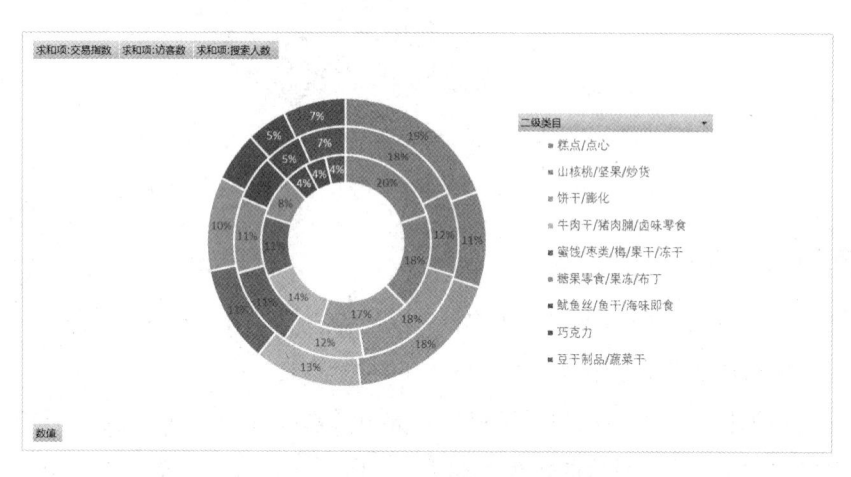

图 2-15

2．柱形图（条形图）

柱形图，又称长条图、柱状图、条图、条状图、棒形图，是一种以长方形的长度为变量的统计图表。柱形图用来比较两个或以上的值（不同时间或不同条件），只有一个变量，通常用于较小的数据集分析。长条可以横向或纵向排列，亦可用多维方式表达。操作步骤如下，在【插入】选项卡中单击【插入柱形图或条形图】按钮，如图 2-16 所示。在弹出的下拉列表中，选择【二维柱形图】中的第一个【簇状柱形图】，如图 2-17 所示。

图 2-16

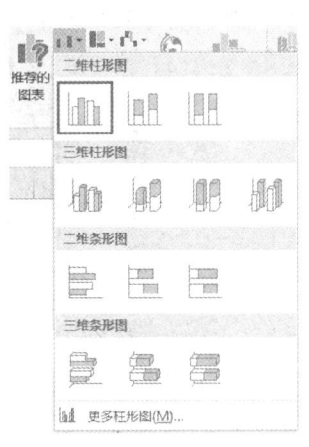

图 2-17

柱形图支持多个指标或度量，生成的结果如图 2-18 所示，Y 轴显示的坐标轴标签是科学记数法的值，1.E+10 表示将 1.0 的小数点向右移动 10 位，就是 100 亿，其他数据同理。由于指标之间的量纲不同，部分指标由于量纲过小，观测时难以看清，因此做可视化之前需考虑量纲问题。量纲差距较大的情况下，如果一定要在一个画图空间中展示，可使用归一化或熵值法处理数据。

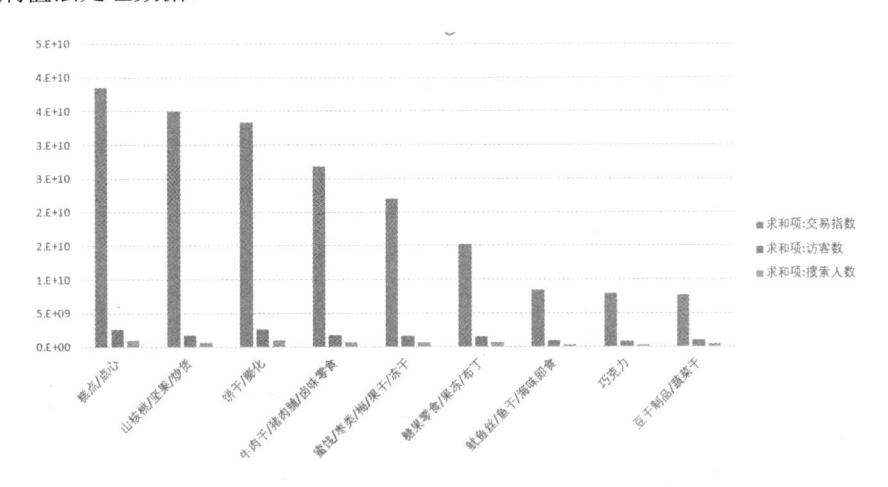

图 2-18

> **知识加油站：量纲**
>
> 量纲表征的是物理量的性质（类别），如时间、长度、质量等；单位是表征物理量的量纲大小或数量的标准，如秒、米、千克等。在做商务数据分析时会经常遇到销售额、销量和转化率，量纲不同的数据不能直接放在一起分析。

如果只是一个指标或度量的展示，柱形图的展示效果更佳，柱形图是对比规模最直观的图形。柱形图是有坐标轴的图系，如图2-19所示。

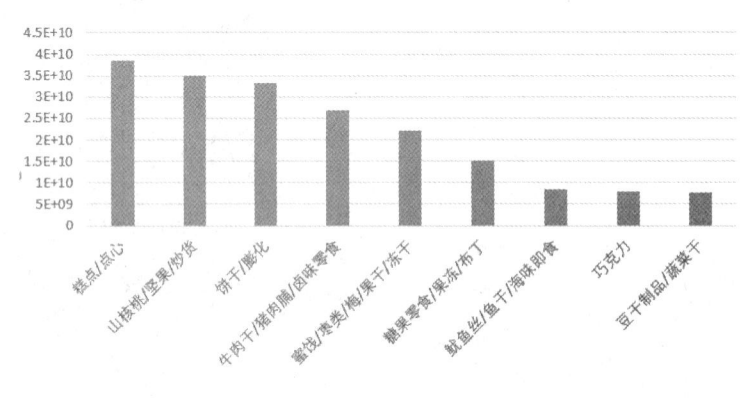

图 2-19

3. 树状图

树状图，也称树枝状图，是数据树的图形表示形式，以父子层次结构来组织对象，支持多个维度单个指标。在 Excel 中，树状图不支持从数据透视表创建，因此要先将数据从数据透视表中复制到新表的区域中，如表 2-5 所示。选中表格中数据，单击【插入】选项卡中的【插入层次结构图表】按钮，如图 2-20 所示。在弹出的下拉列表中单击【树状图】按钮，如图 2-21 所示。

表 2-5　零食二级类目的交易指数

类目名称	交易指数
糕点/点心	38 530 237 745
山核桃/坚果/炒货	34 972 247 466
饼干/膨化	33 374 271 361
牛肉干/猪肉脯/卤味零食	26 791 798 747
蜜饯/枣类/梅/果干/冻干	22 038 533 599
糖果零食/果冻/布丁	15 244 301 855
鱿鱼丝/鱼干/海味即食	8 387 898 221
巧克力	7 918 790 166
豆干制品/蔬菜干	7 622 555 219

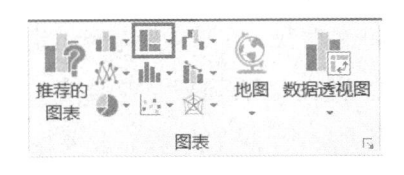

图 2-20 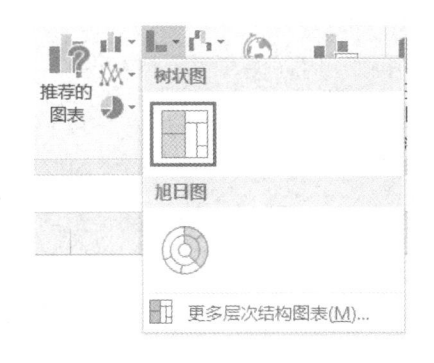　　　　　　　　　　　　　　　图 2-21

生成的树状图根据长方体的面积表示不同类别占整体的份额，如图 2-22 所示，但没有饼图直观。

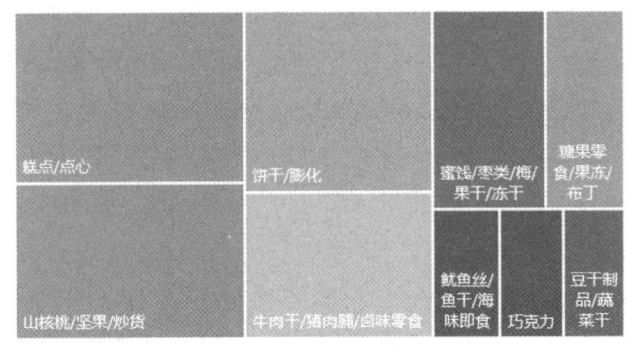

不同类目的交易指数分布

图 2-22

任务 2　分析市场趋势

分析市场趋势

◎ 情景导入

电商企业选择品类需要考虑品类的发展趋势，尽可能选择市场发展趋势好的品类。企业在进入市场前或在制定未来的发展规划时需要掌握市场趋势，市场趋势和企业的发展息息相关，发展趋势好的市场称为增量市场，又称朝阳产业，发展趋势差的市场称为存量市场，又称黄昏产业。分析市场趋势就是要辨别市场类型。

◎ 解决思路

分析市场的主体为淘宝网，选择阿里巴巴提供的生意参谋作为数据源，订购生意参谋专业版后采集数据。趋势分析采集 2 年及以上的数据才具备参考意义。使用这些数据在 Excel 中画出时序图（也称折线图），并根据趋势划分市场阶段。

理论导读：市场阶段

市场趋势可以根据市场需求的变化划分为导入期、上升期、爆发期、衰退期等阶段，如图 2-23 所示。其中，导入期是指消费者开始产生需求的阶段，在导入期时企业就要布局好产品投入市场。上升期是指消费者需求开始上升的阶段，在此阶段企业要投入足够的市场预算抢占市场。爆发期是指消费者需求达到顶峰的阶段，在此阶段企业要尽量地出单。衰退期是指消费者需求开始下降的阶段，在此阶段企业要将库存清理到安全存量的范围。

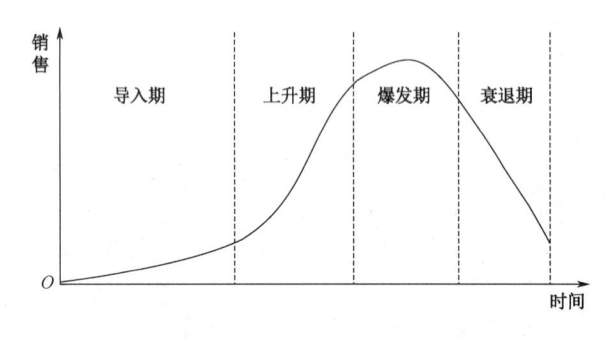

图 2-23 产品投放市场后的不同阶段

◎ **实施过程**

折线图是分析市场趋势时常用的可视化对象。折线图比表格形式更加直观，用户可以通过折线图观察数据的变化趋势，使用的是数据分析方法中的图形法。

例 2-2：从生意参谋下载零食行业 2018 年 12 月至 2020 年 12 月的市场数据，使用 Excel 汇总数据研究市场趋势，具体数据同例 2-1 的表 2-2。

和例 2-1 相同，借助数据透视表可以快速汇总好数据，然后使用折线图做出趋势图，操作步骤如下：

（1）创建数据透视表。选中 Excel 表中的数据，在【插入】选项卡中单击【数据透视表】按钮，在弹出的【创建数据透视表】对话框中检查设置，引用的数据是表则无须检查，引用的数据是区域则需要检查区域范围是否正确。检查完毕后单击【确定】按钮，如图 2-24 所示。

（2）设置数据透视表。将【日期】拖动到【行】区域，将【交易指数】拖动到【值】区域。数据透视表会自动识别日期格式的数据，将日期分为年、季度、月份三个组，如图 2-25 所示。

（3）创建折线图。选中数据透视表，在【插入】选项卡中依次单击【插入折线图或面积图】→【折线图】按钮，如图 2-26 所示。

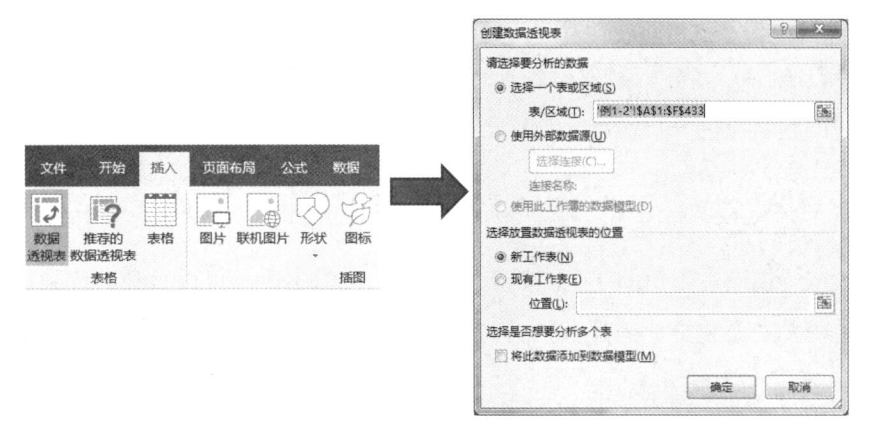

图 2-24

图 2-25

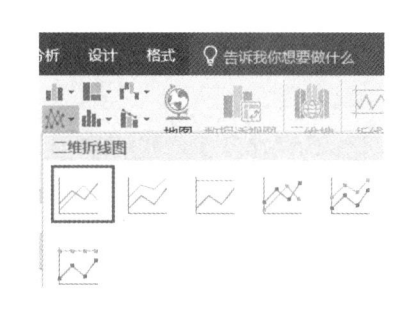

图 2-26

创建的图形如图 2-27 所示，此时 X 轴标签默认是年份，可以发现该行业在 2018—2020 年之间持续增长，但是在 2019—2020 年增速放缓。

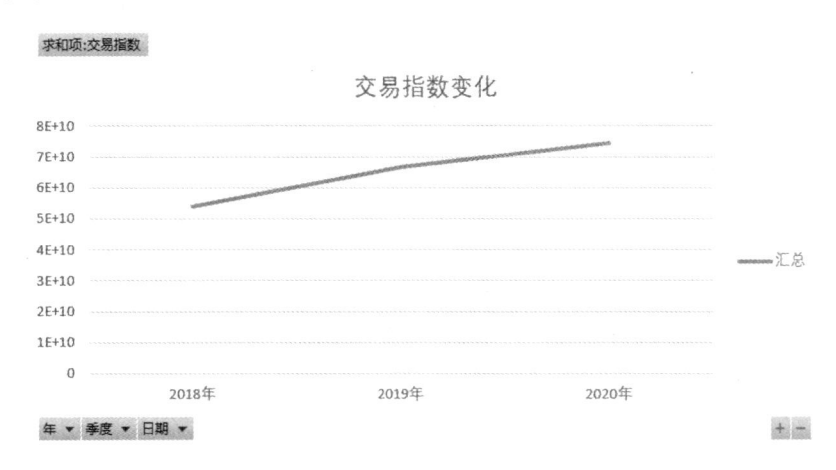

图 2-27

> **知识加油站：粒度**
>
> 粒度是维度的分析单位，如分析国内地域的销售分布，可以选择省份作为粒度，如广东省、浙江省等。要分析某省份的地域分布，可以选择城市作为粒度，如杭州市、湖州市等。时间是常见的分析维度，粒度上可分为年份、季度、月份、周、日期、小时、分钟、秒钟。

单击数据透视图右下角的【+】按钮，展开 X 轴的字段，可以查看具体到季度的交易指数变化，明显观察到每一年都有共同的上升趋势，也就是行业旺季，集中在第四季度，如图 2-28 所示。

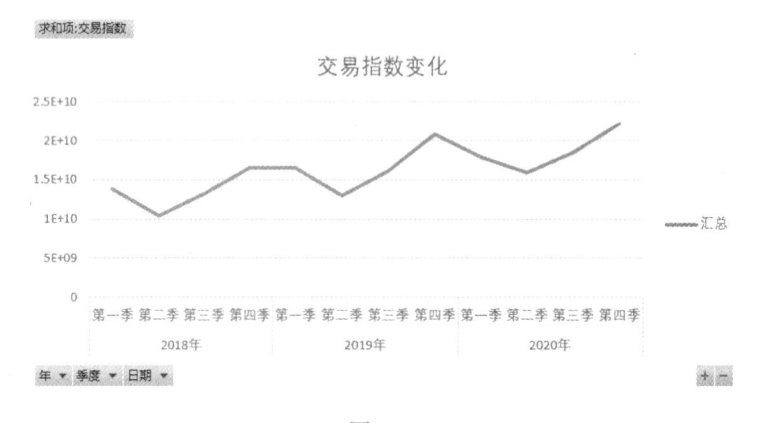

图 2-28

再一次单击数据透视图右下角的【+】按钮，可展开到月份，如图 2-29 所示。可以明显观察到每年的波峰都是 1 月，原因是受农历新年的影响，人们习惯在过年前购买零食坚果，准备迎接新的一年。销售旺季主要集中在下半年，主要大型活动有"双十一""双十二"和年货节，需求量不断攀升。商家需要在高峰来临之前准备好充足的货源。

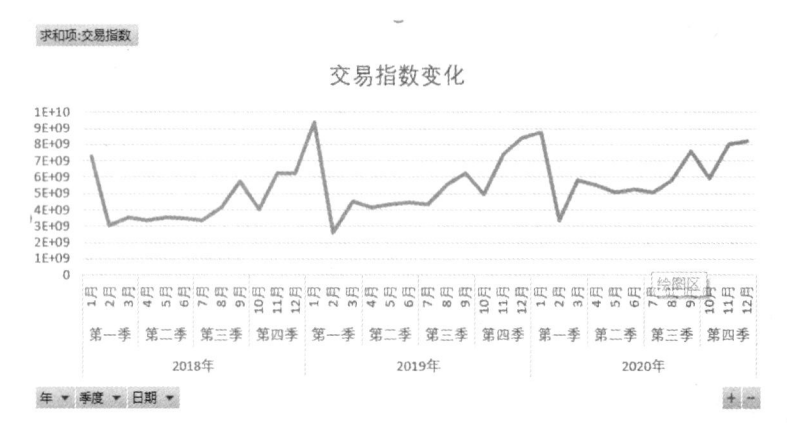

图 2-29

> **知识加油站**：同比和环比
>
> 趋势分析中使用同环比属于指标法，通过同比和环比两个度量可以掌握趋势的变化情况。其中，环比看的是小趋势，同比看的是大趋势，基于这两个度量可以掌握商业变化的趋势。时间粒度可以是年、季、月，时间粒度选择得越大，度量值能解释的趋势时间跨度就越长。

例 2-3：基于例 2-2 的数据计算行业的同比和环比数据。

在 Excel 中计算同比、环比数据可使用数据透视表中的计算功能，操作步骤如下：

（1）创建数据透视表。创建过程参考例 2-1。

（2）设置数据透视表。将【日期】拖动到【行】区域，将【交易指数】拖动到【值】区域，【交易指数】要反复拖动 3 次，使得【值】中显示 3 个交易指数为止。【行】区域默认会显示年、季度和日期三个字段，将季度从行中移除，如图 2-30 所示。

设置好字段后展开数据透视表的【行标签】，可以观察到创建好的数据透视表，如图 2-31 所示。

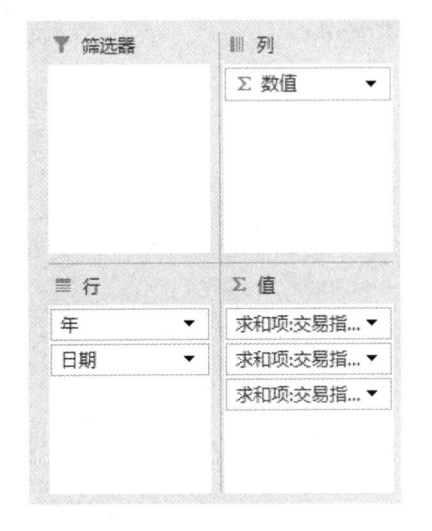

行标签	求和项:交易指数	求和项:交易指数2	求和项:交易指数3
⊟2018年			
1月	7302151296	7302151296	7302151296
2月	3019829131	3019829131	3019829131
3月	3533785898	3533785898	3533785898
4月	3371671200	3371671200	3371671200
5月	3509348929	3509348929	3509348929
6月	3473279757	3473279757	3473279757
7月	3331801066	3331801066	3331801066
8月	4162213655	4162213655	4162213655
9月	5761094614	5761094614	5761094614
10月	4024035092	4024035092	4024035092
11月	6261950028	6261950028	6261950028
12月	6227111229	6227111229	6227111229
⊟2019年			
1月	9383488685	9383488685	9383488685
2月	2641276264	2641276264	2641276264
3月	4527728390	4527728390	4527728390
4月	4161705394	4161705394	4161705394

图 2-30　　　　　　　　　　　　图 2-31

（3）计算环比。选中【求和项:交易指数 2】单元格并右键单击鼠标，在弹出的菜单中选择【值显示方式】→【差异百分比】选项，然后在【值显示方式（求和项:交易指数 2）】对话框中的【基本字段】中选择【月份】，【基本项】中选择【（上一个）】，单击【确定】按钮，如图 2-32 所示。

设置后生成的结果即为环比增幅的数据，把该列名称修改为【环比增幅】，结果如图 2-33 所示。

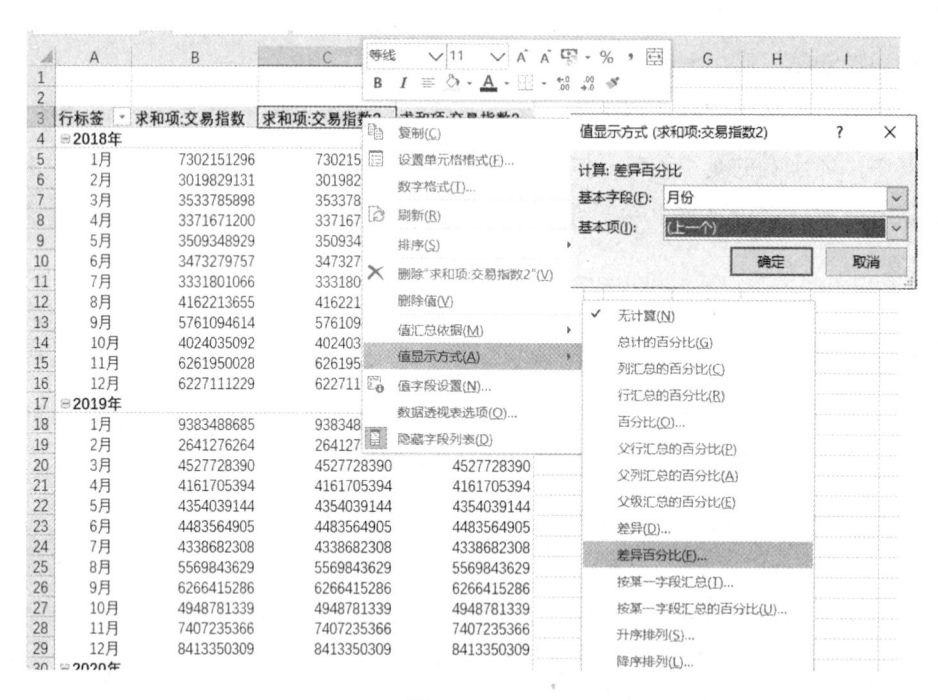

图 2-32

图 2-33

（4）计算同比。选中【求和项：交易指数 3】单元格并右键单击鼠标，在弹出的菜单中选择【值显示方式】→【差异百分比】选项，然后在【值显示方式（求和项:交易指数 3）】对话框中的【基本字段】中选择【年】，【基本项】中选择【（上一个）】，单击【确定】按钮，如图 2-34 所示。

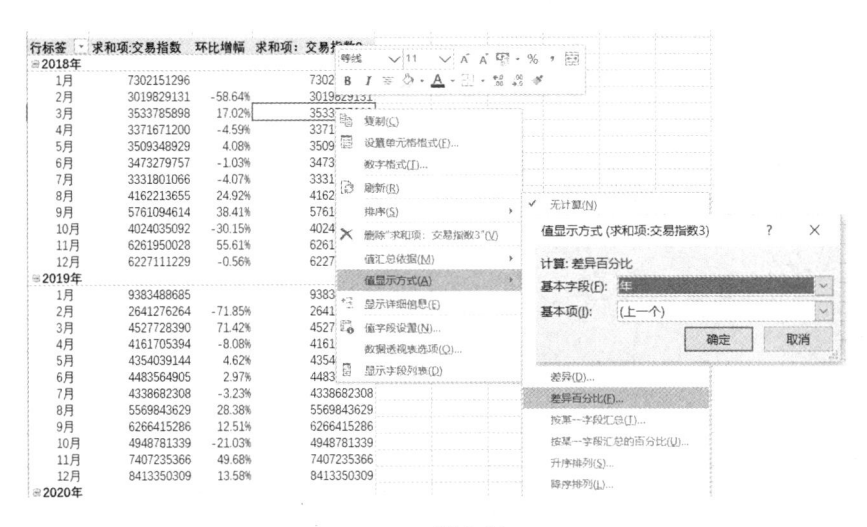

图 2-34

设置后生成的结果即为同比增幅的数据。把该列名称修改为【同比增幅】，结果如图 2-35 所示。

图 2-35

至此，同比、环比数据就计算完毕了。数据透视表计算同比、环比数据的机制是每年1月不计算环比，除第一年1月之外其余月份均计算同比增幅。

（5）画出组合图。在完成同环比的计算后，此时数据透视表的数据有不同的量纲，这种情况如果直接画出折线图，小量纲的数据将无法阅读，如图 2-36 所示。

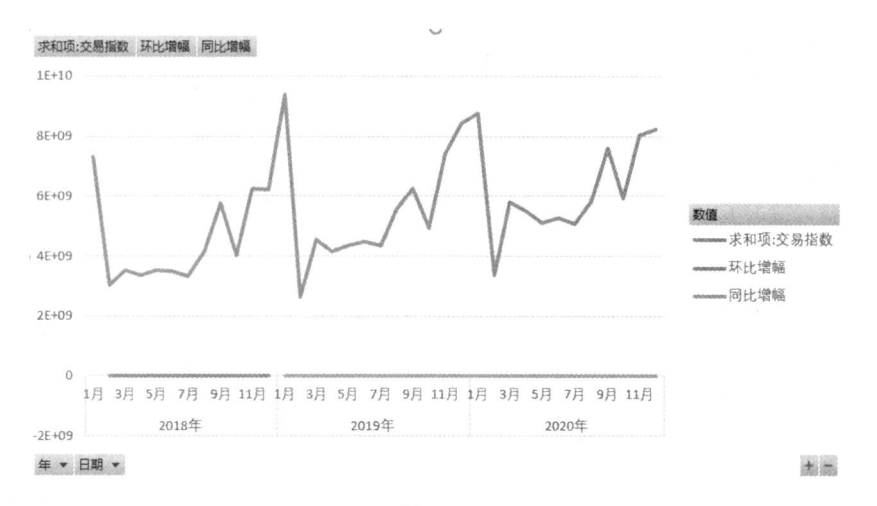

图 2-36

要在一张图中直观地展示多个数据可使用组合图，选中【求和项:交易指数】【环比增幅】【同比增幅】三列数据，单击【插入】选项卡中的【插入组合图】按钮，在下拉列表中选择【创建自定义组合图】选项，如图 2-37 所示。

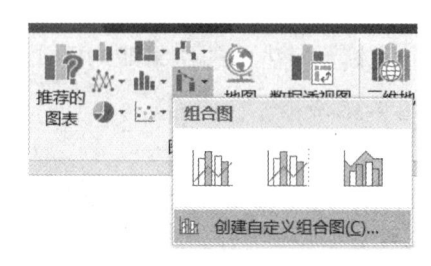

图 2-37

在【插入图表】对话框中，将【环比增幅】和【同比增幅】的图表类型设置为【折线图】，同时勾选【次坐标轴】复选框，如图 2-38 所示。

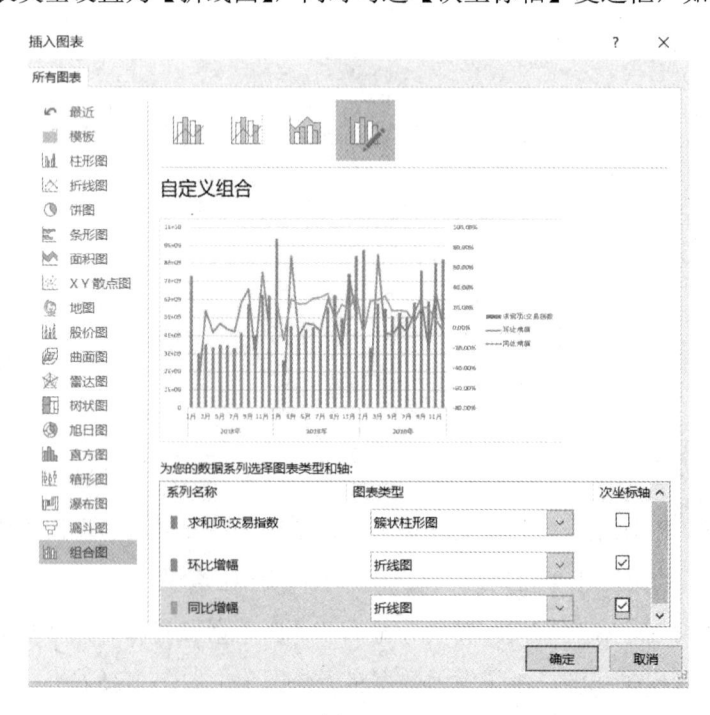

图 2-38

设置好的效果图如图 2-39 所示，柱形图对应左侧纵轴，折线图对应右侧纵轴。

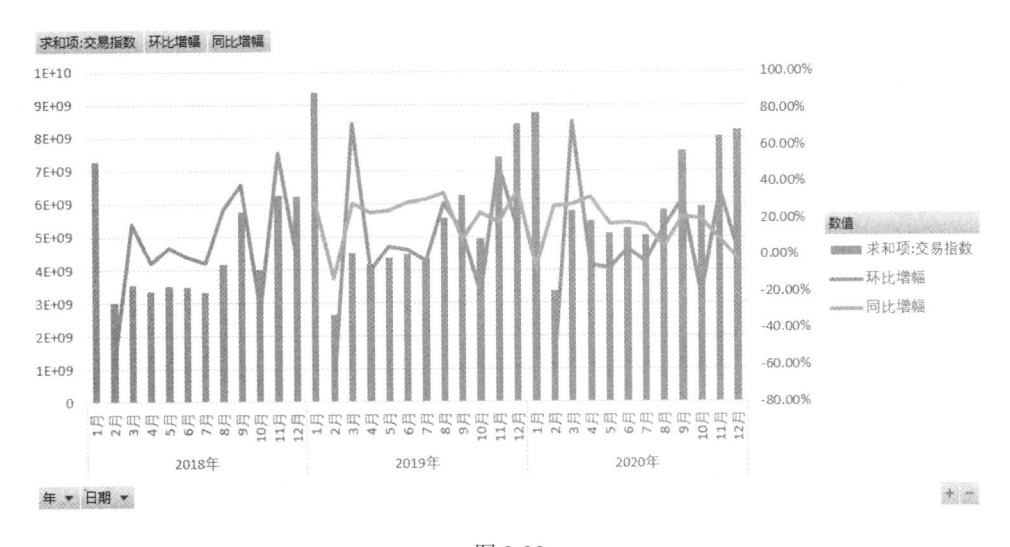

图 2-39

（6）如果需要对比三年的趋势，还可以将不同年份的相同月份放在一起比较，可以更加直观地看出同比的变化。选中本例数据，插入数据透视表，在数据透视表中将【年】拖动到【列】区域中，将【月份】拖动到【行】区域中，将【交易指数】拖动到【值】区域中，如图 2-40 所示。

图 2-40

完成数据透视表设置后，单击【插入】→【插入折线图或面积图】→【折线图】，得到图 2-41。可以看出，每年的月销售趋势基本相同，2020 年上半年的交易指数对比 2019 有明显提升，但到下半年 10 月后提升变缓。

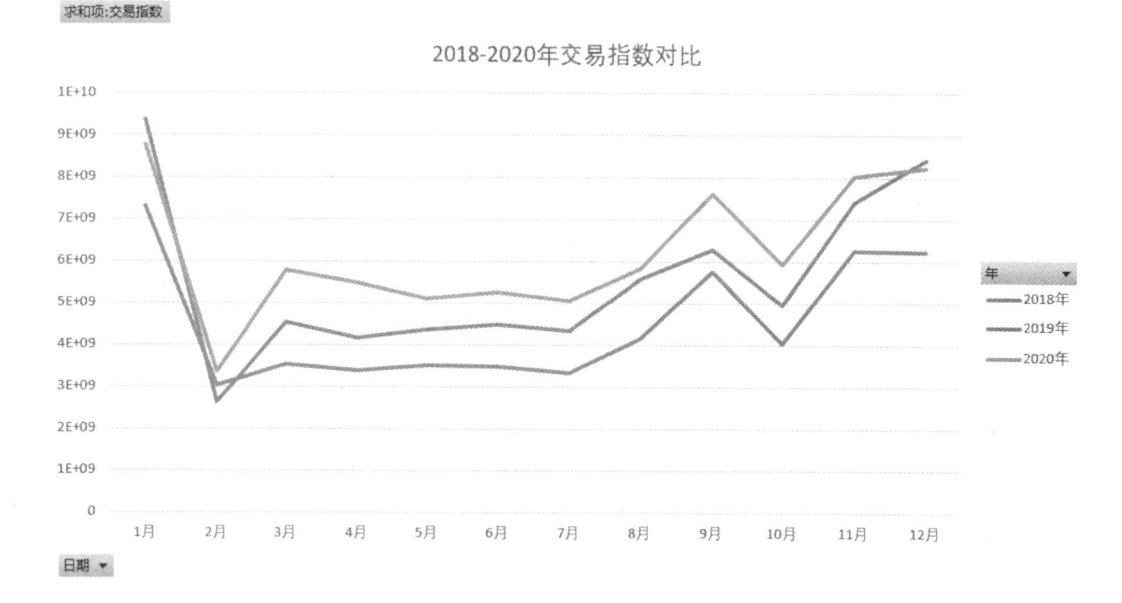

图 2-41

◎ 提升拓展

分析市场趋势除了判断是否为增量市场,还可以预测未来的销售数据,精准地预测可帮助企业制定出有效的运营方案。

预测工作表可以将连续的时序数据预测出未来 N 个时间单位的数据,使用的时序方法是指数平滑法。

分析市场趋势拓展提升

理论导读:指数平滑法

指数平滑法实际上是一种特殊的加权移动平均法。其特点是,第一,指数平滑法进一步加强了在观察期中近期观察值对预测值的作用,对不同时间的观察值赋予的权重不等,从而加大了近期观察值的权数,使预测值能够迅速反映市场实际的变化。第二,指数平滑法对于观察值所赋予的权数有伸缩性,可以取不同的平滑系数以改变权数的变化速率。如平滑系数取小值,则权数变化较迅速,观察值的新近变化趋势能迅速反映于指数移动平均值中。因此,运用指数平滑法,可以选择不同的平滑系数来调节时间序列观察值的均匀程度,即趋势变化的平稳程度。

根据平滑次数的不同,指数平滑预测法可以分为一次指数平滑预测法、二次指数平滑预测法和高次指数平滑预测法。

方法一:一次指数平滑预测法。

当时间数列无明显的趋势变化时,可用一次指数平滑预测法。其预测公式为:

$$y'_{t+1} = a \times y_t + (1-a) \times y'_t$$

该公式也可以写成：
$$S_t = a \times y_t + (1-a) \times S_{t-1}$$

式中，y'_{t+1} 是 $t+1$ 期的预测值，即本期（t 期）的平滑值 S_t；a 是平滑系数，范围是[0,1]；y_t 是 t 期的实际值；y'_t 是 t 期的预测值，即上期的平滑值 S_{t-1}。

指数平滑法初始值的确定方法为：从时间序列的项数来考虑，若时间序列的观察期 n 大于15，初始值对预测结果的影响很小，可以方便地以第一期观测值作为初始值；若观察期 n 小于15，初始值对预测结果影响较大，可以取最初几期的观测值的平均数作为初始值，通常取前3个观测值的平均值作为初始值。

一次指数平滑法的局限性：一次指数平滑法只适用于水平型历史数据的预测，不适用于呈斜坡型线性趋势历史数据的预测。

方法二：二次指数平滑预测法。

二次指数平滑是在一次指数平滑的基础上再进行一次平滑。它不能单独地进行预测，必须与一次指数平滑法配合，建立预测数学模型，然后运用数学模型确定预测值。预测公式为：

$$y'_{t+T} = a_t + b_t \times T$$

式中，y'_{t+T} 是 $t+T$ 周期的预测值；T 是预测步长，即需要预测的期数与当前期数的间隔；a_t 和 b_t 是参数，其中：

$$a_t = 2 \times S_t^{(1)} - S_t^{(2)}$$
$$b_t = \frac{a}{1-a} \times \left(S_t^{(1)} - S_t^{(2)}\right)$$

$S_t^{(1)}$ 是第 t 周期的一次平滑值，$S_t^{(2)}$ 是第 t 周期的二次平滑值，a 是平滑系数。

方法三：三次指数平滑预测法。

若时间序列的变动呈现出二次曲线趋势，则需要采用三次指数平滑法进行预测。三次指数平滑是在二次指数平滑的基础上再进行一次平滑，预测公式为：

$$y'_{t+T} = a_t + b_t \times T + c_t \times T^2$$

式中，a_t、b_t、c_t 的计算方法为：

$$a_t = 3 \times S_t^{(1)} - 3 \times S_t^{(2)} + S_t^{(3)}$$
$$b_t = \frac{a}{2(1-a)^2} \times [(6-5a) \times S_t^{(1)} - 2 \times (5-4a) \times S_t^{(2)} + (4-3 \times a) \times S_t^{(3)}]$$
$$c_t = \frac{a^2}{2(1-a)^2} \times [S_t^{(1)} - 2 \times S_t^{(2)} + S_t^{(3)}]$$

其中，$S_t^{(1)}$ 是第 t 周期的一次平滑值，$S_t^{(2)}$ 是第 t 周期的二次平滑值，$S_t^{(3)}$ 是第 t 周期的三次平滑值，a 是平滑系数。

例 2-4：基于例 2-1 中的数据，利用指数平滑法，创建预测工作表。

在 Excel 中的操作步骤如下：

（1）准备连续的时序数据。选中数据，在【插入】选项卡中单击【表格】按钮，在弹出的【创建表】对话框中单击【确定】按钮，如图 2-42 所示。

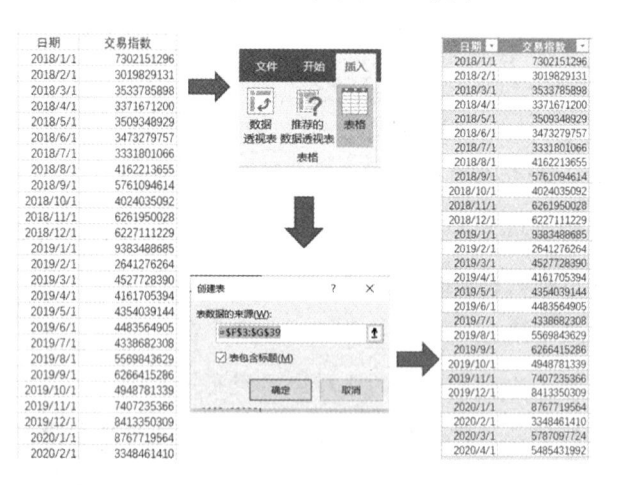

图 2-42

（2）创建预测工作表。选中前面创建好的工作表，在【数据】选项卡中单击【预测工作表】按钮，弹出【创建预测工作表】对话框，如图 2-43 所示。选中【季节性】选区中的【手动设置】，设置数值为【12】，单击【创建】按钮，创建预测工作表。

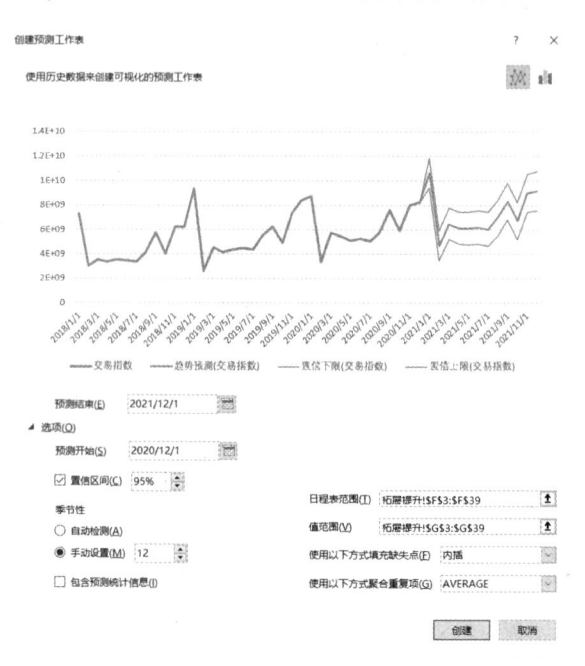

图 2-43

创建成功后会新建一张工作表，基于历史 3 年（36 个月）的数据预测未来 1 年（12 个月）的成交金额，如图 2-44 所示。

2020/12/1	8226849406	8226849406	8.23E+09	8.23E+09
2021/1/1		10638503324	9.43E+09	1.18E+10
2021/2/1		4690965400	3.45E+09	5.94E+09
2021/3/1		6497425143	5.22E+09	7.78E+09
2021/4/1		6125614257	4.81E+09	7.44E+09
2021/5/1		6118793070	4.76E+09	7.47E+09
2021/6/1		6198190225	4.81E+09	7.59E+09
2021/7/1		6040726923	4.62E+09	7.46E+09
2021/8/1		7018066875	5.56E+09	8.47E+09
2021/9/1		8306858172	6.82E+09	9.80E+09
2021/10/1		6727721323	5.20E+09	8.25E+09
2021/11/1		9011463360	7.46E+09	1.06E+10
2021/12/1		9177279435	7.59E+09	1.08E+10

图 2-44

虽然程序给出了预测的数字，但同时也给出了置信区间，上图的右侧两例分别是预测数据的置信上限和置信下限，如果真实数据落在这个区间，就表示预测结果准确。

> **知识加油站**：置信区间
>
> 置信区间是指由样本统计量所构造的总体参数的估计区间。在统计学中，一个概率样本的置信区间（Confidence interval）是对这个样本的某个总体参数的区间估计。置信区间展现的是这个参数的真实值有一定概率落在测量结果周围的程度，其给出的是被测量参数的测量值的可信程度。

任务 3　分析品牌集中度

◎ **情景导入**

电商企业在经营自主品牌时需要了解市场的品牌竞争情况，以便企业制定市场方案，如果当前类目市场趋于垄断，企业除了考虑自营品牌，还会代理其他优势品牌。

◎ **解决思路**

分析市场的主体为淘宝网，选择阿里巴巴提供的生意参谋作为数据源，订购生意参谋专业版后采集数据。采集行业份额前 30 个品牌 2020 年第一季度的数据作为数据源，品牌的竞争程度可以用品牌集中度这个指标来考量。

理论导读：品牌集中度

品牌集中度一般指某一行业内规模最大的前几家企业的销售额占行业总销售额的比例。在电商的实际应用中品牌集中度用来反映某市场是否有利于品牌的立足发展。计算步骤如下：

（1）采集市场排名前 N 的品牌市场份额数据。

（2）计算每个样本的市场份额占采样总体的百分比。

（3）将数据从大到小排序并进行累加，设超过 80%份额的样本数为 X，即为该市场的前 N 名的品牌集中度。同时，如第 X 名的市场份额是第 X_1 名的 2 倍，则取 X 为品牌集中度。表示在所采集的 N 个品牌中，市场主要被 X 个品牌所垄断。

设 $Y = \dfrac{X}{N}$，一般取 $N \geqslant 30$，Y 表示品牌垄断程度。

若 Y 的取值在(0%,30%]区间，表示市场品牌高度集中，消费者对品牌具有高度认知，市场可能已经不适合其他品牌发展。

若 Y 的取值在(30%,50%]区间，表示市场品牌轻度集中，消费者对品牌具有一定认知，其他品牌要从市场明星品牌中争夺市场份额相对较难。

若 Y 的取值在(50%,80%]区间，表示市场品牌没有集中，消费者并没有明显地倾向于某些品牌，该市场可以给其他品牌提供发展机会。

若 Y 的取值在(80%,100%]区间，表示消费者对品牌并不敏感，有没有品牌对消费者并没有影响，品牌市场可能比较混乱，甚至没有品牌市场，有较大的发展空间。

◎ 实施过程

例 2-5：如表 2-6 所示，通过生意参谋采集现有淘宝网（含天猫网）零食行业前 30 名的品牌在 2020 年第一季度的线上交易金额，求在零食行业前 30 名品牌的品牌集中度。

表 2-6 零食品牌 2020 年第一季度淘宝网交易金额

品牌	交易金额/元
品牌 1	974 850 851
品牌 2	728 653 287
品牌 3	338 698 723
品牌 4	91 774 950
品牌 5	74 913 926
品牌 6	72 124 550
品牌 7	64 253 816
品牌 8	58 913 392
品牌 9	57 210 126
品牌 10	54 004 150

品牌	交易金额/元
品牌 11	50 655 945
品牌 12	40 335 050

续表

品牌	交易金额/元
品牌 13	39 904 871
品牌 14	37 674 143
品牌 15	37 577 549
品牌 16	37 426 652
品牌 17	31 913 186
品牌 18	31 849 362
品牌 19	30 817 486
品牌 20	28 802 070
品牌 21	28 760 510
品牌 22	28 327 523
品牌 23	23 647 228
品牌 24	23 345 711
品牌 25	21 633 312
品牌 26	21 372 785
品牌 27	21 359 275
品牌 28	20 314 830
品牌 29	19 069 383
品牌 30	19 004 219
合计	3 109 188 858

操作步骤如下：

（1）求出各个品牌的排名和占比。

（2）将占比进行累加，最终结果如表 2-7 所示。从表 2-7 中可以看出，到第 10 个品牌市场份额的累加占比已超过 80%，市场份额集中在 10 个品牌内，但是看到在这 10 个品牌内，第二位的市场份额是第三位的 2 倍还要多，所以品牌集中度为 2，计算该品牌垄断程度为 2÷30=6.7%，说明零食市场品牌高度集中，消费者对品牌具有高度认知，市场可能已经不适合其他品牌的发展。

表 2-7　计算出占比和累积占比后的品牌表格

序号	品牌	交易金额/元	占比	累计占比
1	品牌 1	974 850 851	31%	31%
2	品牌 2	728 653 287	23%	55%
3	品牌 3	338 698 723	11%	66%
4	品牌 4	91 774 950	3%	69%
5	品牌 5	74 913 926	2%	71%

| 6 | 品牌 6 | 72 124 550 | 2% | 73% |
| 7 | 品牌 7 | 64 253 816 | 2% | 75% |

续表

序号	品牌	交易金额/元	占比	累计占比
8	品牌 8	58 913 392	2%	77%
9	品牌 9	57 210 126	2%	79%
10	品牌 10	54 004 150	2%	81%
11	品牌 11	50 655 945	2%	83%
12	品牌 12	40 335 050	1%	84%
13	品牌 13	39 904 871	1%	85%
14	品牌 14	37 674 143	1%	86%
15	品牌 15	37 577 549	1%	88%
16	品牌 16	37 426 652	1%	89%
17	品牌 17	31 913 186	1%	90%
18	品牌 18	31 849 362	1%	91%
19	品牌 19	30 817 486	1%	92%
20	品牌 20	28 802 070	1%	93%
21	品牌 21	28 760 510	1%	94%
22	品牌 22	28 327 523	1%	95%
23	品牌 23	23 647 228	1%	95%
24	品牌 24	23 345 711	1%	96%
25	品牌 25	21 633 312	1%	97%
26	品牌 26	21 372 785	1%	97%
27	品牌 27	21 359 275	1%	98%
28	品牌 28	20 314 830	1%	99%
29	品牌 29	19 069 383	1%	99%
30	品牌 30	19 004 219	1%	100%
31	合计	3 109 188 858	100%	100%

◎ 提升拓展

不同品牌的品牌定位不同，要更精准地分析品牌竞争情况，可先用矩阵法将品牌进行分类，然后再计算品牌集中度。

分析品牌集中度拓展提升

理论导读：品牌矩阵

品牌矩阵是基于矩阵分析法的应用，将品牌基于某两个维度进行分类，在矩阵中可以清晰地看到各个品牌的优劣势。维度的选择非常重要，应根据自身可能的切入点或认为的核心关键点选择维度。比如关心本土化市场的，可以选择的维度为国际品牌或本土品牌；关心垂直市场的，可以选择的维度为男女市场、女性市场或男性市场。

例 2-6：已知天猫零食品类商品在 2020 年第一季度排名前 10 的品牌有：三×××、

百草味、良品铺子、德芙、徐福记、来伊份、费列罗、沃隆、好想你、卫龙,运用矩阵分析法将这 10 个品牌进行矩阵分析,操作步骤如下:

(1)整理品牌定位。通过观察发现这些品牌有国外品牌和本土品牌之分,品牌的侧重品类也不同。先对这 10 个品牌进行打标,分别标注上起源和品类,结果如表 2-8 所示。

表 2-8　整理好的品牌定位表格

品　　牌	起　　源	品　　类
三×××	本土品牌	全品类
百草味	本土品牌	全品类
良品铺子	本土品牌	全品类
德芙	国际品牌	细分市场
徐福记	本土品牌	细分市场
来伊份	本土品牌	全品类
费列罗	国际品牌	细分市场
沃隆	本土品牌	细分市场
好想你	本土品牌	细分市场
卫龙	本土品牌	细分市场

(2)建立矩阵。将起源和品类两个维度的粒度作为矩阵的 X 轴和 Y 轴,将品牌填入这个矩阵,如图 2-45 所示。可以发现本土品牌会覆盖全品类和细分品类两个维度,且全品类的品牌份额占比都比较高。而国际品牌集中在细分品类,全品类的国际品牌目前是空白市场。

图 2-45

任务 4　分析产品特征

◎ 情景导入

分析产品特征

电商的本质是产品的销售，产品能够满足用户的需求才能卖出去。那么电商企业如何知道开发哪些产品才能销售出去？市场收益才能最大化。

◎ 解决思路

分析市场的主体为淘宝网，采集淘宝网对应品类的商品数据，以销量排序前 600 名样本的商品为行业抽样，采集商品的特征数据。

对产品特征的研究，在浅层上可以直接用平台提供的数据或获取商品数据进行统计，如果要深入研究则需要对产品先进行精准的特征打标，再进行数据的统计分析。

◎ 实施过程

例 2-7：如图 2-46 所示，采集在淘宝搜索后按销量排序的前 528 个产品的特征数据，共 528 条。请对产品的特征数据进行统计分析，最终结果以预估销售额作为排序依据。

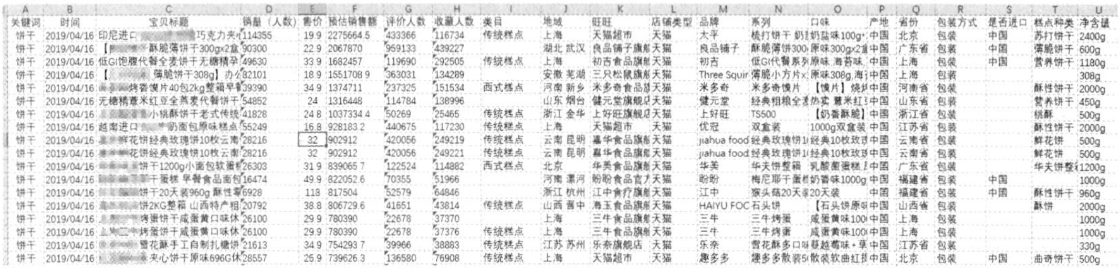

A	B	C	D	E	F	G	H	I	J	K	L	M	N	O	P	Q	R	S	T	U
关键词	时间	宝贝标题	销量（人数）	售价	预估销售额	评价人数	收藏人数	类目	地域	旺旺	店铺类型	品牌	系列	口味	产地	省份	包装方式	是否进口	糕点种类	净含量
饼干	2019/04/16	印尼进口 巧克力夹	114355	19.9	2275664.5	433366	116734	传统糕点	上海	天猫超市	天猫	太平	梳打饼干 奶	奶盐味100g	中国	北京	包装	中国	苏打饼干	2400g
饼干	2019/04/16	【 酥脆薄饼干300gx2盒	90300	22.9	2067870	959133	439227		湖北 武汉	良品铺子旗舰	天猫	良品铺子	酥脆薄饼300	原味300gx2	中国	广东省	包装	中国	薄脆饼干	600g
饼干	2019/04/16	低GI饱腹代餐全麦饼干无糖精孕	49630	33.9	1682457	119690	292505	传统糕点	上海	初吉食品旗舰	天猫	初吉	低GI代餐系列	原味,海苔味,	中国	上海	包装	中国	营养饼干	1180g
饼干	2019/04/16	【 薄脆饼干308g】办公	82101	18.9	1551708.9	363031	134289		安徽 芜湖	三只松鼠旗舰	天猫	Three Squir	薄脆小方片x	原味308g,海	中国	上海	包装			308g
饼干	2019/04/16	烤香馍片40包2kg整箱早餐	39390	34.9	1374711	237325	151534	西式糕点	河南 新乡	米多奇食品旗	天猫	米多奇	米多奇馍片	【馍片】烧烤	中国	河南省	包装		酥性饼干	2000g
饼干	2019/04/16	无糖精薏米红豆全燕麦代餐饼干	54852	24	1316448	114784	138996		山东 烟台	健元堂旗舰店	天猫	健元堂	经典粗粮全麦	热卖 薏米红豆	中国	山东省	包装		营养饼干	450g
饼干	2019/04/16	小桃酥饼干老式传统	41828	24.8	1037334.4	50269	25465	传统糕点	浙江 金华	上好旺旗舰店	天猫	上好旺	TS500	【奶香酥脆】	中国	浙江省	包装		桃酥	500g
饼干	2019/04/16	越南进口 奶面包原味糕点	55249	16.8	928183.2	440675	117230	传统糕点	上海	天猫超市	天猫	优冠	双盒装	1000g双盒装	中国	江苏省	包装		酥性饼干	2000g
饼干	2019/04/16	鲜花饼经典玫瑰饼10枚云南	28216	32	902912	420056	249219	传统糕点	云南 昆明	嘉华食品旗舰	天猫	jiahua food	经典玫瑰饼1	经典10枚玫瑰	中国	云南省	包装		鲜花饼	500g
饼干	2019/04/16	花饼经典玫瑰饼10枚云南	28216	32	902912	420056	249221	传统糕点	云南 昆明	嘉华食品旗舰	天猫	jiahua food	经典玫瑰饼1	经典10枚玫瑰	中国	云南省	包装		鲜花饼	500g
饼干	2019/04/16	饼干1200g小面包软蛋糕	26303	31.9	839065.7	122524	114882	西式糕点	北京	华美食品旗舰	天猫	华美	华夫饼整箱	乳酸菌蛋糕	中国	广东省	包装		华夫饼整	1200g
饼干	2019/04/16	干蛋糕 早餐食品面包	16474	49.9	822052.6	70355	51966		河南 漯河	盼盼食品官方	天猫	盼盼	梅尼耶干蛋糕	奶香味1000g	中国	福建省	包装	中国		1000g
饼干	2019/04/16	饼干20天装960g 酥性	6928	118	817504	52579	64846		浙江 杭州	江中食疗旗舰	天猫	江中	猴头菇20天装	20天装	中国	福建省	包装	中国	酥性饼干	960g
饼干	2019/04/16	饼2KG整箱 山西特产粗	20792	38.8	806729.6	41651	43814	传统糕点	山西 晋中	海玉食品旗舰	天猫	HAIYU FOC	石头饼	【石头饼原味	中国	山西省	包装		酥饼	2000g
饼干	2019/04/16	烤蛋饼干咸蛋黄口味休	26100	29.9	780390	22678	37370		上海	三牛食品旗舰	天猫	三牛	三牛烤蛋	咸蛋黄味100	中国	上海	包装			1000g
饼干	2019/04/16	烤蛋饼干咸蛋黄口味休	26100	29.9	780390	22678	37376	传统糕点	上海	三牛食品旗舰	天猫	三牛	三牛烤蛋	咸蛋黄味100	中国	上海	包装			1000g
饼干	2019/04/16	雪花酥手工自制扎糖饼	21613	34.9	754293.7	39966	38883	传统糕点	江苏 苏州	乐奈旗舰店	天猫	乐奈	雪花酥多口味	蔓越莓味+草	中国	江苏省	包装			330g
饼干	2019/04/16	夹心饼干原味696G休	28557	25.9	739626.3	136580	76908	传统糕点	上海	天猫超市	天猫	趣多多	趣多多散装5	散装软曲红提	中国	北京	包装	中国	曲奇饼干	500g

图 2-46

和前面的例子一样，使用数据透视表对样本数据进行统计分组，并分析其特征，操作步骤如下：

（1）数据清洗。通过观察发现该数据集有缺失值和无用的字段，因此需要先对数据集进行缺失值处理，最简单的方法是用 Excel 的筛选功能将空白的单元格筛选掉。筛选后共有 348 条观测值。结合本次案例使用预估销售额作为排序依据，保留售价、店铺类型、口味、产地、是否进口、糕点类型、净含量 7 个产品特征字段。先对数据集进行备份，再将其他不需要的字段直接删除。根据售价和净含量计算出 500 克的产品单价，新建一列作为价格区间，以便后面分析使用。整理好的数据集如图 2-47 所示。

（2）创建数据透视表。选中数据集并插入数据透视表，在【插入】选项卡中单击【数据透视表】按钮，在弹出的【创建数据透视表】对话框中检查所选的区域是否正确，如图 2-48 所示。

（3）设置数据透视表字段。将【预估销售额】字段拖到【值】区域，将【是否进口】字段拖到【行】区域，如图 2-49 所示。

	A	B	C	D	E	F	G	H	I	J
1	预估销售额	售价	店铺类型	口味	产地	是否进口	糕点种类	净含量	500克单价	价格区间
2	2275664.5	19.9	天猫	奶盐味100g*20袋整箱;香葱味1	中国	中国	苏打饼干	2400g	4.15	0-20
3	2067870	22.9	天猫	原味300gx2盒;海苔味300gx2盒	中国	中国	薄脆饼干	600g	19.08	0-20
4	1682457	33.9	天猫	原味,海苔味,葱香味	中国	中国	营养饼干	1180g	14.36	0-20
5	1374711	34.9	天猫	【馍片】烧烤+孜然+葱香+麻	中国	中国	酥性饼干	2000g	8.73	0-20
6	1316448	24	天猫	热卖 薏米红豆燕麦饼;营养好吃	中国	中国	营养饼干	450g	26.67	20-40
7	1037334.4	24.8	天猫	【奶香酥脆】牛奶味;【香辣酥	中国	中国	酥性饼干	500g	24.8	20-40
8	928183.2	16.8	天猫	1000g双盒装	中国	中国	酥性饼干	2000g	4.2	0-20
9	902912	32	天猫	经典10枚玫瑰饼	中国	中国	鲜花饼	500g	32	20-40
10	902912	32	天猫	经典10枚玫瑰饼	中国	中国	鲜花饼	500g	32	20-40
11	839065.7	31.9	天猫	乳酸菌蛋糕;原味1200g	中国	中国	华夫饼整箱	1200g	13.29	0-20
12	817504	118	天猫	20天装	中国	中国	酥性饼干	960g	61.46	60-80
13	806729.6	38.8	天猫	【 原味】2KG整箱(约8	中国	中国	酥性饼干	2000g	9.7	0-20
14	739626.3	25.9	天猫	散装软曲红提味500g;散装硬曲	中国	中国	曲奇饼干	500g	25.9	20-40
15	701432.1	36.9	天猫	礼盒装	中国	中国	酥性饼干	1200g	15.38	0-20
16	676221	19.5	天猫	680g蓝莓味(大概40小包 80枚	中国	中国	夹心饼干	680g	14.34	0-20

图 2-47

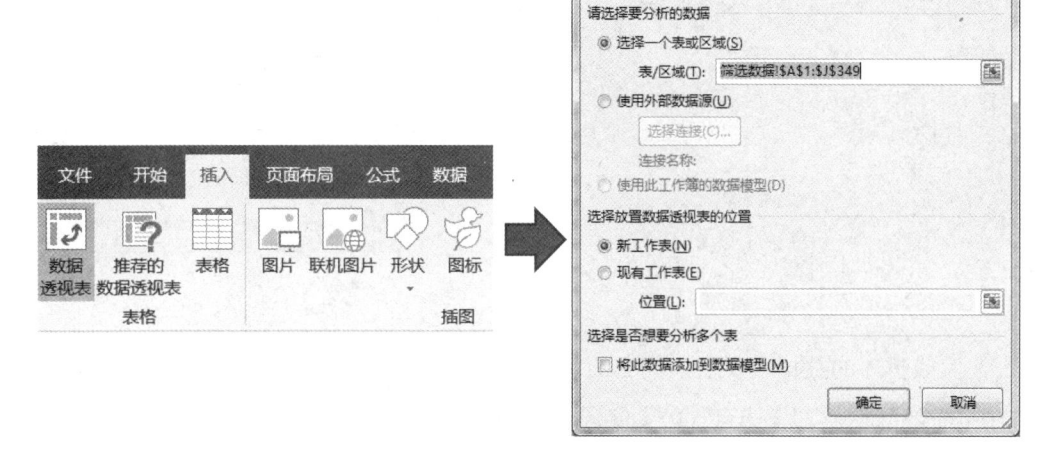

图 2-48

图 2-49

（4）设置数据透视表的排序规则。单击数据透视表的【行标签】，选择【其他排序选项】，在弹出的【排序（是否进口）】对话框中选择【降序排序】，并选择排序依据为【求和项:预估销售额】，如图2-50所示。

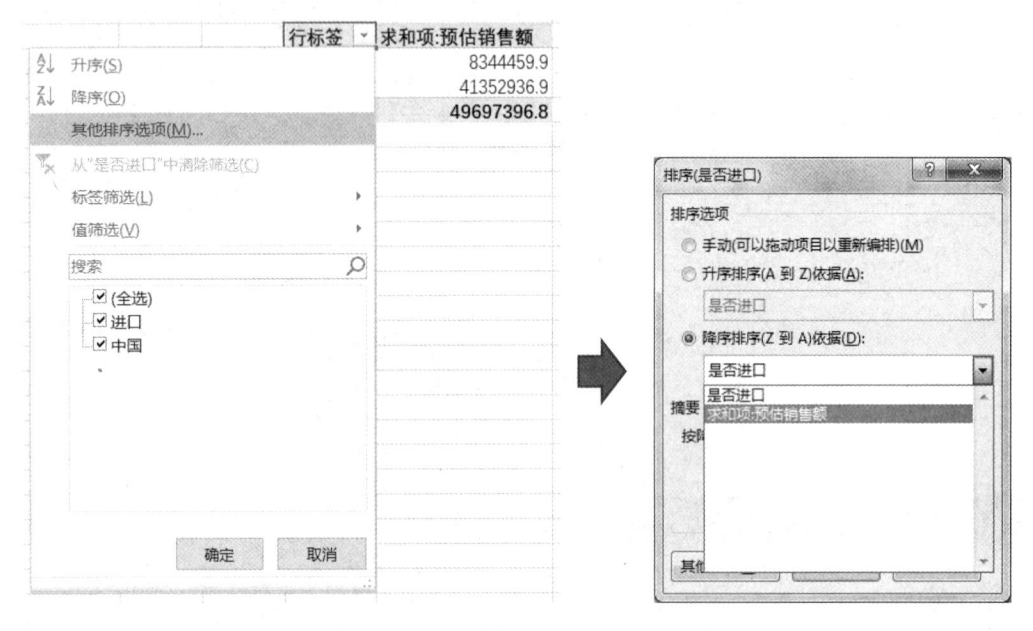

图 2-50

（5）完成排序的数据透视表如图2-51所示，可以发现，国产饼干的预估销售额最高。同理分别将【店铺类型】【糕点种类】字段分别拖到【行】区域，生成不同的数据透视表并进行排序，结果分别如图2-52、图2-53所示。

行标签	求和项:预估销售额
中国	41352936.9
进口	8344459.9
总计	49697396.8

图 2-51

行标签	求和项:预估销售额
天猫	49086200.5
淘宝	611196.3
总计	49697396.8

图 2-52

行标签	求和项:预估销售额
酥性饼干	13497376
夹心饼干	7900834.8
薄脆饼干	5772179.5
曲奇饼干	5090739.3
苏打饼干	4420739.4
威化饼干	3702926.6
营养饼干	3697464.5
鲜花饼	2393226.8
其他/other	979357.8
韧性饼干	924416.1
华夫饼整箱	839065.7
组合系列	135432
烧饼	80515.4
发酵饼干	79921.8
巧克力派1000g	73056.6
蛋圆饼干	46993.6
肉松饼	46075.9
糕点	16237.1
巧克力华夫饼400克	837.9
总计	49697396.8

图 2-53

如果锁定某个特征可以运用交叉法选择该特征下的其他特征进行交叉分析，比如锁定店铺类型为天猫，将【是否进口】和【糕点种类】进行交叉分析。操作步骤如下：

（1）创建数据透视表。创建过程请参考前面步骤。

（2）设置数据透视表。将【店铺类型】字段拖到【筛选器】区域，【是否进口】字段拖到【列】区域，【糕点种类】字段拖到【行】区域，【预估销售额】字段拖到【值】区域，如图 2-54 所示。

（3）设置筛选器。在【店铺类型】右侧的筛选器选中【天猫】选项，会得到如图 2-55 所示的数据透视表。可以发现在天猫店铺中，国产"酥性饼干"的市场份额是最大的。同时发现，"威化饼干"占天猫的销售市场份额并不低，进口的产品占该品类的 90%，因此国产市场还有很大的提升空间。

店铺类型	天猫		
求和项:预估销售额	列标签		
行标签	中国	进口	总计
酥性饼干	12490881	1006495	13497376
夹心饼干	4891734.8	2650390.6	7542125.4
薄脆饼干	5543275		5543275
曲奇饼干	4507310.3	583132	5090442.3
苏打饼干	3906833.6	513905.8	4420739.4
威化饼干	357555	3345371.6	3702926.6
营养饼	3655785.5	41679	3697464.5
鲜花饼	2393226.8		2393226.8
其他/other	905268.3	51071.1	956339.4
韧性饼干	924149.1		924149.1
华夫饼整箱	839065.7		839065.7
组合系列	135432		135432
烧饼	80515.4		80515.4
发酵饼干	79921.8		79921.8
巧克力派1000g	73056.6		73056.6
蛋圆饼干	46993.6		46993.6
肉松饼	46075.9		46075.9
糕点	16237.1		16237.1
巧克力华夫饼400克		837.9	837.9
总计	40893317.5	8192883	49086200.5

图 2-54　　　　　　　　　　图 2-55

◎ 提升拓展

分析产品特征的目的是帮助企业选品，选品的方法主要就是分析产品特征，但这种方法只能在产品已经被市场验证过后才能分析出来，存在一定的滞后性。如果要分析具备即时性就需要采集新上架的产品，根据上架后的数据指标评估产品上架后的表现。

分析产品特征提升拓展
（分析新品加购率）

例 2-8：采集某知名零食品牌近期的 64 款产品的上新数据，以加购率作为上架表现的判断指标，分析新品的产品特征，数据如图 2-56 所示。

A	B	C	D	E	F	G	H	I	J	K	L	M
宝贝id	原价	折扣率	销售价	sku数量	库存	加购率	一级类目	二级类目	三级类目	净含量	含糖	城市
559077508298	59.8	50.00%	29.9	2	33668	10.08%	零食/坚果/特产	糕点/点心	西式糕点	1000g	无糖	
553758129422	25.8	73.26%	18.9	2	10045	8.18%	零食/坚果/特产	糕点/点心	传统糕点	160g		
558128868438	298	46.64%	139	4	41474	6.99%	零食/坚果/特产	糕点/点心	传统糕点	750g	无糖	
39931058467	29.8	53.36%	15.9	2	7944	6.93%	零食/坚果/特产	糕点/点心	西式糕点	80g		揭阳市
17475191368	39.8	47.49%	18.9	1	8735	6.78%	零食/坚果/特产	糕点/点心	传统糕点	160g		
16174086062	14.9	79.19%	11.8	2	409770	5.16%	零食/坚果/特产	糕点/点心	西式糕点	80g	无糖	
12601223455	78.8	62.06%	48.9	3	12555	4.88%	零食/坚果/特产	糕点/点心	传统糕点	600g		杭州市
41575674747	32.8	60.67%	19.9	3	6881	4.78%	零食/坚果/特产	糕点/点心	传统糕点	200g		杭州市
43694073653	77.4	32.17%	24.9	6	15330	4.39%	零食/坚果/特产	糕点/点心	传统糕点	630g		广州市
559833218502	36.9	75.34%	19.8	2	339070	4.29%	零食/坚果/特产	糕点/点心	传统糕点	100g		杭州市
575882801385	37.8	52.65%	19.9	1	7406	4.12%	零食/坚果/特产	糕点/点心	传统糕点	120g		杭州市
560525718357	59.8	50.00%	29.9	2	14376	4.12%	零食/坚果/特产	糕点/点心	西式糕点	1000g	无糖	
585369959941	119.8	24.96%	29.9	2	26919	3.73%	零食/坚果/特产	糕点/点心	西式糕点	650g		杭州市

图 2-56

操作步骤如下：

（1）创建数据透视表。创建过程参考例 2-7。

（2）设置数据透视表。将【二级类目】和【含糖】拖动到【行】区域，将【宝贝 id】和【加购率】拖动到【值】区域，并将以上两个字段的汇总方式分别设置为计数和平均值，如图 2-57 所示，创建好的数据透视表图 2-58 所示。

行标签	计数项:宝贝id	平均值项:加购率
⊟饼干/膨化	28	0.022131423
无糖	7	0.036724992
含糖	21	0.0172669
⊟糕点/点心	36	0.031699768
无糖	8	0.051005407
含糖	28	0.026183871
总计	64	0.027513617

图 2-57　　　　　　　　　　　　　图 2-58

（3）创建组合图。将鼠标定位在透视表中任意一个数值单元格，单击【插入】选项卡中的【插入组合图】按钮，在弹出的选项中选择【簇状柱形图-次坐标轴上的折线图】，并设置图表标题为【新品属性分析】，生成如图 2-59 所示的组合图。通过观察得知，上新的食品中无糖的款数都小于含糖的，但是无糖食品的平均加购率都高于有糖的，说明这些上架新品中无糖商品的属性优于含糖的商品。

新品属性分析

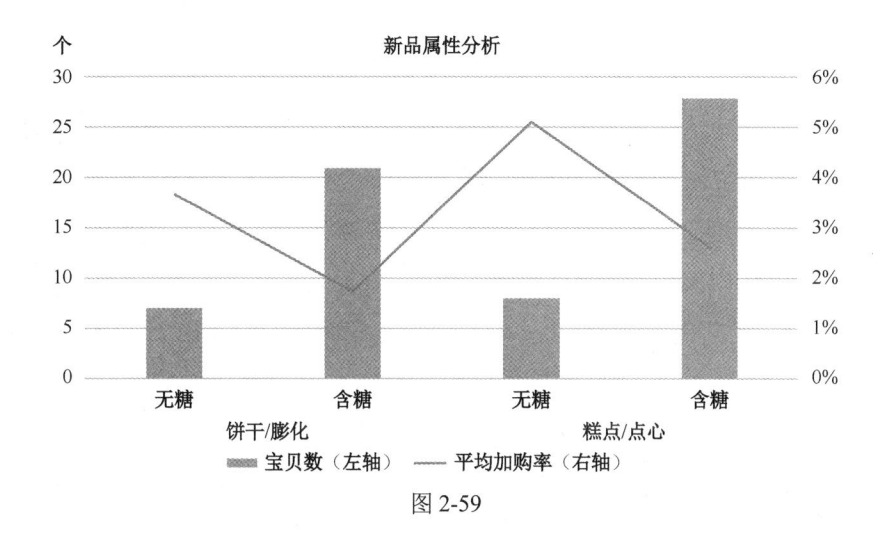

图 2-59

任务 5　分析市场价格

◎ 情景导入

某电商企业想知道自己的价格定位是否符合市场的方向，通过数据分析的方法解决产品应该如何定价的问题。

理论导读：定价

价格是商业中非常重要的因素，不同的价格市场也不一样。产品的价格和销售额及利润息息相关。售价定高了，虽然利润得以保证，但是销量及销售额难以提高，总的利润也不会太乐观；售价低了，销量可能会比较乐观，但利润难以保证。图 2-60 展示了某电商企业中某商品价格与利润的关系：当定价从 10 元逐渐上升到 40 元的时候，利润也在上升，但是上升幅度逐渐变缓；定价从 40 元上升到 70 元的过程中利润反而下降了。

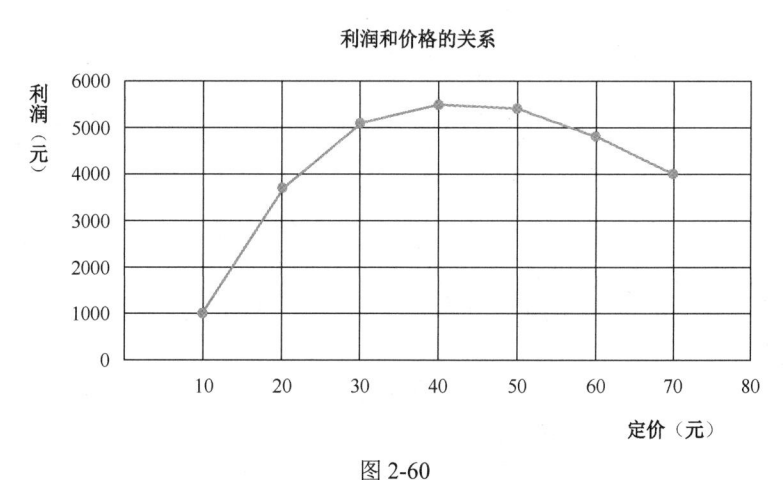

利润和价格的关系

图 2-60

◎ 解决思路

分析市场的主体为淘宝网，采集淘宝网对应品类的产品数据，主要字段是售价和销售额，以销量排序的前 440 个样本的产品为行业抽样。

售价的分析一般设定价格区间再进行分析，价格区间的步长需要遵循以下规则：

- 步长根据消费者的心理区间设置。例如，企业是以 20 元左右的产品为主的，价格区间步长可设置为 5 元；企业是以 200 元左右的产品为主的，价格区间步长可设置为 10 元。
- 价格区间的步长要一致，价格区间的两端在价格跨度较大时可以统一汇总起来。例如，企业的产品价格范围从 10 元到 1 000 元，如果 200 元以下的产品份额很低，可以将 200 元以下产品的数据进行汇总。如果 500 元以上的产品份额很低，可以将 500 元以上的数据进行汇总。中间 200～500 元的区间按相等步长进行切分。

◎ 实施过程

分析市场价格

例 2-9：分析零食某品类市场的价格段。

使用数据透视表的分组功能，可快速创建价格区间，操作步骤如下：

（1）处理数据。在操作之前，因为产品的重量不一致，先统一换算成 500g 的销售单价，结果如图 2-61 所示。

（2）创建数据透视表。选中数据，在【插入】选项卡中单击【数据透视表】按钮，在弹出的【创建数据透视表】对话框中检查引用的数据区域范围是否正确，然后在数据透视表字段设置中，把【500g 单价】字段拖动到【行】区域，将【销售额】字段拖动到【值】区域，如图 2-62、图 2-63 所示。

信誉	厂名	厂址	家联系方	配料表	储藏方法	保质期	食品添加剂	品牌	系列	包装种类	产地	省份	城市	包装方式	食品口味	净含量	折后价	500g单价	销售额	店铺类型
5金冠	鼠股份有	湖高新技	0-800-49	（甜蜜素	于阴凉干	240 天	钠、安赛蜜	quirrels/三	系列-碧根	袋装	中国	安徽省	芜湖市	包装	120g;160g	120	29.9	125	1300859	天猫
5金冠	鼠股份有	湖高新技	0-800-49	添加剂（	于阴凉干	240 天	钠、安赛	quirrels/三	果210gx2	袋装	中国	安徽省	芜湖市	包装	210gx2袋	420	44.9	53	1950232	天猫
5金冠	鼠股份有	湖高新技	0-800-49	添加剂（	于阴凉干	240 天	钠、安赛	quirrels/三	果210gx2	袋装	中国	安徽省	芜湖市	包装	210gx2袋	420	22.9	27	602430.3	天猫
5金冠	姆斯食品有	高新技术产	0-881-01	见包装	通风,干燥处	300 天	见包装	CHEERY/百	碧根果100g	袋装	中国	浙江省	杭州市	包装	g;鸿运款1	100	19.8	99	487317.6	天猫
5金冠	姆斯食品有	高新技术产	00881011	见包装		300 天	见包装	CHEERY/百	果218gX2	袋装	中国	浙江省	杭州市	包装	gx2袋,新红	436	42.9	49	754868.4	天猫
5金冠	姆斯食品有	高新技术产	00881011	见包装		300 天	见包装	CHEERY/百	果218gX2	袋装	中国	浙江省	杭州市	包装	gx2袋,新红	436	15.9	18	177285	天猫
3皇冠	逸口食品	安区昌化镇	0-878-55	、白砂糖	凉干燥处、	240 天		YEE KOU/逸口	小核桃2罐	罐装	中国	浙江省	杭州市	包装	盐各一罐;	320	58.8	92	619458	天猫
5金冠	逸口食品	安区昌化镇	0-878-55	、白砂糖	凉干燥处、	240 天		YEE KOU/逸口	小核桃2罐	罐装	中国	浙江省	杭州市	包装	盐各一罐;	320	22.9	36	221236.9	天猫
5金冠	之宝绿色食	临安去清	00881977	、白砂糖	、阴凉、	180 天	见包装背	来伊份	核桃仁 13	袋装	中国	浙江省	临安市	包装	仁138g【百	138	56.9	206	416109.7	天猫
4钻	老王炒货	临安市清	566992343	见包装	宜置于阴	240 天	见包装	比比妙	山核桃仁	罐装	中国	浙江省	临安市	包装	发）,醇香	300	59.8	100	368128.8	天猫
2皇冠	宝香食品有	镇大瓦头	21-615099	食用盐、	风干燥处、	240 天		ZHANGZUI FOOD/	碧根果	袋装	中国	上海		包装	共504g	316	24.9	39	150072.3	天猫
2金冠	玥食品有	安市昌化镇	71-636714	桃仁 食用	阴凉干燥处	240	见外包装	other/其他		罐装	中国	浙江省	杭州市	包装	罐）奶油	400	50.9	64	265952.5	淘宝
1金冠	阿雄食品有	临安市清	345676889	仁、食用	温保存、开	240	无	山味情	山核桃仁	袋装	中国	浙江省	临安市	包装	袋+奶油1袋	500	83.6	84	424186.4	淘宝
1金冠	盛记炒货	市临安市昌	71-636715	核桃仁 白砂	阴凉干燥处	300	无	桃妮	临安山核桃	罐装	中国	浙江省	临安市	包装	罐送80克坚	400	50.5	63	250682	淘宝
5金冠	姆斯食品有	高新技术产	0-8810-1	见包装	风、干燥	240 天	见包装	CHEERY/百	山核桃仁80	袋装	中国	浙江省	杭州市	包装	80g;山核	80	37.8	236	181213.2	天猫
5金冠	鼠股份有	湖高新技	0-800-49	、白砂	阴凉干	240 天	见产品包	quirrels/三	碧根果仁16	袋装	中国	安徽省	芜湖市	包装	165g	165	38.9	118	165947.4	天猫
1金冠	果誉食品	安市龙岗	71-63638989			240 天		sampleman/品牌	00g2罐山核	罐装	中国	浙江省	杭州市	包装	新货原味	320	55.8	87	222809.4	天猫
5金冠	姆斯食品有	高新技术产	00881011	见包装		240 天	见包装	CHEERY/百	碧根果仁	袋装	中国	浙江省	杭州市	包装	奶油味168g	168	28.9	86	114299.5	天猫
4皇冠	园电子商务	太湖源镇	337240226	见包装	于阴凉干燥	180 天	见包装	仙客乐	碧根果500g	袋装	中国	浙江省	杭州市	包装	;特大颗粒	500	31.8	32	125323.8	天猫
1金冠	果誉食品	安市龙岗	71-61109570			240 天		sampleman/品牌	罐装山核桃	罐装	中国	浙江省	杭州市	包装	奶油口味,新	400	30.8	50	153628	天猫
2皇冠	溪源炒货	临安市清	71-63625664			120 天		giggle share/坚	小核桃仁	罐装	中国	浙江省	杭州市	包装	罐 送零食,	300	54.8	91	191964.4	天猫
2金冠	兴农食品有	市临安市昌	71-636726	仁 糖 食用	干燥 开罐	240	无	杭果	小核桃仁	罐装	中国	浙江省	临安市	包装	椒盐 奶油	400	49.8	62	171760.2	淘宝
5金冠	鼠股份有	湖高新技	0-800-49	用盐、白	于阴凉干	240 天	详情见包装	quirrels/三	山核桃仁	袋装	中国	安徽省	芜湖市	包装	155gx2袋	310	48.9	79	162739.2	天猫
5金冠	鼠股份有	湖高新技	0-800-49	糖、食用	于阴凉干	240 天	、糖精钠	quirrels/三	到山核桃2	袋装	中国	安徽省	芜湖市	包装	235g	235	39.9	85	125645.1	天猫
2皇冠	客食品有	东洲街道高	396815695	白砂糖、	于阴凉干燥	240	蜂蜜、甜蜜	other/其他	根果250gX	罐装	中国	浙江省	杭州市	包装	奶油口味	350	23.8	34	72042.6	淘宝
1金冠	果誉食品	安市龙岗	71-63638989			240 天		sampleman/品牌	罐装碧根果	罐装	中国	浙江省	杭州市	包装	海盐味（	400	25.9	32	76845.3	天猫

图 2-61

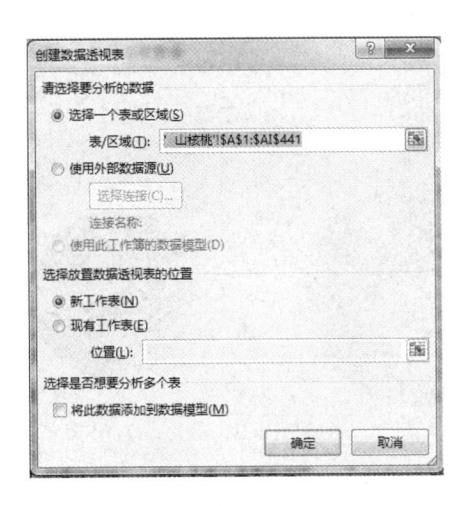

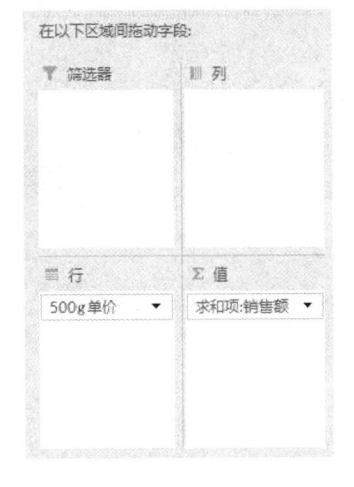

图 2-62

图 2-63

（3）设置价格区间。在数据透视表中，右击【行标签】下方的单元格，在弹出的快捷菜单中单击【创建组】选项，在弹出的【组合】对话框中设置价格【步长】为【20】（单位：元），如图 2-64 所示。生成的表格如图 2-65 所示，发现有两个销售高峰价格段，分别是 44～63 元和 84～103 元。

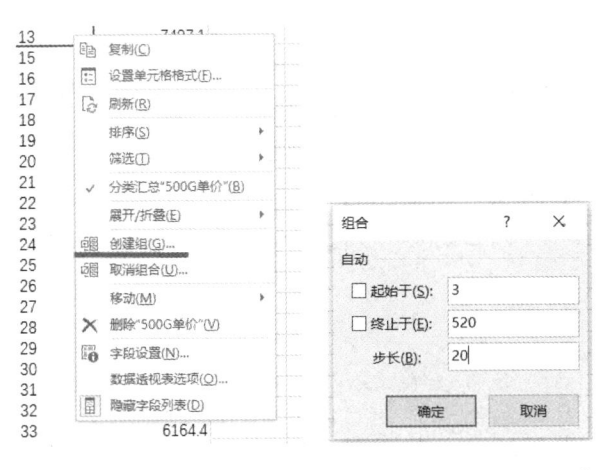

图 2-64

行标签	求和项:销售额
4-23	619104.97
24-43	22615517.6
44-63	4107134.69
64-83	1296113
84-103	4282328.9
104-123	526514
124-143	1444795.22
144-163	76605.22
164-183	214044.5
184-203	147408.9
204-223	791630.4
224-243	187979.4
244-263	38578.6
284-303	5393.8
304-323	9597.9
504-523	12225.5
总计	16020972.6

图 2-65

（4）数据可视化。选中数据透视表，在【插入】选项卡中单击【插入饼图或圆环图】，因饼图中有些价格段的销售额占比较低，数据标签显示不完整，所以选中【子母饼图】按钮，如图 2-66 所示。

右键单击透视表中【求和项:销售额】列中的某个单元格，在弹出的菜单中选择【排序】选项下的【降序】选项，如图 2-67 所示，排序结果如图 2-68 所示。

61

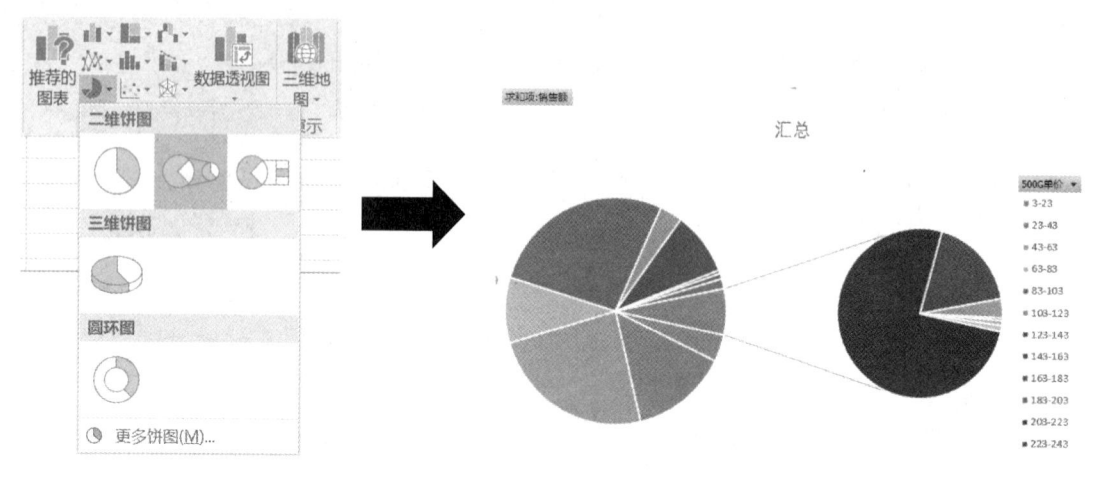

图 2-66

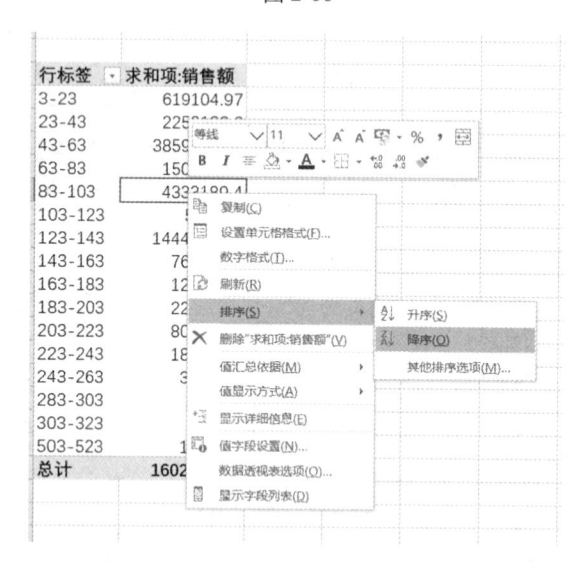

图 2-67

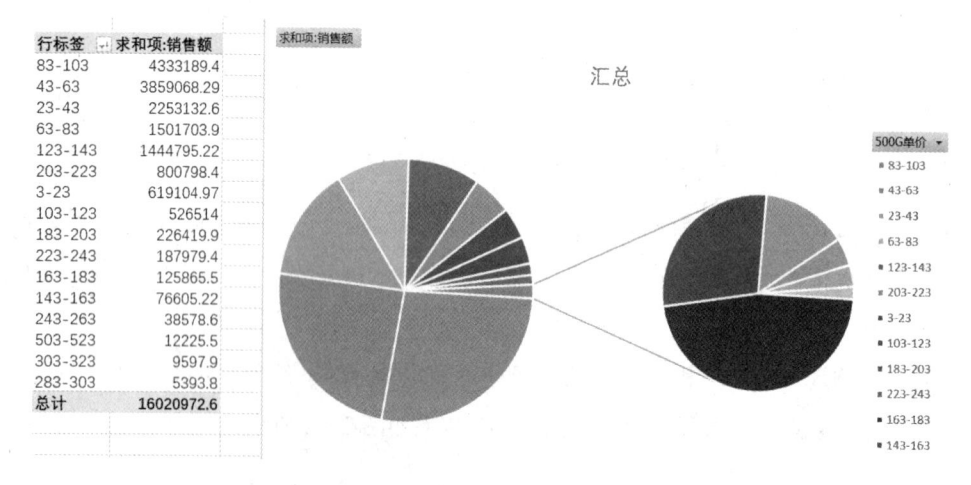

图 2-68

选中子母饼图右上角的加号，勾选【数据标签】选项，结果如图2-69所示。

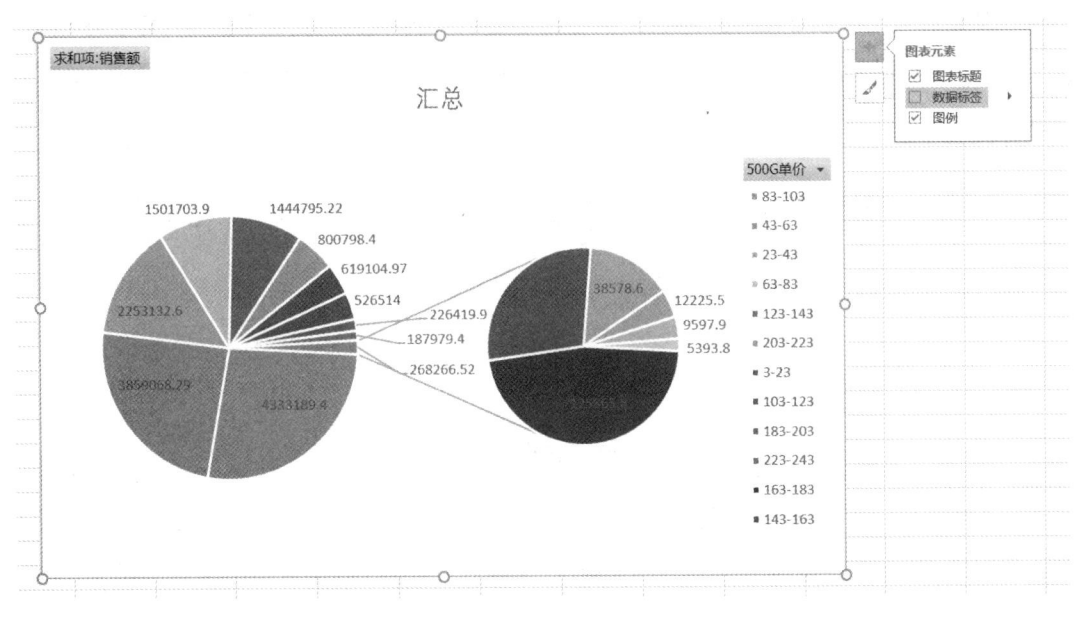

图2-69

右键单击子母饼图，在弹出的菜单中选择【设置数据系列格式】选项，在弹出的【设置数据系列格式】窗口中，将【系列选项】→【系列分割依据】选项设置为【百分比值】，【值小于】设置为【1%】，如图2-70所示。

图2-70

在数据标签全部选中的情况下，右键单击子母饼图中的数据标签，在弹出的菜单中选择【设置数据标签格式】选项。在弹出的【设置数据标签格式】窗口中，勾选【类别名称】【百分比】【显示引导线】三个复选框，并将【类别】设置为【百分比】格式，如图 2-71 所示。

图 2-71

将复合饼图标题改为【不同价格段的销售额占比】，并调整数据标签的颜色，结果如图 2-72 所示。

不同价格段的销售额占比

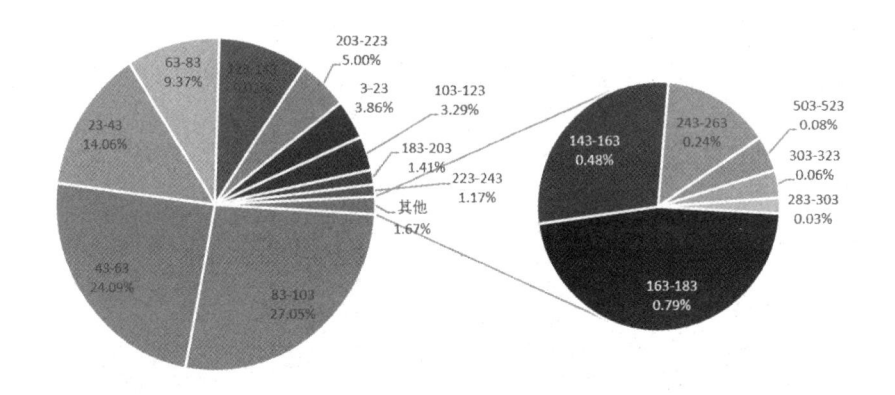

图 2-72

理论导读：交叉分析法

交叉分析法是对比法和拆分法的结合，是将有一定关联的两个或以上的维度和度量值排列在统计表内进行对比分析，在小于或等于三维的情况下可以灵活使用图表进行展示。当维度大于三维时选用统计表展示，也称为多维分析法。比如在研究市场定价时，经常将产品特征和定价作为维度，销售额作为度量值进行分析。

◎ 提升拓展

如果要使分析结果更精准，可以使用交叉分析法。

例 2-10：分析淘宝和天猫的价格区间差异，使用交叉法分析产品山核桃的价格区间，采集淘宝网上山核桃的搜索结果作为分析的数据集。

分析市场价格
拓展提升（交叉分析）

数据源采用例 2-9 中的数据，在例 2-9 的基础上将数据透视表的【店铺类型】字段拖动到【列】区域中，如图 2-73 所示。价格区间和店铺类型交叉后，会发现淘宝主要的价格区间是 64~83 元、84~103 元，天猫是 44~63 元及 84~103 元，如表 2-9 所示。另外，在区间 24~43 元和 124~143 元之间的产品在天猫上也占有一定的份额。

图 2-73

表2-9 价格区间与店铺类型的交叉表

价格区间/元	淘宝	天猫
4~23	7%	3%
24~43	11%	15%
44~63	20%	27%
64~83	23%	4%
84~103	33%	25%
104~123	4%	3%
124~143	1%	12%
144~163	0	1%
164~183	1%	2%
大于183	1%	9%

可以明显地发现交叉后的数据信息跟交叉前不同，交叉分析是更精准的一种分析方法。

素养园地

《中华人民共和国反垄断法》是为预防和制止垄断行为，保护市场公平竞争，提高经济运行效率，维护消费者利益和社会公共利益，促进社会主义市场经济健康发展，制定的法律。

《中华人民共和国反垄断法》

国内统一大市场就是破除地区壁垒与市场分割，优化营商环境，促进商品与要素有序流动，推动产业合理布局与分工优化，提升市场资源配置效率，激发微观主体活力，促进内循环，扩大市场规模容量，不断培育我国经济发展新优势，不断增强我国强大国内市场对全球的吸引力。从中长期看，统一大市场建设是我国新发展格局的内在要求与基础支撑，同时，也是应对全球变局和复杂发展环境，推动我国经济高质量发展、行稳致远的内生动力。

规范市场秩序 激发消费潜力

激发市场活力 规范市场秩序 市场监管总局助力全 建成小康社会

实训项目

实训 2.1

背景：老板想开一个做山核桃/坚果/炒货类目的店铺，请你分析市场，了解哪些品类更有空间，以及这些品类未来半年的发展趋势

目标：用 PPT 做一份报告进行汇报

数据：练习数据 2.1

要求：

- PPT 不低于 6 页内容（不含标题页和目录页）
- 要有图形展示（折线图、柱形图或饼图等）
- 要有明确的结论（可设置结论页）

实训 2.2

背景：老板的淘宝店铺想卖山核桃，但是不知道淘宝店铺在这个市场是否有优势，以及产品应该如何定价，如何设置产品规格（净重）

目标：用 PPT 做一份报告进行汇报

数据：练习数据 2.2

要求：

- PPT 不低于 6 页内容（标题页和目录页除外）
- 要有图形展示（折线图、柱形图、饼图等）
- 要有明确的结论（可设置结论页）

项目 3

竞争分析

竞争分析是针对竞争市场环境和竞争对手开展的分析，帮助企业更深入地了解市场和自己的同行竞争对手，以便企业制定市场竞争战略方案。

学习目标

知识目标：
- 理解竞争环境的含义

能力目标：
- 掌握分析竞争环境的思路和方法
- 掌握分析竞争对手的思路和方法

素养目标：
- 培养以商务决策为导向的数据收集意识，培养学生对数据的敏感度
- 培养在加工处理数据时一丝不苟、精益求精、严谨认真的工匠精神和科学态度
- 了解电商平台运营过程中应当遵守的法律法规，增强法治意识，培养法治思维，提升法治素养
- 培养遵纪守法、诚实守信的道德意识和行为规范，培养法治思维，增强法治意识
- 培养良性竞争意识，树立敢于竞争的拼搏精神

项目导图

本项目共包含 2 个任务，分别是分析竞争环境和分析竞争对手，通过这两个任务可掌握竞争分析的思路和方法，为企业制定竞争策略提供必要的数据依据，本项目的项目导图如图 3-1 所示。

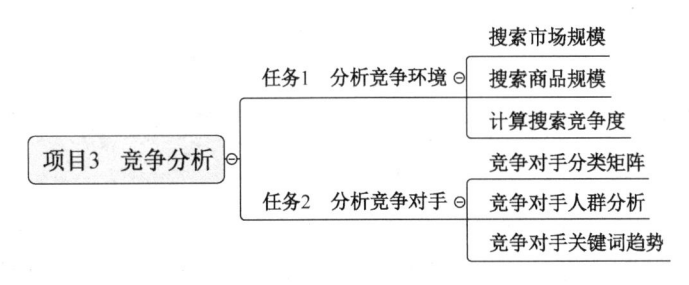

```
项目3 竞争分析 ─┬─ 任务1 分析竞争环境 ─┬─ 搜索市场规模
               │                    ├─ 搜索商品规模
               │                    └─ 计算搜索竞争度
               └─ 任务2 分析竞争对手 ─┬─ 竞争对手分类矩阵
                                    ├─ 竞争对手人群分析
                                    └─ 竞争对手关键词趋势
```

图 3-1

任务 1　分析竞争环境

竞争环境分析

◎ 情景导入

电商企业在竞争某个产品市场份额的时候，需要充分了解竞争环境，搜索是"兵家必争之地"，通过了解搜索的环境，可以帮助企业运营人员落地具体的市场打法。

理论导读：竞争环境

竞争环境是指企业运营人员必须面对的竞争者的数量和类型及竞争者参与竞争的方式。尽管企业运营人员通常无法控制这些因素，但他们可以选择避免正面交锋的战略，为竞争的到来提早做好准备。竞争环境的变化不断产生威胁，也不断产生机会。对企业来说，如何监测竞争环境的变化，规避威胁，抓住机会，是关乎企业发展的重大问题。

◎ 解决思路

分析店铺的主体为淘宝网，选择阿里巴巴提供的生意参谋作为数据源，订购生意参谋专业版采集数据。采集其中关键词数据作为数据源。

搜索的竞争环境需要从多个维度进行分析，维度越多对环境的信息掌握就越全面。可以从搜索人数的规模和搜索商品的规模两个维度进行判断。

理论导读：指数化

指数化是为了保护原始数据不被泄露，或是为了将多个指标合并在一起反映某个事物的方法，将原始数据经过函数 $f(x)$ 处理后再进行输出。

◎ 实施过程

例 3-1：已有生意参谋的关键词表现数据，将点击人气还原成点击人数。

搜索人数规模可在生意参谋页面的【市场】→【搜索分析】搜索框中查询行业搜索关键词的搜索人气指数，时间粒度取 7 天或 30 天。

（1）进入淘宝网生意参谋后台，单击【市场】模块下的【搜索分析】按钮，在【搜索词分析】的搜索框中输入行业搜索关键词 "紫米"，时间粒度取 7 天或 30 天，如图 3-2 所示，即可查询关键词的 "搜索人气" "点击人气" 等指标，搜索结果如图 3-3 所示。

图 3-2

（2）从搜索的结果中采集的 2019 年 2 月 "紫米" 关键词的搜索数据，部分数据如图 3-4 所示。

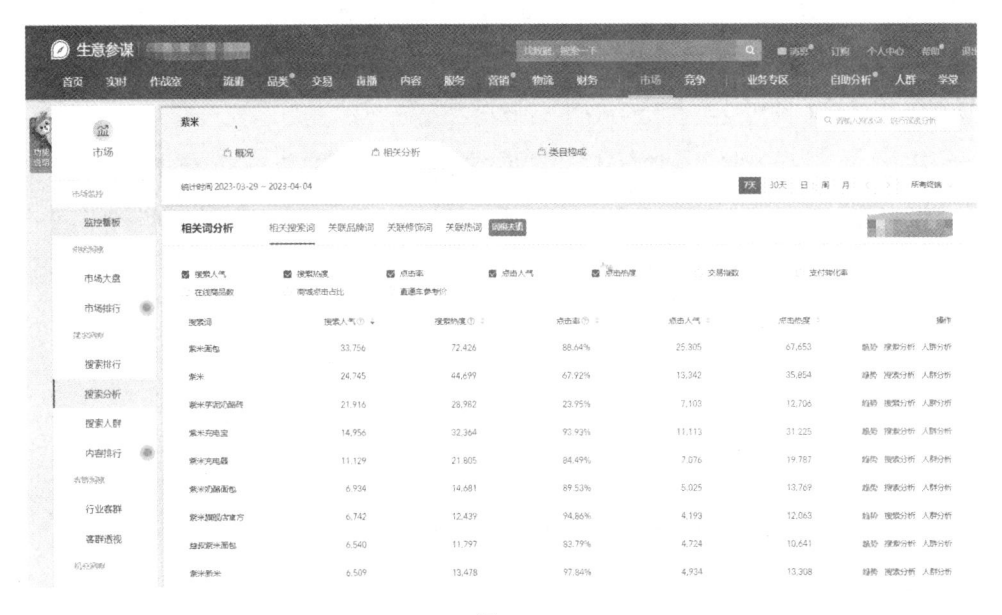

图 3-3

图 3-4

（3）搜索量不代表点击量。"点击人气"是搜索关键词后单击商品的人数对应的指数值。"搜索人气"是将搜索人数指数化后的结果，需要通过算法还原点击人数，可以采用算法拟合的方法来实现，但会存在一定误差。设点击人气为 x，点击人数为 y，则 y 的计算方法如下：

当 $x \leqslant 1\,000\,000$ 时：

$$y = -0.005 \times x^{1.682} + 0.003 \times x^{1.746} - 0.006 \times x^{1.663} + 0.005 \times x^{1.616} + 0.006 \times x^{1.613}$$

当 $x > 1\,000\,000$ 且 $x \leqslant 3\,500\,000$ 时：

$$y = -0.731 \times x^{10.712} \div x^{9.288} + (-0.685) \times x^{10.713} \div x^{9.287} + (-0.801) \times x^{10.711} \div x^{9.289} + 0.607 \times x^{10.747} \div x^{9.253} + 3.42 \times x^{10.656} \div x^{9.344}$$

当 $x > 3\,500\,000$ 时：

$$y = -73.145 \times x^{10.613} \div x^{9.387} + (-73.145) \times x^{10.613} \div x^{9.387} + 49.09 \times x^{10.64} \div x^{9.36} + 194.962 \times x^{10.561} \div x^{9.439}$$

本次采用的数据点击人气值小于 1 000 000，计算的时候采用第一个公式。新建一列【点击人数（指数还原）】，在单元格中的函数编辑器 f_x 中输入还原公式，将公式中的 x 设置成单元格的名称【I2】即可，如图3-5所示。

图 3-5

（4）填充公式后，可得到计算结果，如图3-6所示。

图 3-6

（5）采集搜索商品规模数据指标。在图3-3的基础上勾选【在线商品数】指标，即可查看结果。在线商品数越大代表竞争对手越多，竞争环境越恶劣。

假设每个点击的人都会点击产品，那么点击人数就是总的访客数，但这种情况比较极端，只有小类目排名靠前的产品才会接近这种情况，一般比例达到10%就是优秀了，这个数据根据类目的大小会有差异。用点击人数除以在线商品数的商值，可以得到平均每个在线商品的点击人数，可以用这三个指标来评估搜索竞争环境。

◎ 提升拓展

搜索竞争度的分析包含但不局限于以下3种思路：

● 用搜索点击人数除以搜索商品规模得到商品的平均点击人数，以此来作为竞争度的判断标准。此指标为正指标时，越大代表竞争环境越好，越小代表竞争环境越激烈。

● 分析前30个关键词中包含品牌的关键词数量的比例，以此作为品牌竞争度的判断

竞争环境分析提升拓展

标准。当竞争度为 0～20%时，说明该品类的消费者对品牌没有太高认知度，不产生依赖；当竞争度为 20%～50%时，说明该品类的消费者对品牌有初步的认知度；当竞争度为 50%～80%时，说明该品类的消费者对品牌具有认知度；当竞争度为 80%～100%时，说明该品类只有头部品牌才可以生存。

- 观察关键词的搜索人数的集中情况，类目词除外，如果第 N 位是第 N+1 位的 2 倍及以上，则取 N 为搜索关键词的集中度。当 $N\leq 3$ 时，表示流量高度集中，竞争也高度集中，在这 N 个关键词中，品类竞争激烈；当 $3<N\leq 10$ 时，表示流量相对集中；当 $N>10$ 时，表示流量不集中，可细分的市场较多，相应的市场机会也较多。

例 3-2 根据例 3-1 中的数据计算紫米面包相关搜索词的搜索竞争度。

操作步骤如下：

（1）添加新的一列，输入名称【竞争度（蓝海值）】，在下一行单元格内输入公式【=U2/M2】，如图 3-7 所示。

SUM　=U2/M2

	D	E	F	G	H	I	J	K	L	M	U	V
1	搜索词	搜索人气	搜索人数	搜索热度	点击率	点击人气	点击热度	交易指数	支付转化	在线商品	点击人数（指数还原）	竞争度(蓝海值)
2	米朵紫米面包	1842	416	3888	105.16%	1550	4007	2304	8.60%	10	296	=U2/M2
3	潮巴爷紫米面包	2222	566	4704	96.45%	1922	4604	2248	3.36%	22	423	
4	紫米面包	43432	90768	97016	125.89%	37181	110433	91354	20.84%	4707	66,673	
5	悦途紫米面包	1458	284	3093	92.44%	1148	2950	1264	3.63%	22	181	
6	好亲家紫米面包	1118	185	2352	151.45%	981	3022	2547	19.33%	16	140	
7	哒哒紫米奶酪面包	789	106	1572	84.74%	403	1419	367	5.41%	10	33	
8	研磨食光 紫米面包	1426	274	2628	144.58%	1080	3281	2527	8.57%	27	164	
9	紫米面包研磨时光	867	123	1648	103.17%	640	1680	1070	3.95%	12	70	
10	优米yummy紫米面包	1290	233	2679	136.84%	1065	3235	2586	12.28%	24	160	
11	悦途紫米奶酪面包	1148	193	2447	111.14%	1042	2609	2186	9.70%	20	155	

图 3-7

（2）将公式向下填充，并按降序排序后，如图 3-8 所示，可以观察到米朵紫米面包的搜索竞争度最大，代表竞争环境较好，表现为商家少、消费者多，可能有需大于供的市场环境。通过了解后知道，米朵是一个品牌名字，因此代表的是品牌的市场竞争环境较好。

V2　=U2/M2

	D	E	F	G	H	I	J	K	L	M	U	V
1	搜索词	搜索人气	搜索人数	搜索热度	点击率	点击人气	点击热度	交易指数	支付转化	在线商品	点击人数（指数还原）	竞争度(蓝海值)
2	米朵紫米面包	1842	416	3888	105.16%	1550	4007	2304	8.60%	10	296	29.64
3	潮巴爷紫米面包	2222	566	4704	96.45%	1922	4604	2248	3.36%	22	423	19.21
4	紫米面包	43432	90768	97016	125.89%	37181	110433	91354	20.84%	4707	66,673	14.16
5	悦途紫米面包	1458	284	3093	92.44%	1148	2950	1264	3.63%	22	181	8.23
6	好亲家紫米面包	1118	185	2352	151.45%	981	3022	2547	19.33%	16	140	8.76
7	哒哒紫米奶酪面包	789	106	1572	84.74%	403	1419	367	5.41%	10	33	3.33
8	研磨食光 紫米面包	1426	274	2628	144.58%	1080	3281	2527	8.57%	27	164	6.07
9	紫米面包研磨时光	867	123	1648	103.17%	640	1680	1070	3.95%	12	70	5.84
10	优米yummy紫米面包	1290	233	2679	136.84%	1065	3235	2586	12.28%	24	160	6.68
11	悦途紫米奶酪面包	1148	193	2447	111.14%	1042	2609	2186	9.70%	20	155	7.73
12	研磨时光紫米面包	831	115	1593	88.72%	602	1480	277	1.45%	12	63	5.29

图 3-8

例 3-3：根据例 3-1 中的数据，分析紫米面包相关搜索词的品牌竞争环境。

操作步骤如下：

（1）判断是否包含品牌词。添加新字段【是否包含品牌词】，在包含品牌词的对应的单元格中填写【是】，不包含的对应的单元格中填写【否】，如图 3-9 所示。

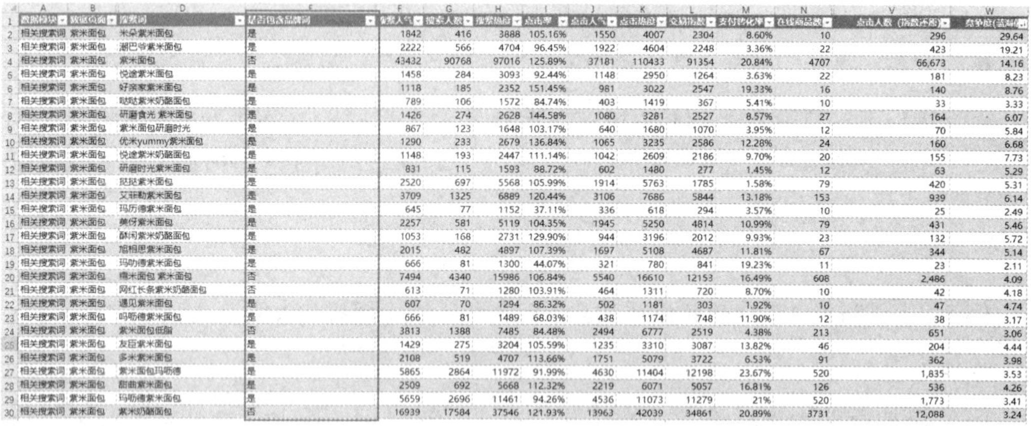

	数据模块	数据页面	搜索词	是否包含品牌词	搜索人气	搜索人数	搜索热度	点击率	点击人气	点击热度	交易指数	支付转化率	在线商品数	点击人数（指数还原）	竞争度(蓝海值
2	相关搜索词	紫米面包	米朵紫米面包	是	1842	416	3888	105.16%	1550	4007	2304	8.60%	10	296	29.64
3	相关搜索词	紫米面包	潮巴爷紫米面包	是	2222	566	4704	96.45%	1922	4604	2248	3.36%	22	423	19.21
4	相关搜索词	紫米面包	紫米面包	否	43432	90768	97016	125.89%	37181	110433	91354	20.84%	4707	66,673	14.16
5	相关搜索词	紫米面包	悦途紫米面包	是	1458	284	3093	92.44%	1148	2950	1264	3.63%	22	181	8.23
6	相关搜索词	紫米面包	好亲家紫米面包	是	1118	185	2352	151.45%	981	3022	2547	19.33%	16	140	8.76
7	相关搜索词	紫米面包	哒哒紫米奶酪面包	是	789	106	1572	84.74%	403	1419	367	5.41%	10	33	3.33
8	相关搜索词	紫米面包	研磨食光 紫米面包	是	1426	274	2628	144.58%	1080	3281	2527	8.57%	27	164	6.07
9	相关搜索词	紫米面包	紫米面包研磨时光	是	867	123	1648	103.17%	640	1680	1070	3.95%	12	70	5.84
10	相关搜索词	紫米面包	优米yummy紫米面包	是	1290	233	2679	136.84%	1065	3235	2586	12.28%	24	160	6.68
11	相关搜索词	紫米面包	悦途紫米奶酪面包	是	1148	193	2447	111.14%	1042	2609	2186	9.70%	20	155	7.73
12	相关搜索词	紫米面包	研磨时光紫米面包	是	831	115	1593	88.72%	602	1480	277	1.45%	12	63	5.29
13	相关搜索词	紫米面包	挞挞紫米面包	是	2520	697	5568	105.99%	1914	5763	1785	1.58%	79	420	5.31
14	相关搜索词	紫米面包	艾菲勒紫米面包	是	3709	1325	6889	120.44%	3106	7686	5844	13.18%	153	939	6.14
15	相关搜索词	紫米面包	玛历德紫米面包	是	645	77	1152	37.11%	336	618	294	3.57%	10	25	2.49
16	相关搜索词	紫米面包	美仔紫米面包	是	2257	581	5119	104.35%	1945	5250	4814	10.99%	79	431	5.46
17	相关搜索词	紫米面包	酥闲紫米奶酪面包	是	1053	168	2731	129.90%	944	3196	2012	9.93%	23	132	5.72
18	相关搜索词	紫米面包	旭相思紫米面包	是	2015	482	4897	107.39%	1697	5108	4687	11.81%	67	344	5.14
19	相关搜索词	紫米面包	玛叻德紫米面包	是	666	81	1300	44.07%	321	780	841	19.23%	11	23	2.11
20	相关搜索词	紫米面包	糯米面包 紫米面包	否	7494	4340	15986	106.84%	5540	16610	12153	16.49%	608	2,486	4.09
21	相关搜索词	紫米面包	网红长条紫米奶酪面包	否	613	71	1280	103.91%	464	1311	720	8.70%	10	42	4.18
22	相关搜索词	紫米面包	遇见紫米面包	是	607	70	1294	86.32%	502	1181	303	1.92%	10	47	4.74
23	相关搜索词	紫米面包	吗呖德紫米面包	是	666	81	1489	68.03%	438	1174	748	11.90%	12	38	3.17
24	相关搜索词	紫米面包	紫米面包低脂	否	3813	1388	7485	84.48%	2494	6777	2519	4.38%	213	651	3.06
25	相关搜索词	紫米面包	友臣紫米面包	是	1429	275	3204	105.59%	1235	3310	3087	13.82%	46	204	4.44
26	相关搜索词	紫米面包	多米紫米面包	是	2108	519	4707	113.66%	1751	5079	3722	6.53%	91	362	3.98
27	相关搜索词	紫米面包	紫米面包玛呖德	是	5865	2864	11972	91.99%	4630	11404	12198	23.67%	520	1,835	3.53
28	相关搜索词	紫米面包	甜曲紫米面包	是	2509	692	5668	112.32%	2219	6071	5057	16.81%	126	536	4.26
29	相关搜索词	紫米面包	玛呖德紫米面包	是	5659	2696	11461	94.26%	4536	11073	11279	21%	520	1,773	3.41
30	相关搜索词	紫米面包	紫米奶酪面包	否	16939	17584	37546	121.93%	13963	42039	34861	20.89%	3731	12,088	3.24

图 3-9

（2）创建数据透视表。在【插入】选项卡中单击【数据透视表】按钮，在弹出的【创建数据透视表】对话框中检查所选区域是否正确，单击【确定】按钮如图 3-10 所示。

（3）将【是否包含品牌词】字段拖动到【行】区域，分两次将【搜索词】字段拖动到【值】区域，并将值汇总方式均设置为计数项，如图 3-11 所示。

（4）在数据透视表中，右击第二个计数项，在弹出的列表中选择【值显示方式】→【总计的百分比】，如图 3-12 所示。结果如图 3-13 所示。

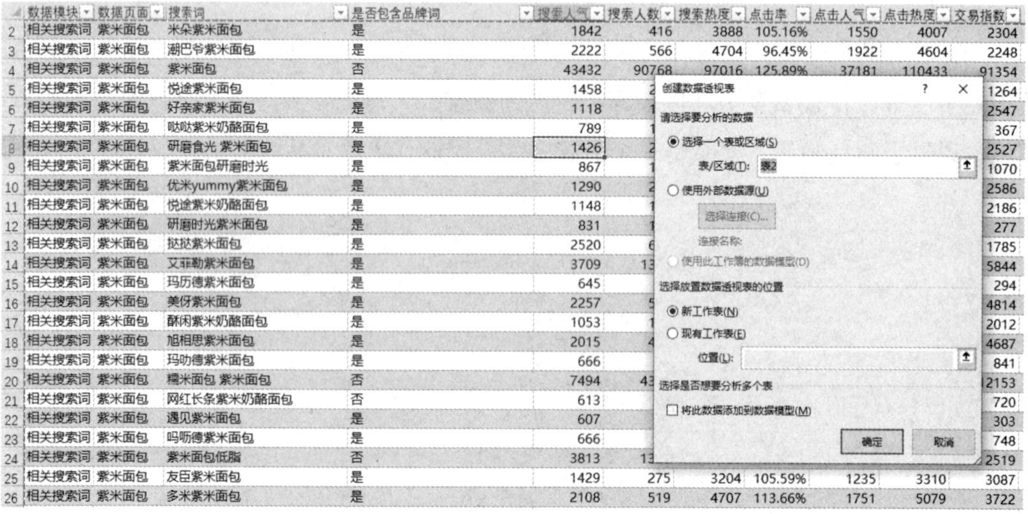

图 3-10

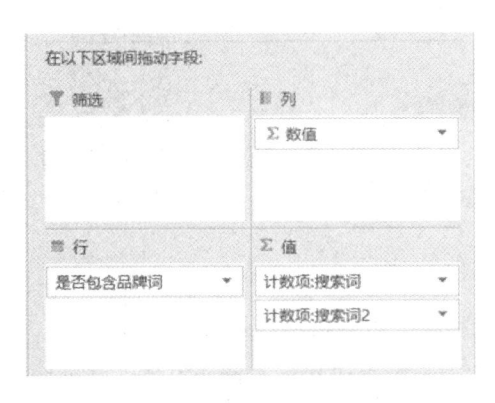

图 3-11　　　　　　　　　　　　　图 3-12

（5）修改数据透视表第一列的名称为【是否包含品牌词】，如图 3-14 所示，紫米面包相关搜索词的前 30 名中，包含品牌词的占 82.76%，说明"紫米面包"这个关键词产品市场以成熟品牌为主，做自有品牌成本相对较高，如果做二级代理商，可以对竞争度排名前几位的品牌从口味、利润等方面做深度的考察。

行标签	计数项:搜索词	计数项:搜索词2
否	5	17.24%
是	24	82.76%
总计	29	100.00%

图 3-13

是否包含品牌词	搜索词数量	搜索词占比
否	5	17.24%
是	24	82.76%
总计	29	100.00%

图 3-14

例 3-4：分析火锅底料相关搜索词的品牌竞争环境，采集的源数据如图 3-15 所示，先手动判断搜索词是否包含品牌词。

搜索词	是否包含品牌词	搜索人气	搜索热度	点击率	点击人气	点击热度
火锅底料	否	45,119	83,729	96.17%	31,280	81,906
海底捞火锅底料	是	23,167	42,528	90.34%	15,582	40,137
重庆火锅底料	否	15,301	28,591	87.31%	10,613	26,450
桥头火锅底料	是	14,563	26,811	34.55%	6,322	14,526
火锅底料 重庆 麻辣 四川	否	13,673	25,303	96.41%	9,665	24,777
名扬火锅底料	是	11,028	20,553	67.78%	7,367	16,419
牛油火锅底料	否	8,812	16,610	92.32%	6,183	15,859
好人家火锅底料	是	8,242	15,430	55.23%	5,148	10,928
火锅底料小包装一人份	否	8,074	16,149	95.10%	5,918	15,686
德庄火锅底料	是	7,826	14,631	50.13%	3,929	9,788
小龙坎火锅底料	是	7,814	14,439	29.34%	2,885	7,054
大红袍火锅底料	是	7,149	13,439	70.60%	4,855	10,975
重庆火锅底料 正宗	否	7,086	13,221	95.07%	4,943	12,838
火锅底料小包装宿舍	否	7,069	13,468	90.13%	4,890	12,679
火锅底料清汤	是	7,059	12,832	82.68%	4,701	11,488

图 3-15

操作步骤如下：参考例 3-3 的步骤添加数据透视表算出百分比，如图 3-16 所示。可以分析出火锅底料的消费者还是比较在意品牌的，对品牌具有一定的认知度。

是否包含品牌词	计数项:搜索词	计数项:搜索词2
否	14	46.67%
是	16	53.33%
总计	30	100.00%

图 3-16

火锅底料关键词竞争环境分析

例 3-5：用例 3-4 中的数据，算出第 N 位对比第 $N+1$ 位的搜索人数倍数。

操作步骤如下：由于例 3-4 的数据源中没有搜索人数字段，只有搜索人气，基于搜索人气是搜索人数的指数化结果，对搜索人气进行还原。

（1）根据例 3-1 中的公式，在搜索人数列下面的 C2 单元格中编辑公式【=-0.005 * B2 ^ 1.682 + 0.003 * B2 ^ 1.746 - 0.006 *B2 ^1.663 + 0.005 * B2 ^ 1.616 +0.006 *B2 ^ 1.613】，如图 3-17 所示。

	A	B	C	D	E	F	G	H
1	搜索词	搜索人气	搜索人数		倍数	搜索热度	点击率	点击人气	点击热度
2	火锅底料	45,119	=-0.005 * B2 ^ 1.682 +0.003 * B2 ^ 1.746 - 0.006 *B2 ^1.663 + 0.005 * B2 ^ 1.616 +0.006 *B2 ^ 1.613
3	海底捞火锅底料	23,167			42,528	90.34%	15,582	40,137
4	重庆火锅底料	15,301			28,591	87.31%	10,613	26,450

图 3-17

（2）使用填充柄向下填充公式，计算每个关键词的搜索人数，如图 3-18 所示。发现搜索人数排名第 2 位的搜索词的搜索人数是第 3 位的 2 倍，由此得出流量相对集中于第 2 个搜索词中，该品类的搜索竞争高度集中。

搜索词	搜索人气	搜索人数	倍数	搜索热度	点击率	点击人气	点击热度
火锅底料	45,119	93747	类目词	83,729	96.17%	31,280	81,906
海底捞火锅底料	23,167	29113	2	42,528	90.34%	15,582	40,137
重庆火锅底料	15,301	14160	1	28,591	87.31%	10,613	26,450
桥头火锅底料	14,563	13000	1	26,811	34.55%	6,322	14,526
火锅底料 重庆 麻辣 四川	13,673	11658	1	25,303	96.41%	9,665	24,777
名扬火锅底料	11,028	8049	1	20,553	67.78%	7,367	16,419
牛油火锅底料	8,812	5478	1	16,610	92.32%	6,183	15,859
好人家火锅底料	8,242	4886	1	15,430	55.23%	5,148	10,928
火锅底料小包装一人份	8,074	4717	1	16,149	95.10%	5,918	15,686
德庄火锅底料	7,826	4473	1	14,631	50.13%	3,929	9,788
小龙坎火锅底料	7,814	4461	1	14,439	29.34%	2,885	7,054
大红袍火锅底料	7,149	3833	1	13,439	70.60%	4,855	10,975
重庆火锅底料 正宗	7,086	3776	1	13,221	95.07%	4,943	12,838
火锅底料小包装宿舍	7,069	3761	1	13,468	90.13%	4,890	12,679
火锅底料清汤	7,059	3751	1	12,832	82.68%	4,701	11,488
秋霞火锅底料	6,829	3546	1	12,588	31.35%	2,702	6,382
火锅底料海底捞	6,551	3304	1	11,416	83.68%	4,043	10,290

图 3-18

任务 2 分析竞争对手

◎ **情景导入**

分析竞争对手是市场人员、运营人员必须研究的课题，电商企业通过分析竞争对手可以明确自己的市场方向，结合自己的数据也可以分析出营销活动的效果。

◎ **解决思路**

分析市场的主体为淘宝网，选择阿里巴巴提供的生意参谋作为数据源，订购生意参谋专业版后采集数据。采集近 1 年的品牌数据、人群数据，近 7 天的关键词数据作为数据源。

分析竞争对手前需要先对竞争对手进行分类，分类后才可以更精准地分析竞争对手。选择的竞争对手优先在同一个赛道，在矩阵中拥有相同特征的，或者面向相同客群的。

理论导读：竞争对手分类矩阵

在选择竞争对手前，需要先将竞争对手进行分类，基于分类再挑选合适的竞争对手。在不同的阶段需要不同的竞争对手进行学习，因此，竞争对手的分类矩阵就是帮助企业在各个阶段精准选择竞争对手。竞争对手的分类维度可基于实际情况进行设定。参考分类的维度有价格定位（高端、中端、低端），销量层级（头部、腰部、普通）和产品结构（单一、多样、全面）。

竞争对手分析矩阵

◎ **实施过程**

例 3-6：现有天猫华美品牌排名前 20 的店铺数据，包括华美食品旗舰店、华美煊誉专卖店、huamel 华美仁勤专卖店等，运用矩阵分析法将这 20 个店铺进行矩阵分析。

操作步骤如下：

（1）通过对交易额累计百分比的计算，把处于总销售额前 30% 的店铺定为头部店铺，30%～70% 的店铺定为腰部店铺，70%～100% 的店铺定为普通店铺。店铺的产品结构不同，定位的人群、年龄也不完全相同。新建列名【销售层级】和【产品结构】，根据层级和定位对这 20 个店铺进行打标，如图 3-19 所示。

（2）在文档中建立 3 行 2 列的表格，根据销售层级和产品结构的不同，依次填入店铺名称，从而建立店铺矩阵，如图 3-20 所示。可以发现产品销量集中在华美官方旗舰店和前两名的腰部店铺，大部分的华美店铺都是多产品架构的，销量集中在少数店铺。想要做这个品牌需要具体分析已知的资源渠道在这个市场中是否具有优势。

行标签	求和项:预估销售额	求和项:预估销售额2	累计百分比	销售层级	产品结构
华美食品旗舰店	795490.3	33.68%	34%	头部	多品类
大辉食品专营店	510000	21.59%	55%	腰部	多品类
华美煊誉专卖店	384444.48	16.28%	72%	腰部	单品类
huamel华美仁勤专卖店	365303.6	15.47%	87%	普通	多品类
华美环亨专卖店	61680	2.61%	90%	普通	多品类
金丽沙旗舰店	61678.4	2.61%	92%	普通	多品类
华美欧麦咖专卖店	47661.4	2.02%	94%	普通	多品类
华美宏侨专卖店	47335.9	2.00%	96%	普通	多品类
华美东邮专卖店	18968	0.80%	97%	普通	多品类
华美盛兴中和专卖店	15521	0.66%	98%	普通	多品类
华美乐宜美专卖店	14539.7	0.62%	98%	普通	多品类
华美食品专营店	14230	0.60%	99%	普通	单品类
言美食品专营店	12640	0.54%	99%	普通	多品类
臻味坊食品专营店	5748.1	0.24%	100%	普通	多品类
广臣食品专营店	3243	0.14%	100%	普通	多品类
东莞东邮食品专营店	2038	0.09%	100%	普通	多品类
至臻食品专营店	527	0.02%	100%	普通	多品类
邮政速递东莞食品专营店	409	0.02%	100%	普通	多品类
大榕树食品专营店	249	0.01%	100%	普通	多品类
宏侨食品专营店	106	0.00%	100%	普通	多品类
总计	2361812.88	100.00%			

图 3-19

	多品类	单品类
头部	华美食品旗舰店	
腰部	大辉食品专营店	华美煊誉专卖店
普通	huamel华美仁勤专卖店 华美环亨专卖店 金丽沙旗舰店 华美欧麦咖专卖店 华美宏侨专卖店 华美东邮专卖店 华美盛兴中和专卖店 华美乐宜美专卖店 言美食品专营店 臻味坊食品专营店 广臣食品专营店 东莞东邮食品专营店 至臻食品专营店 邮政速递东莞食品专营店 大榕树食品专营店 宏侨食品专营店	华美食品专营店

图 3-20

知识加油站：竞争对手人群特征分析

竞争对手的人群数据获取是最难的，对于普通的店铺只能通过对方的产品及产品定价推断出主要的人群。

在平台数据方面，阿里巴巴的生意参谋提供了品牌的客群数据，如果竞争对手的粒度是品牌也可以取搜索关键词的人群数据作为分析的数据源。这两块数据都需要付费订购相应的功能才可以查看。

竞争对手人群分析

例 3-7：多个品牌 30 天累积客群分析，通过对比分析可以清晰了解在平台竞争层面品牌的人群差异。本例选择的是三个珠宝品牌。

操作步骤如下：

（1）进入生意参谋后台竞争模块，选择【竞争品牌】选项下的【品牌客群】进行分析，分别输入搜索这三个品牌名，可以看出这三个品牌的消费人群都以女性为主，如图 3-21 所示。

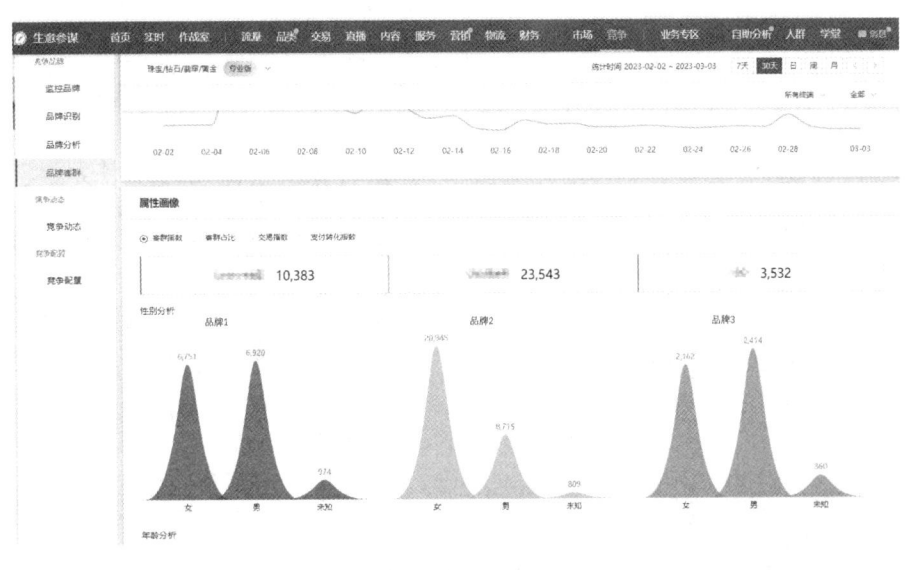

图 3-21

（2）在生意参谋【品牌客群】页面进行年龄分析，可以发现三个品牌人群主要年龄段集中在 25～29 岁、30～34 岁两个区间，如图 3-22 所示。结合性别分析可以判断珠宝品牌的喜好人群为 25～29 岁、30～34 岁的女性群体。

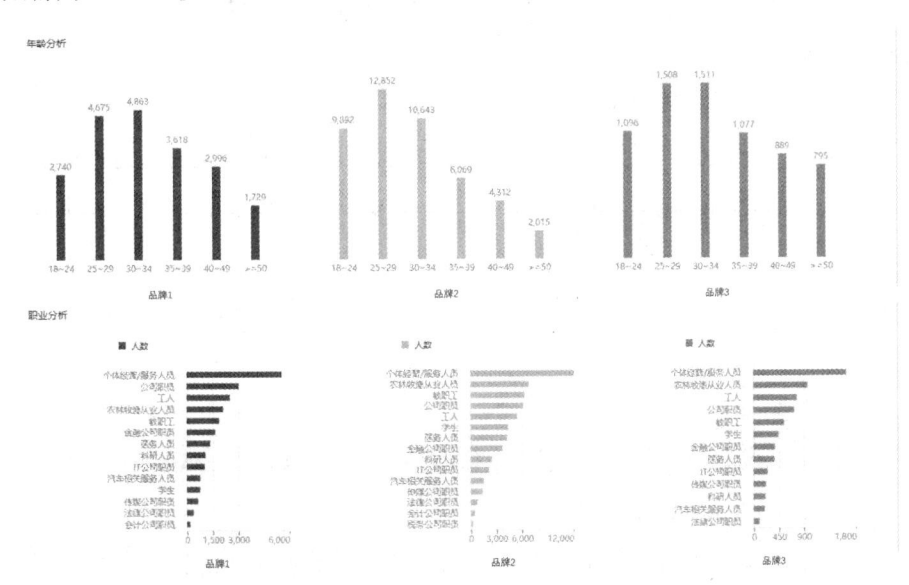

图 3-22

例 3-8：分析单一品牌的搜索人群。

搜索人群是基于关键词搜索的客群数据，在生意参谋的【市场】→【需求洞察】→【搜索人群】中输入品牌名进行搜索，分析近 30 天的搜索人群数据，如图 3-23 所示，为某品牌的搜索人群画像，可发现年轻的女性是该品牌的主流人群。

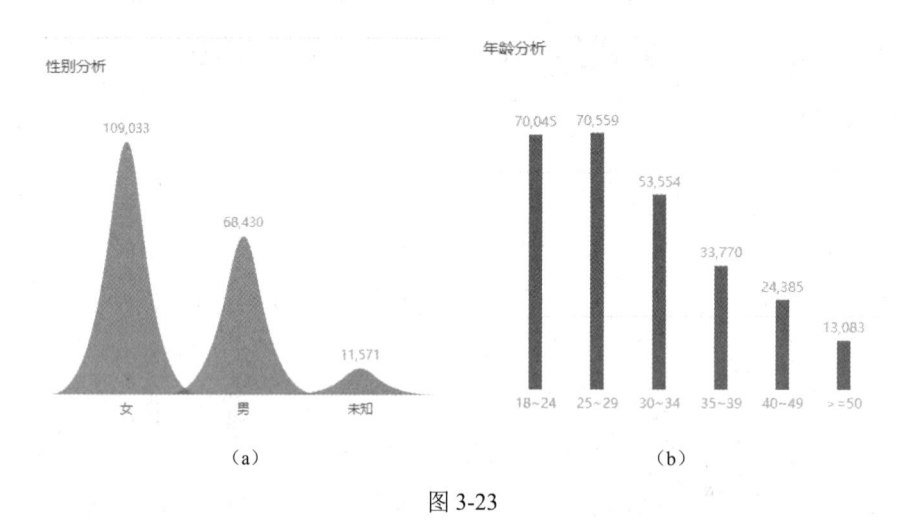

图 3-23

◎ 提升拓展

对竞争对手的产品数据进行跟踪之后，将获取的数据进行分析，分析的维度主要有产品的销售额、访客数、关键词、渠道，通过和自己的数据对比找到差异。

例 3-9：对比近一周内，与竞争对手的主推产品在销售额、访客数、关键词和渠道等方面做数据，数据的采集路径为【生意参谋】→【竞争】→【竞争商品】→【竞品分析】。

分析思路如下：

- 分析竞争对手的关键词、关键词数据，优化搜索流量。
- 与竞争对手产品流量进行数据对比，优化自身产品整体流量渠道结构。
- 通过分析竞品的详情、价格、主图、风格、评价，综合制定产品优化策略。

本例所使用的数据主要来源于淘宝官方工具，即生意参谋的专业版，具体采集路径如下：

- 【生意参谋】→【竞争】→【竞争商品】→【竞品识别】→【竞品分析】
- 【生意参谋】→【品类罗盘】→【产品洞察】→【商品 360】→【竞品】

注：商品 360 和竞争识别的结果页面是一样的，不同的地方是和竞品对比前，需要先到【竞争商品】→【监控商品】中加入竞品，在商品 360 页面才能获取竞品信息。

1. 竞品识别

（1）通过生意参谋的以下路径找到数据：【竞争】→【竞品识别】→【顾客流失竞品推荐】，统计时间选择最近 7 天，查找流失竞品，如图 3-24 所示。

竞争对手分析提升拓展 1

图 3-24

注意，统计时间有实时、最近 7 天、最近 30 天、自然日、自然周和自然月，可以根据自己的需求选择。

（2）单击竞品的商品名称，进入竞品详情页面，查看价格、主图、风格、描述、标题是否精准，如图 3-25 所示。

图 3-25

找到流失指数与流失人气相对较高，和自己店铺产品价格、销量、规格等参数差距不大的产品。

（3）在生意参谋后台的以下路径添加该竞品监控：选择【竞争】→【监控商品】→【竞争配置】，如图 3-26 所示。

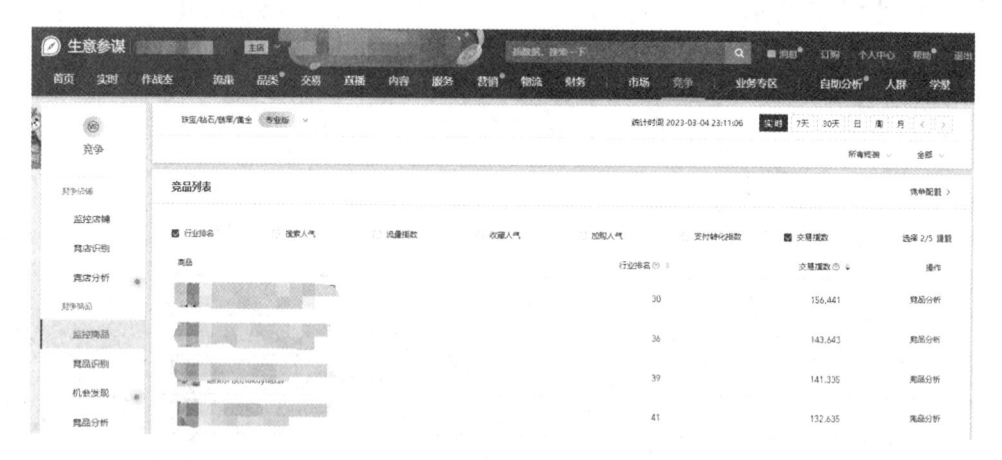

图 3-26

2. 数据获取

（1）如图 3-27 所示，在生意参谋的竞品对比页面中，加入本店产品和上图配置的竞争对手产品，具体路径为【竞争】→【竞品分析】→【日】→【竞品对比】。这里考虑到后续数据累积分析操作，选择的是单个自然日的数据。

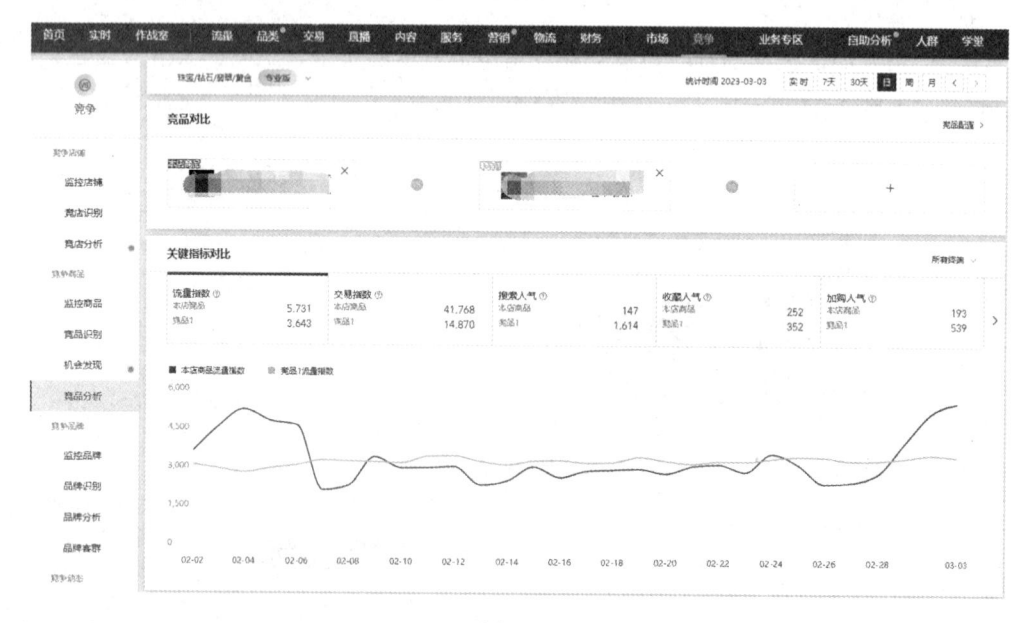

图 3-27

（2）选择后下拉页面可以看到本店产品与竞品的流量指数对比与入店搜索词，包括本店产品和竞品的【引流关键词】与【成交关键词】，如图 3-28 所示。

图 3-28

（3）继续向下可以找到【入店来源】，有【流量指数】【客群指数】【支付转化指数】【交易指数】4 个指标，分别单击各个指标，会出现本店产品与竞品店铺相应的对比数据，如图 3-29 所示。

图 3-29

3．数据采集

生意参谋不能直接下载竞品数据，需要手动复制到 Excel 里，按日汇总到文件夹，最后通过 Excel 生成表格进行建模分析。过程如下：

竞争对手分析提升拓展2

（1）从生意参谋后台的【竞争】→【竞品分析】→【关键指标对比】指标开始收集，选择无线端，有【流量指数】【交易指数】【搜索人气】【收藏人气】【加购人气】【转化指数】共计 6 个指标，如图 3-30 所示。

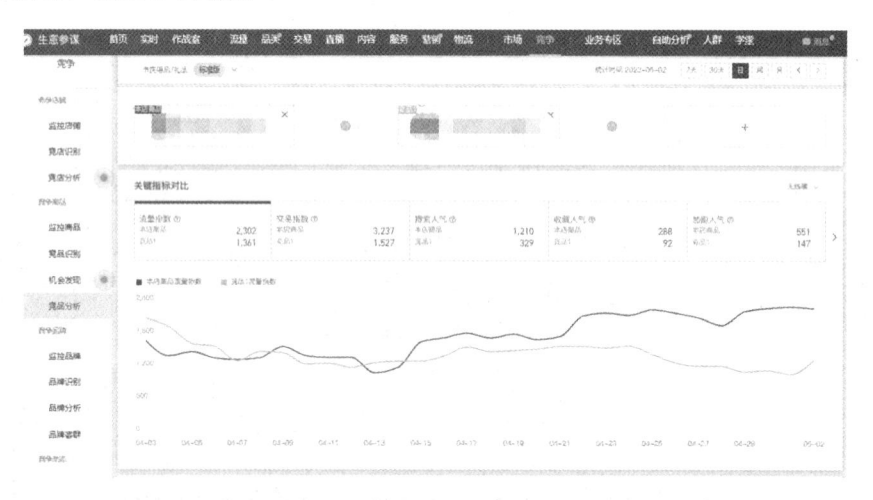

图 3-30

（2）创建表格文件，名称为【核心指标数据-20190401-PC】，在 Sheet1 工作表中新建【日期】【终端】【数据类别】【指标】【指数】【店铺】这 6 列。在上一步骤的基础上选择日期为【2019 年 4 月 1 日】，且终端为【PC】，将相关指标数据复制到表格里，结果如图 3-31 所示。

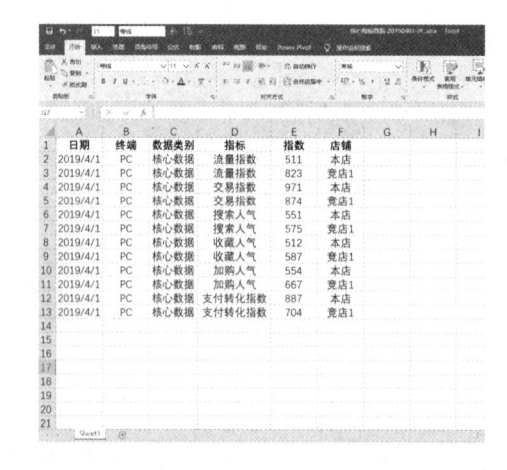

图 3-31

（3）创建 2019 年 4 月 1 日至 2019 年 4 月 7 日 PC 端的核心指标数据文件，命名方式如图 3-32 所示。将创建好的 7 个文件拷贝到新建的文件夹"核心数据指标-PC"中。

（4）同理创建 2019 年 4 月 1 日至 2019 年 4 月 7 日无线端的核心指标数据文件，命名方式如图 3-33 所示。将创建好的 7 个文件拷贝到新建的文件夹"核心数据指标-无线"中。

图 3-32

图 3-33

（5）打开表格文件"核心指标数据-20190401-无线"，单击表格中的任意单元格，在 Excel 菜单栏中单击【插入】选项卡中的【表格】按钮，在弹出的对话框中勾选【表包含标题】复选框，单击【确定】按钮，如图 3-34 所示，创建好的表如图 3-35 所示。

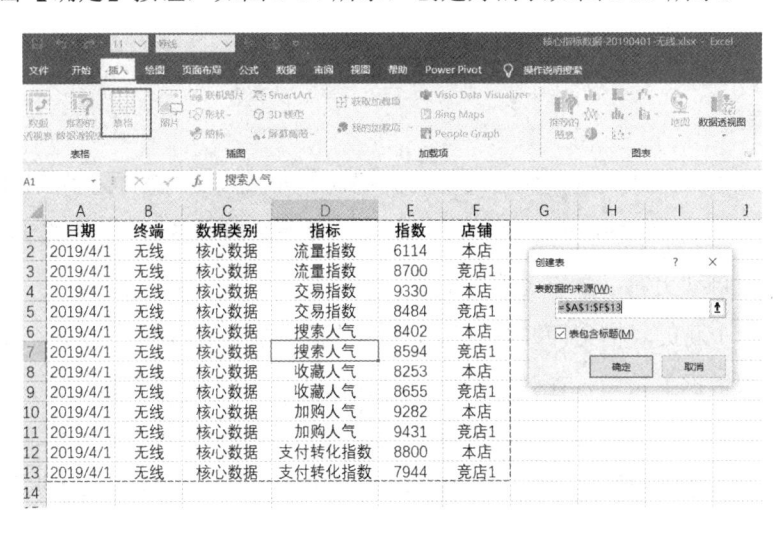

图 3-34

（6）同理，将"核心指标数据-无线"文件夹中其他 6 个文件及"核心数据指标-PC"文件夹中的 7 个数据文件进行处理。

（7）整理最近 7 天的核心指标数据，并分类汇总到文件夹"核心指标数据"中，如图 3-36 所示。继续采集【引流关键词】【成交关键词】【流量来源】模块的数据，最终汇总成 4 个文件夹，如图 3-37 所示。

图 3-35

图 3-36

图 3-37

4．数据建模

在生意参谋中，入店关键词包含【引流关键词】和【成交关键词】两部分，可以通过 Power Query 将它们合并为一个表格，构建模型。后续跟随时间变化，加入当天更新的数据，该模型可以实现自动更新，操作步骤如下：

（1）创建一个新的表格文件并命名为【入店关键词数据】，打开表格，在【数据】选项卡中单击【获取数据】按钮，在弹出的选项中选择【自文件】下的【从文件夹】选项，弹出【文件夹】对话框，如图 3-38 所示，单击【浏览】按钮，选择之前准备好的【成交关键词】文件夹，单击【确定】按钮。进入图 3-39 所示的界面，单击【转换数据】按钮进入查询编辑器。

（2）在查询编辑器窗口中，单击【成交关键词】表格中【Content】列右侧的按钮将数据展开，在弹出的【合并文件】对话框中，单击【确定】按钮，如图 3-40 所示。

（3）在【主页】选项卡中选择【新建源】→【文件】→【文件夹】选项，将准备好的【成交关键词】文件夹里的 7 个文件导入，单击【确定】按钮，如图 3-41 所示。

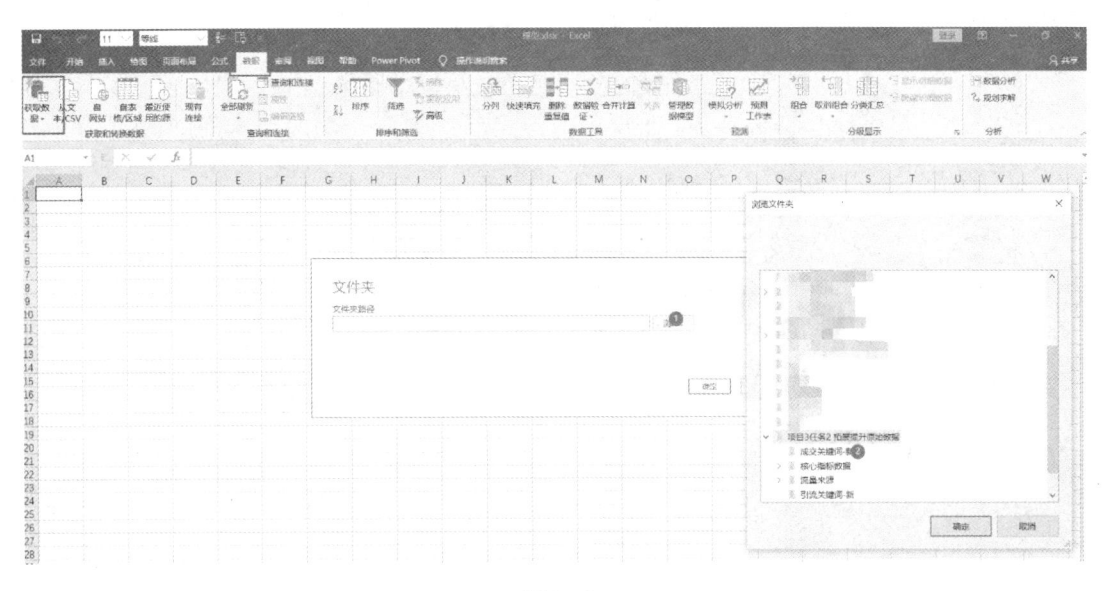

图 3-38

图 3-39

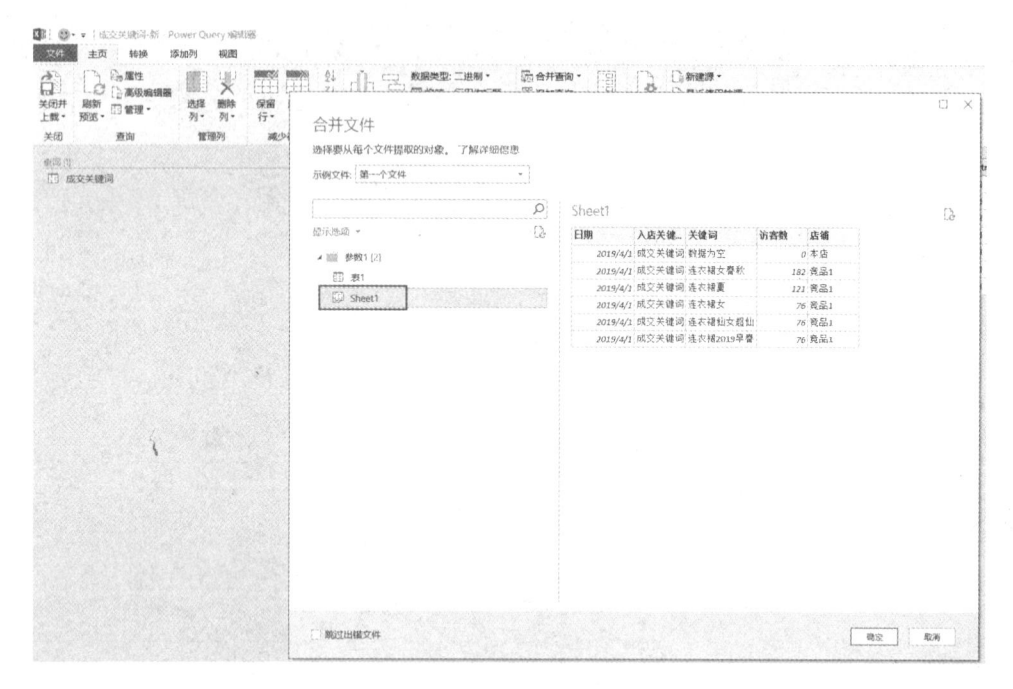

图 3-40

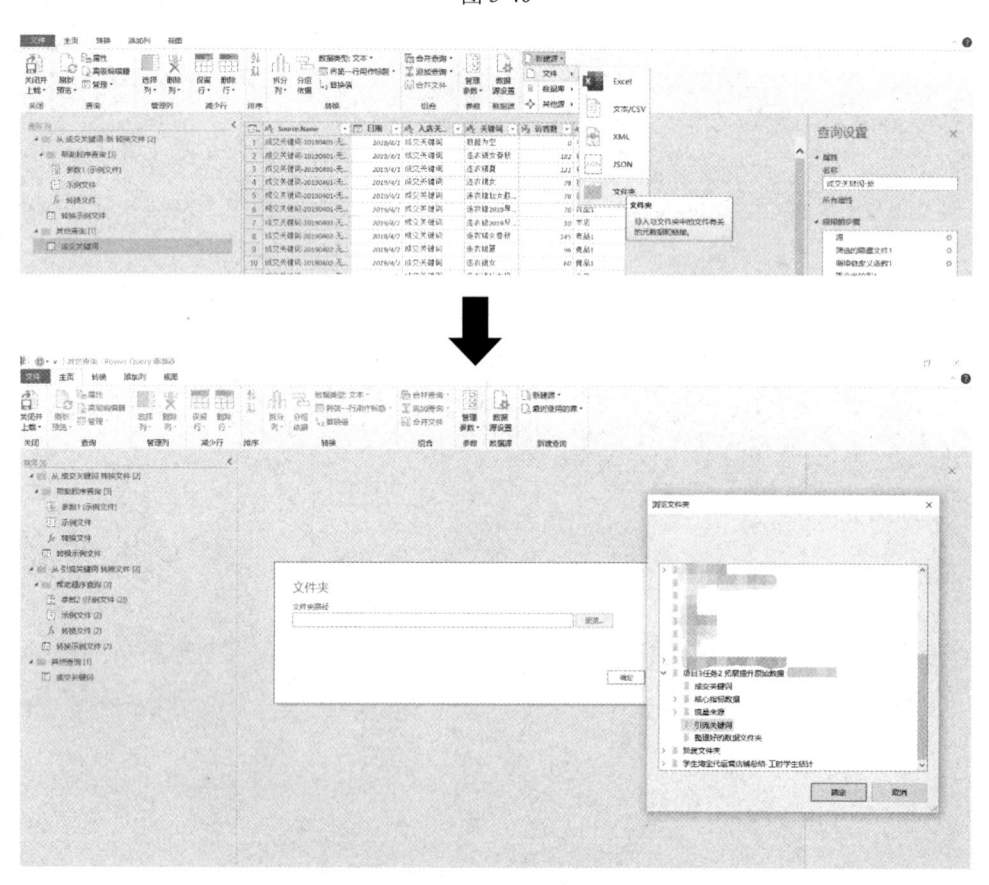

图 3-41

（4）在弹出的窗口中单击【转换数据】按钮进入查询编辑器窗口，结果如图 3-42 所示。

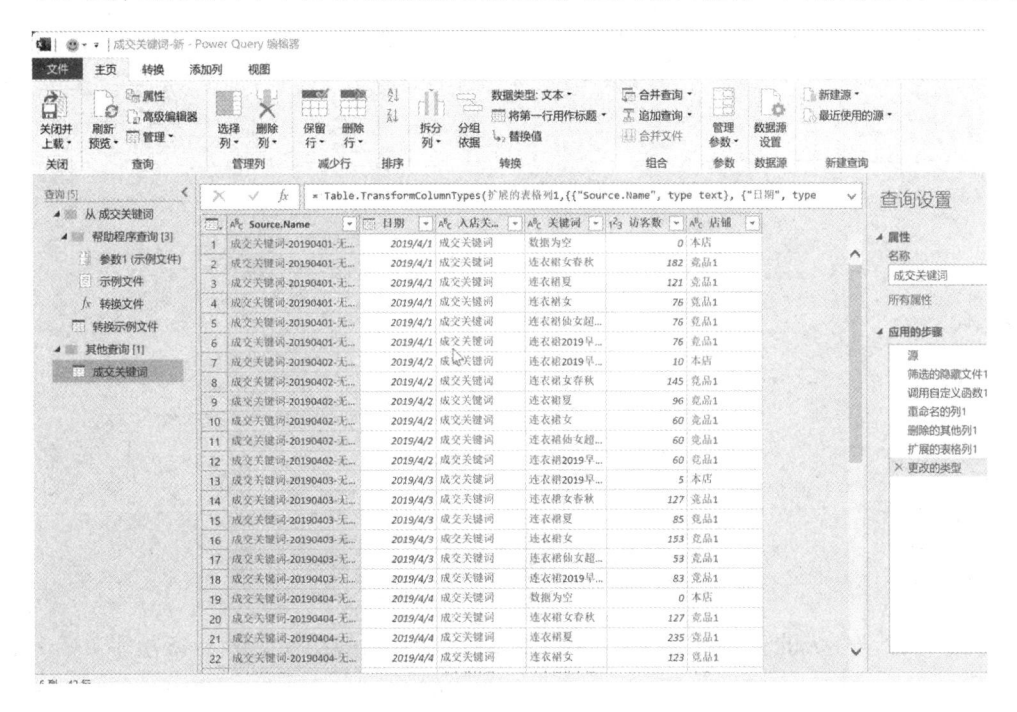

图 3-42

（5）用同样的方法导入【引流关键词】表格，单击表格中【Content】列右侧的按钮将数据展开。展开后的数据如图 3-43 所示。

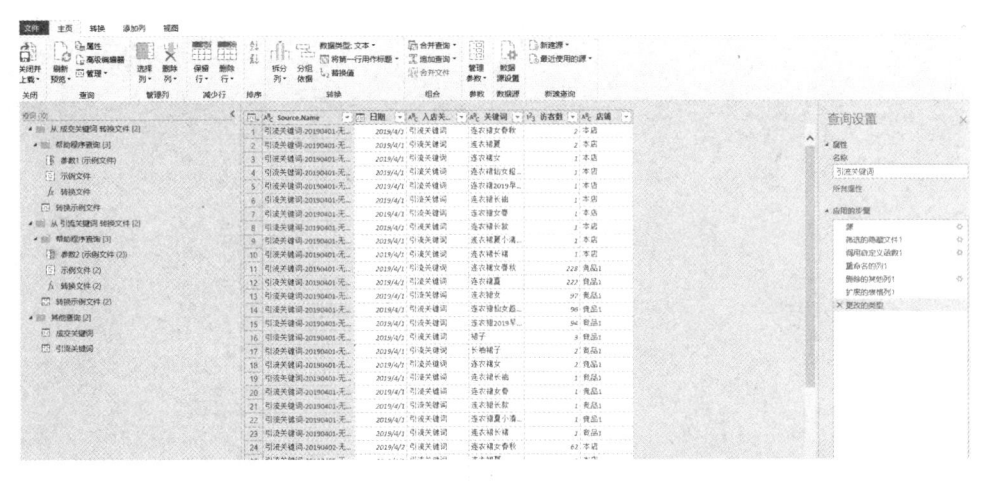

图 3-43

（6）在【开始】选项卡中单击【追加查询】→【将查询追加为新查询】选项，在弹出的【追加】对话框中，【主表】选择【引流关键词】，【要追加到主表的表】选择【成交关键词】，将引流关键词和成交关键词合并，单击【确定】按钮，如图 3-44 所示，完成表格合并。

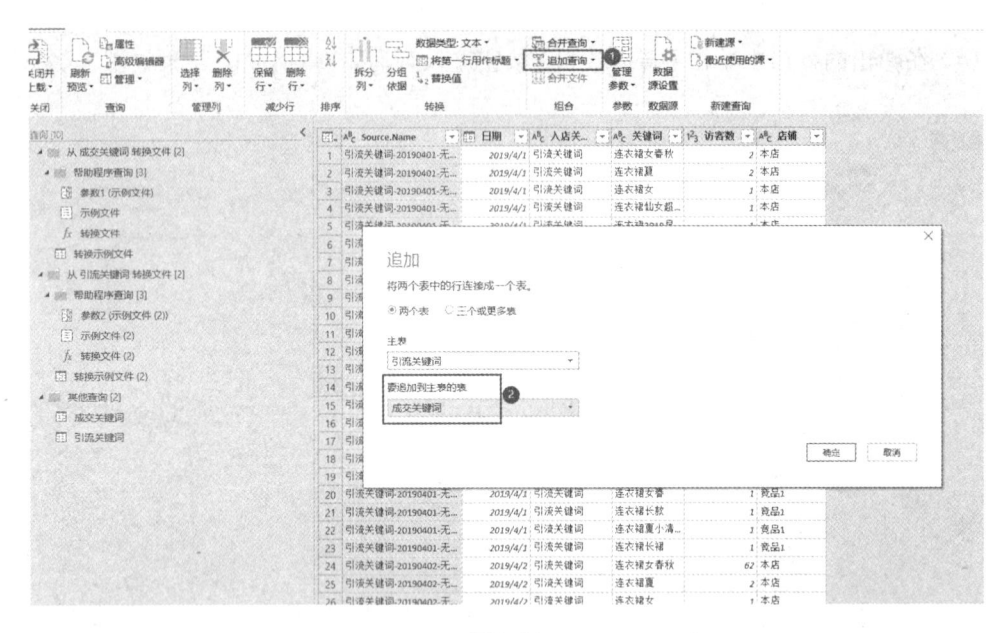

图 3-44

（7）修改新生成的查询名称为【入店关键词】，合并后的结果如图 3-45 所示。单击【主页】选项卡中的【关闭并上载】按钮，保存文件。至此，"入店关键词数据.xlsx"文件整理完毕。

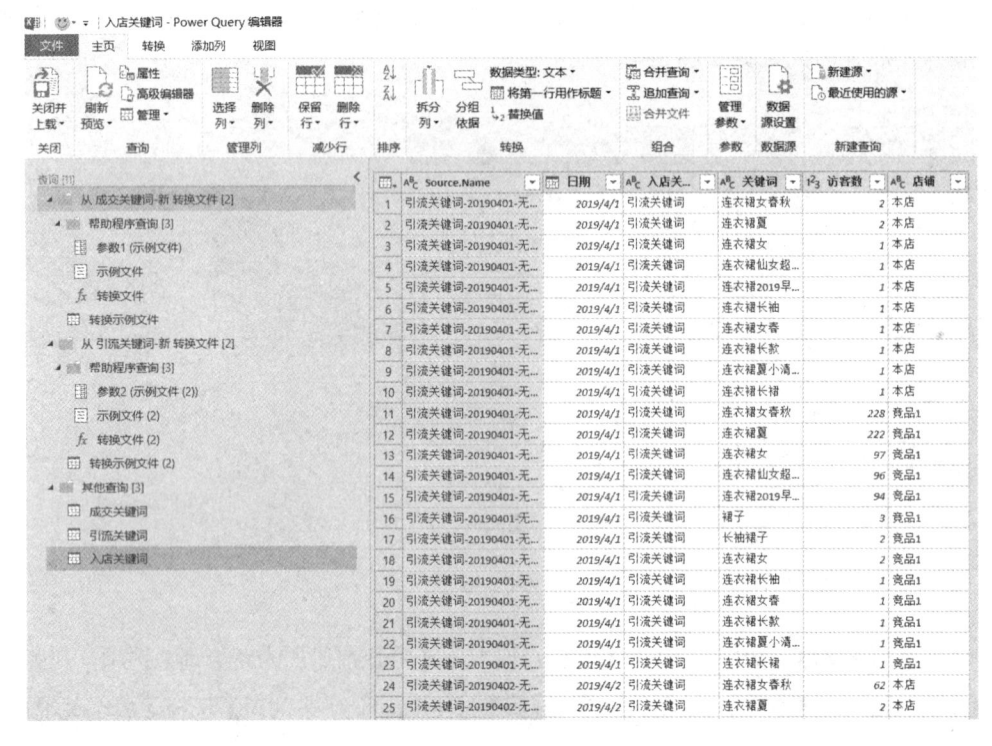

图 3-45

5．创建维度表

建立新文档"维度表.xlsx"。在"维度表.xlsx"文档里创建 5 个表格，分别是【终端】【日期】【核心指标】【店铺】和【入店关键词】，如图 3-46 所示。

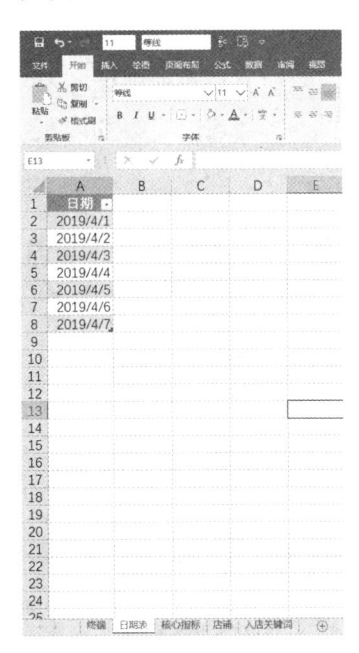

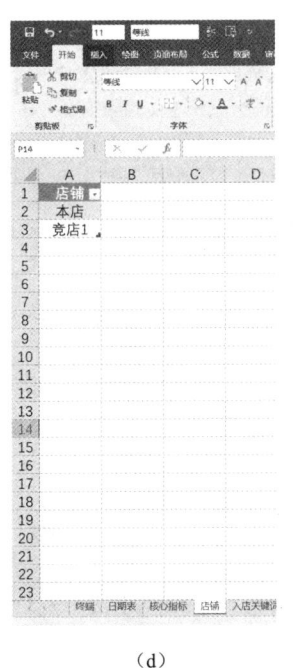

图 3-46

6. 对比分析

（1）按照第 4 步的方法，从生意参谋后台进入【竞争】→【竞争商品】→【竞品分析】页面，整理【关键指标对比】【入店搜索词】【入店来源】几个模块中的数据，整理好的数据如图 3-47 所示。

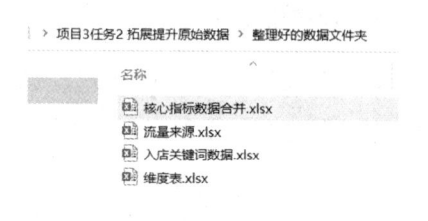

图 3-47

（2）进行数据建模分析。打开一张新的 Excel 表格，单击【Power Pivot】（数据模型）选项卡中的【管理】按钮，如图 3-48 所示。

图 3-48

（3）将准备好的 4 个数据源表格分别导入数据模型中。在 Power Pivot 界面中选择【主页】→【从其他源】，在弹出的【表导入向导】对话框中，选择【Excel 文件】，单击【下一步】按钮，如图 3-49 所示。

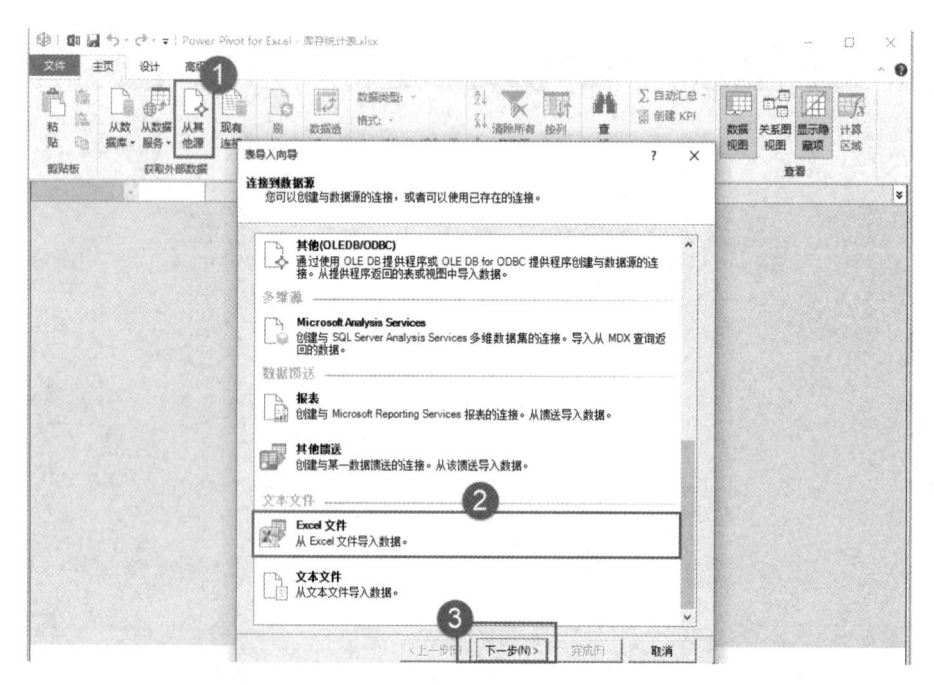

图 3-49

进入设置文件路径的步骤，在弹出的【表导入向导】对话框中，单击【浏览】按钮，选择表格所在的位置，勾选【使用第一行作为列标题】复选框，单击【下一步】按钮，如图 3-50 所示。

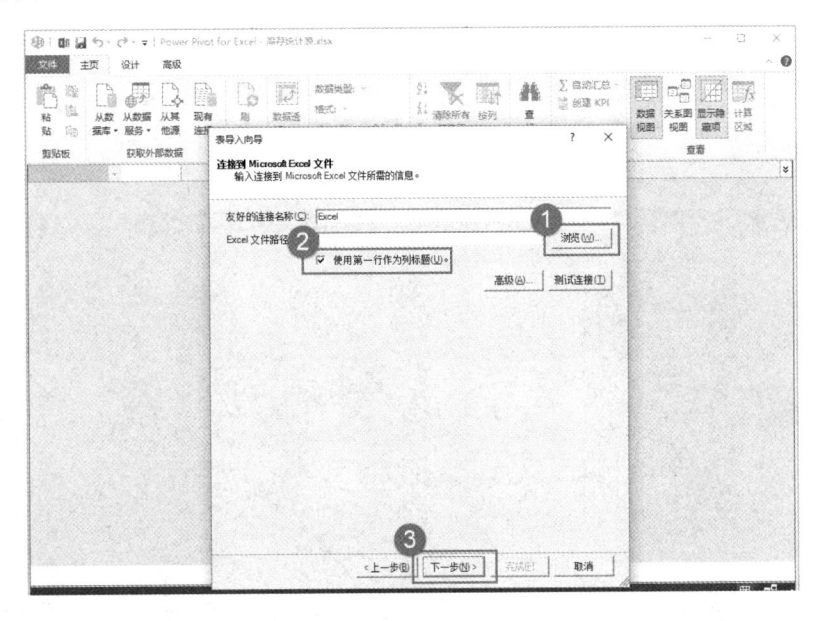

图 3-50

导入成功后的数据如图 3-51 所示。用同样方法导入其他表格数据。

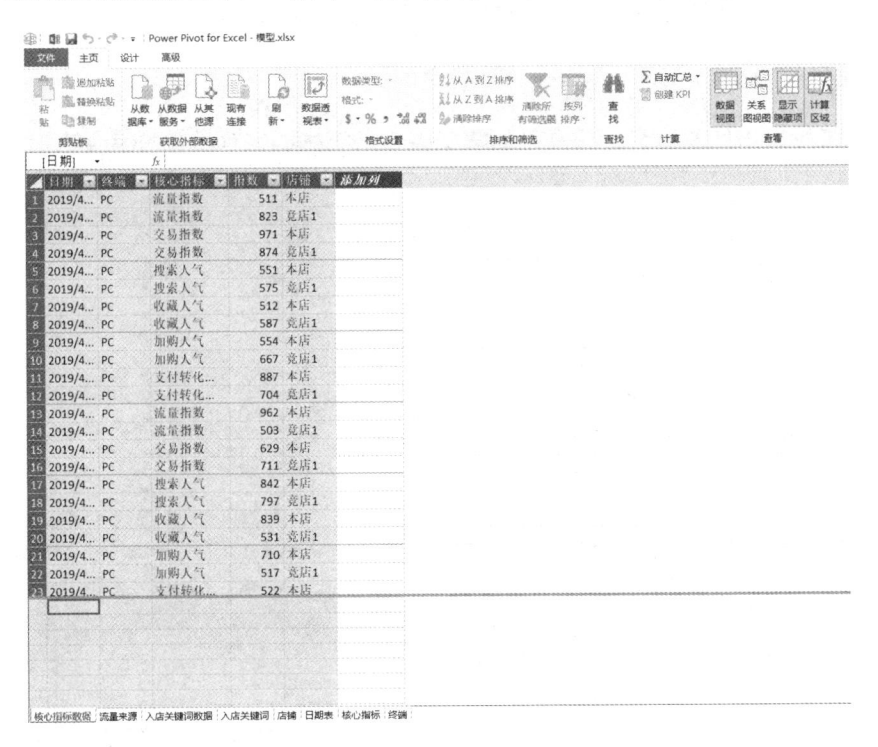

图 3-51

（4）在【主页】选项卡中单击【关系图视图】按钮，连接对应的字段，将【核心指标数据】【入店关键词数据】表的【日期】字段与 5 个维度表的【日期表】【核心指标】【入店关键词】【店铺】【终端】的字段建立关系，再把【流量来源数据】和这 5 个维度表的字段建立关系，如图 3-52 所示。

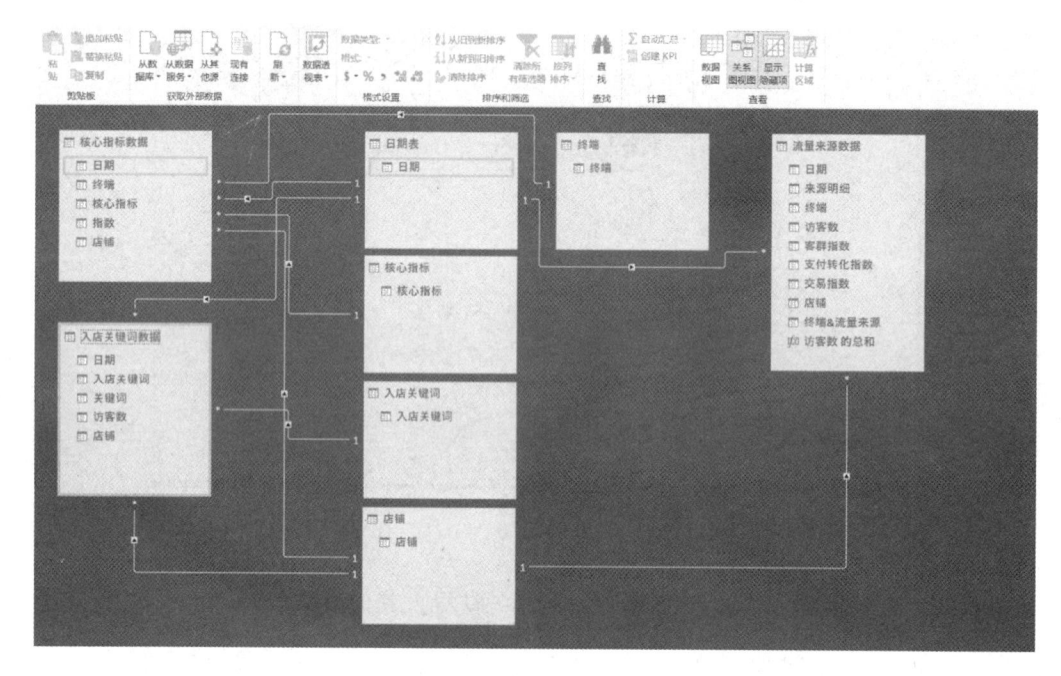

图 3-52

其中，【核心指标数据】工作表中的数据来源于"核心指标数据合并.xlsx"文档，【流量来源数据】工作表中的数据来源于"流量来源.xlsx"文档，【入店关键词数据】工作表中的数据来源于"入店关键词数据.xlsx"文档，【入店关键词】【店铺】【日期表】【核心指标】【终端】工作表中的数据来源于"维度表.xlsx"文档。

（5）由于【流量来源数据】表中的【来源明细】字段是店铺流量的二级分类，需要在"流量来源.xlsx"文件中添加一张【来源分类】表，将【终端】和【来源明细】合并在 D 列，在单元格 D1 中输入列名【终端&流量来源】，在下方单元格中输入公式【=终端&来源明细】，使用填充柄下拉填充生成数据，如图 3-53 所示。

图 3-53

表中【一级来源】列数据参考的是生意参谋流量来源结构，可以在生意参谋后台单击【帮助】→【来源注释】查看相关流量渠道的详细说明，如图 3-54 所示。

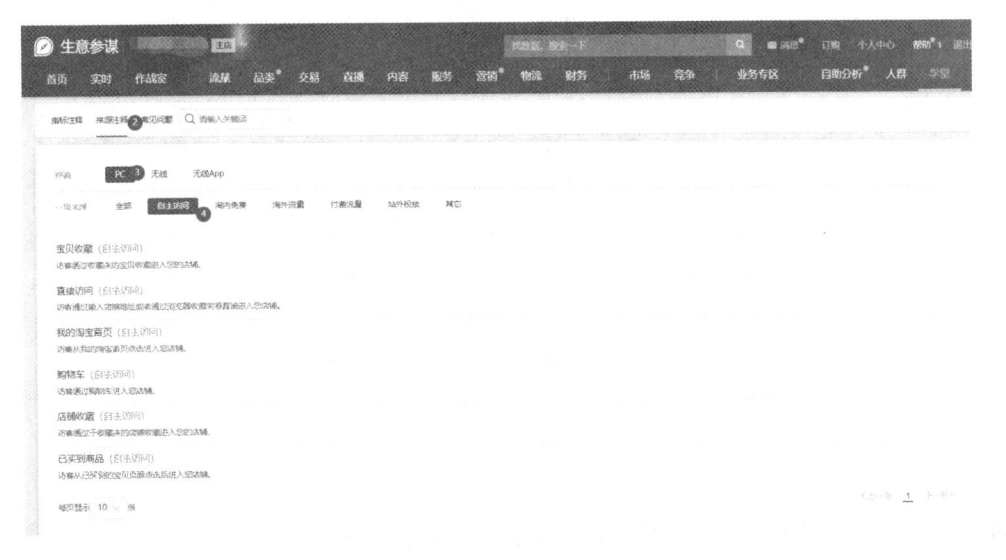

图 3-54

（6）将【来源分类】工作表中的数据导入到模型中，最终得到如图 3-55 所示的模型数据。

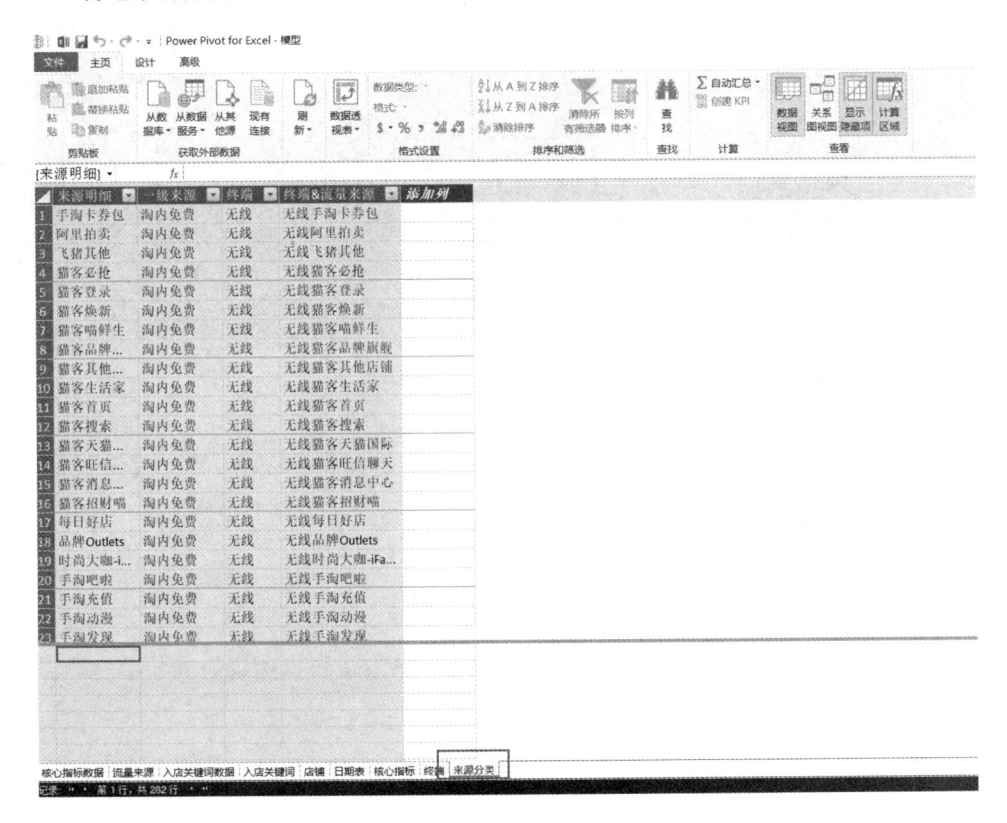

图 3-55

（7）单击【主页】选项卡中的【关系图视图】按钮，再次进行表关系的编辑。确保【日期表】中的【日期】字段连接到【流量来源数据】表中的【日期】字段、【核心指标数据】表中的【日期】字段、【入店关键词数据】表中的【日期】字段；【核心指标】表里的【核心指标】字段连接到【核心指标数据】表里的【核心指标】字段；【入店关键词】表里的【入店关键词】字段连接到【入店关键词数据】表里的【入店关键词】字段；【店铺】表的【店铺】字段连接到【核心指标数据】表里的【店铺】字段、【入店关键词数据】表里的【店铺】字段、【流量来源数据】表里的【店铺】字段；【终端】表里的【终端】字段连接到【核心指标数据】表里的【终端】字段和【来源分类】表里的【终端】字段；【来源分类】表里的【终端&流量来源】字段连接到【流量来源数据】表里的【终端&流量来源】字段。连接好所有的表关系，结果如图3-56所示。

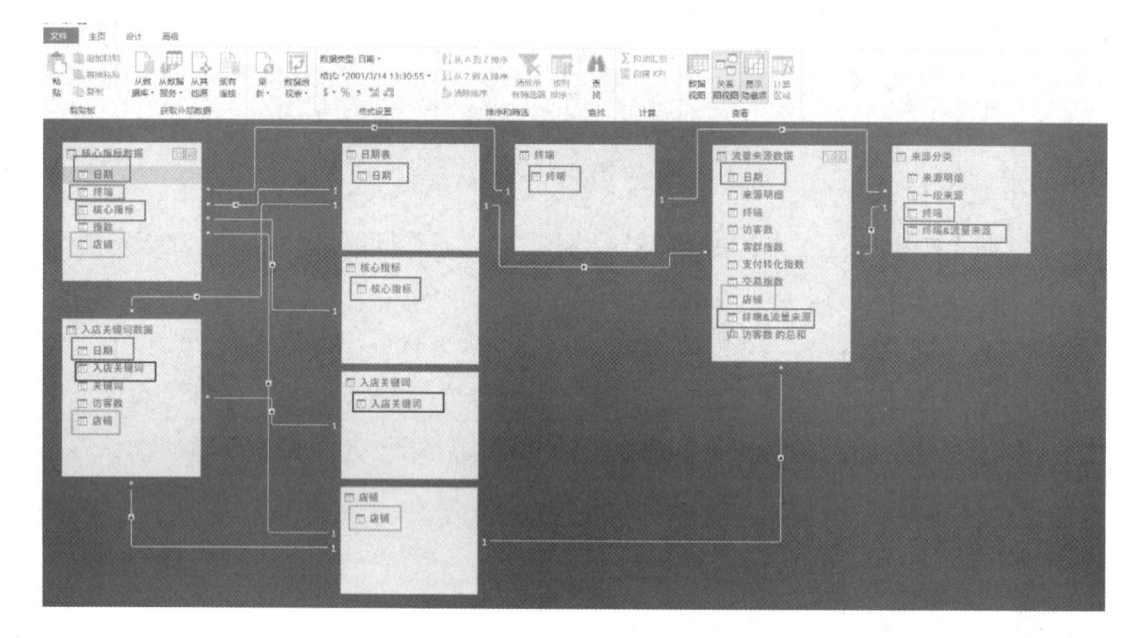

图3-56

（8）在【主页】选项卡中单击【数据视图】按钮，返回数据表格，单击【数据透视表】按钮，在弹出菜单项中选择【数据透视图】。在【创建数据透视表】对话框中，选择【新工作表】选项，单击【确定】按钮，如图3-57所示。

（9）将【店铺】字段拖入【图例】区域中，将日期表下的【日期】字段拖入【轴】区域，将核心指标数据下的【指数】拖入【值】区域，单击【数据透视表分析】→【数据透视图】，在【插入图表】对话框中选择【折线图】，单击【确定】按钮，生成的数据透视图如图3-58所示。

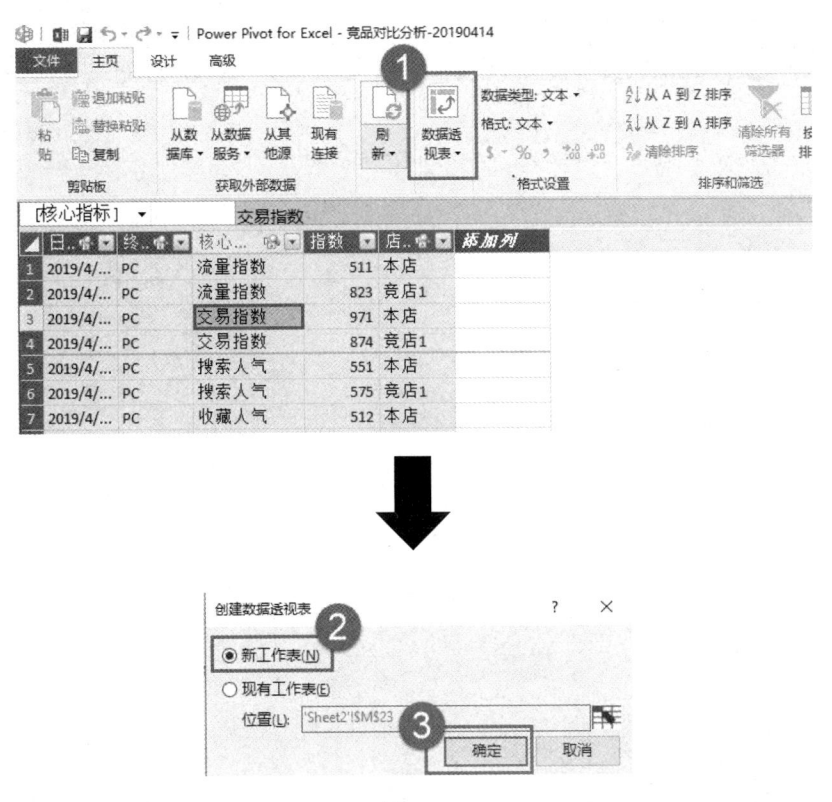

图 3-57

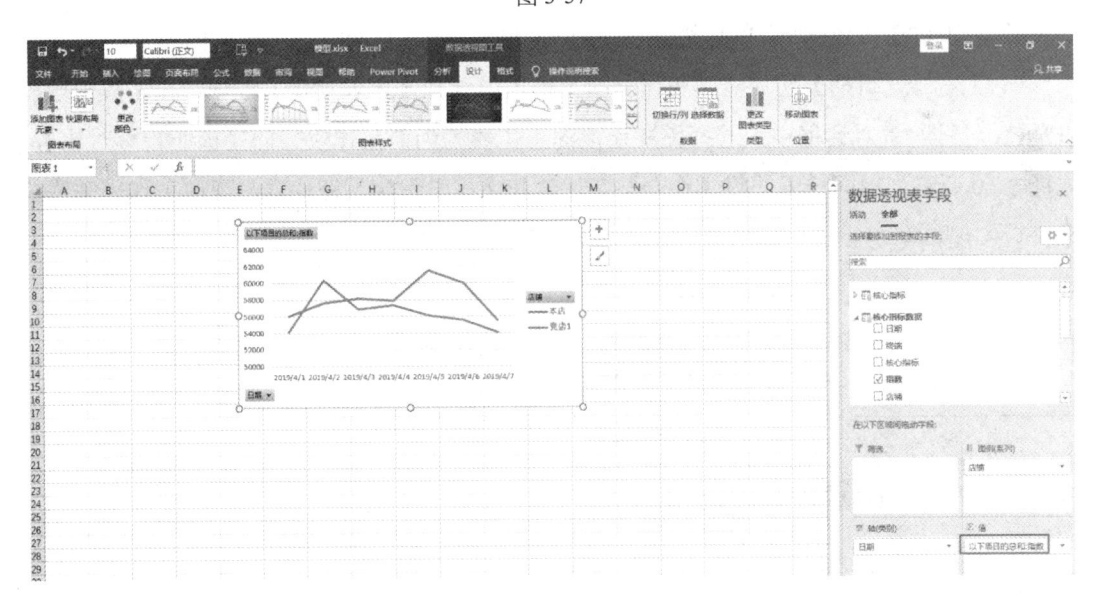

图 3-58

（10）选中数据透视图，在【分析】选项卡中单击【插入切片器】按钮，在弹出的【插入切片器】对话框中选中【店铺】【终端】【日期】字段，单击【确定】按钮，如图 3-59 所示。

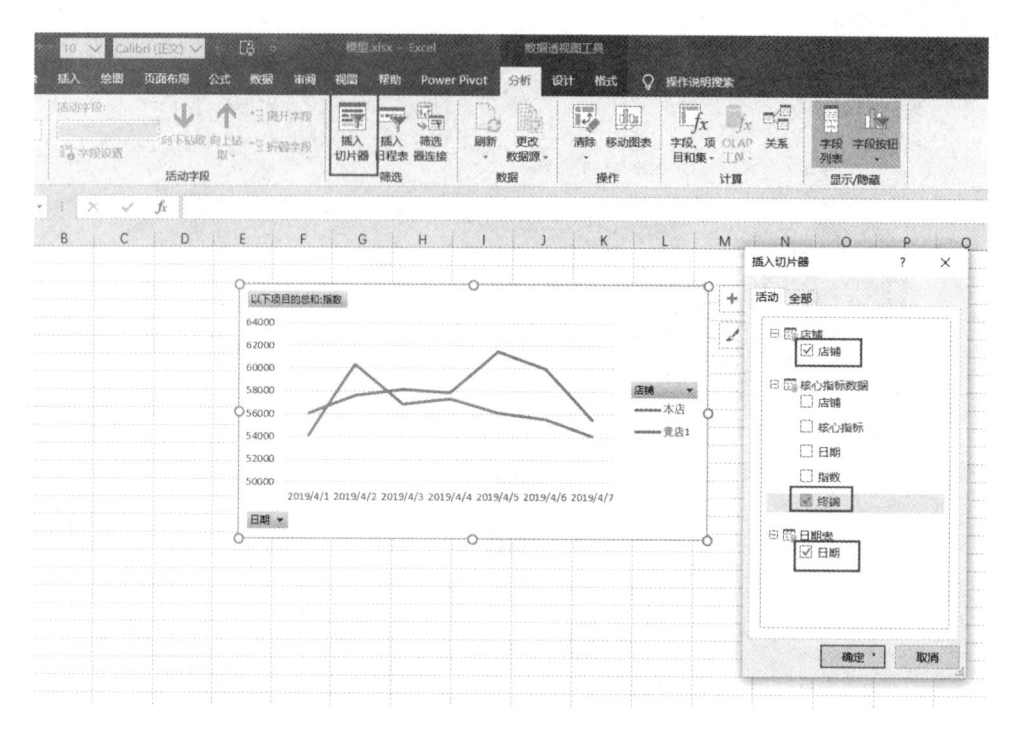

图 3-59

将数据透视图的标题命名为【核心指标对比】。在【切片器】选项卡中,将三个切片器的列数改为【2】。选中所有单元格,将所有内容与边框都改为白色,美化视图。

(11) 右击【日期】切片器,在弹出的菜单项中选择【报表连接】选项,在【数据透视表链接(日期)】对话框中,选择需要连接的工作表为当前工作表,即【核心指标对比】,如图 3-60 所示。用同样方法将【终端】切片器和【核心指标】切片器与当前工作表关联起来,以实现三个切片器和透视表的联动效果。

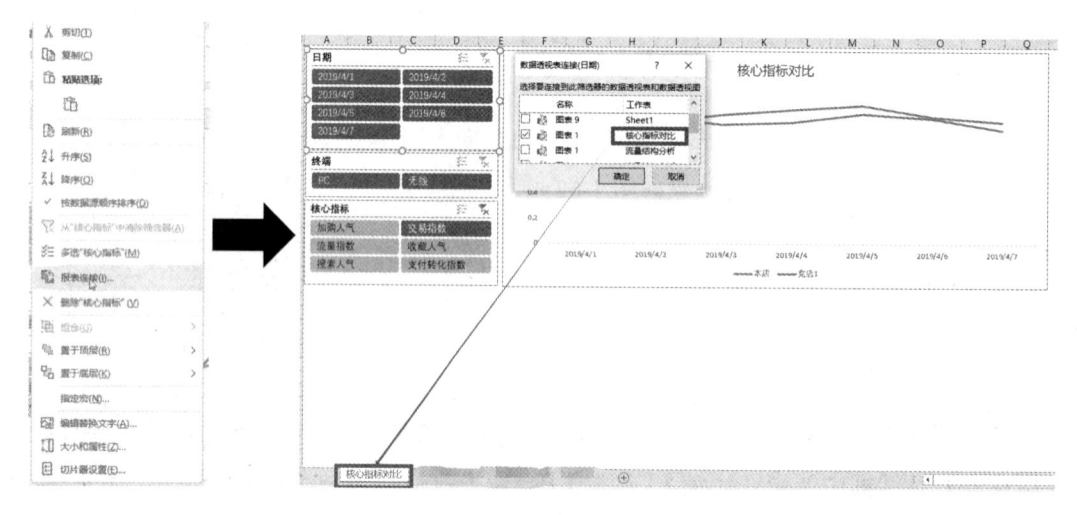

图 3-60

（12）调整切片器位置和大小后如可以看到本店与竞品 1 不同指标趋势的对比，如图 3-61 所示。

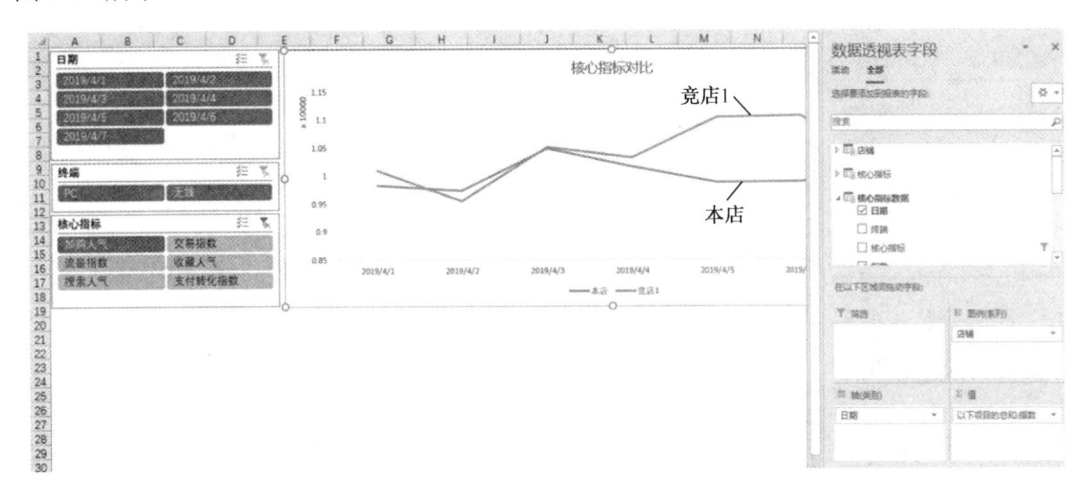

图 3-61

7. 图表分析与优化策略

（1）通过图 3-61 可以发现，竞品 1 最近 7 天加购人气呈持续上升趋势，而本店则出现下滑趋势。通过计算核心指标可以得到更多信息，其计算公式如下：

每日支付订单数=流量×支付转化率

PC 端流量占比=PC/（PC+无线）

加购比=加购人气/流量指数

收藏比=收藏人气/流量指数

（2）建立【入店关键词分析看板】，建立本店和竞品 1 的【TOP 关键词】条形图、本店和竞品 1 在入店关键词个数上的【关键词数据对比】柱形图、本店和竞品 1 在每天的【关键词趋势对比】折线图。通过插入【店铺】【日期】【入店关键词】【关键词】切片器，并连接到以上透视表以实现数据的联动。同时在当前页面中创建透视表，展示本店和竞品 1【引流关键词】的个数对比。最终效果如图 3-62 所示。

可以发现过去一周，在【引流关键词】方面，竞品 1 比本店多了 21 个。从【TOP 关键词】条形图中可以看出本店铺主要引流关键词为【连衣裙女春】，竞品 1 主要的引流关键词为【连衣裙女春秋】，且竞品 1 最近 7 天关键词流量处于上升趋势。店铺产品可以将【连衣裙女春】替换为【连衣裙女春秋】，来优化产品标题，并检查页面与关键词的匹配度。

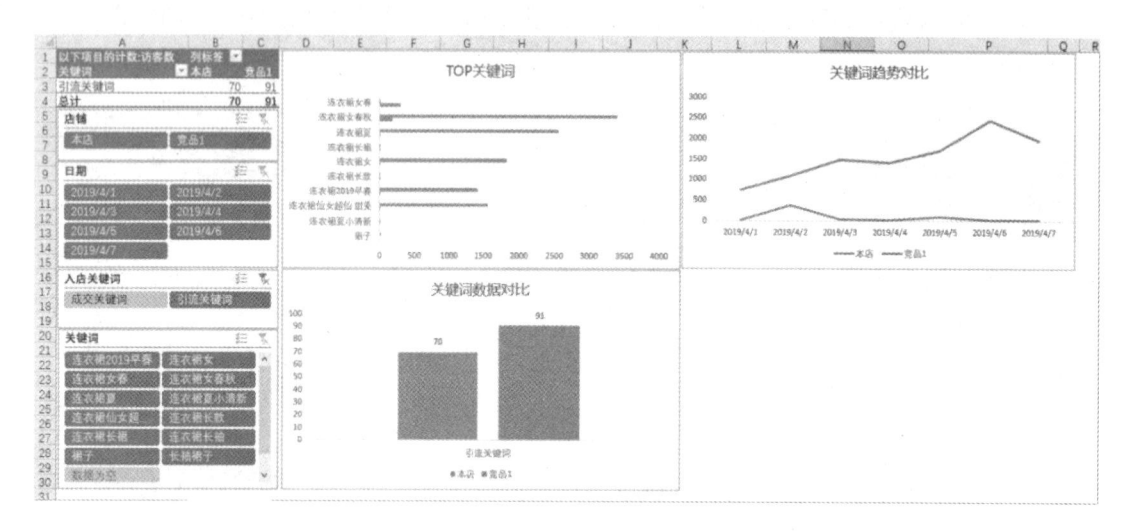

图 3-62

（3）在【入店关键词】切片器中单击【成交关键词】，生成图 3-63，可以看出过去一周内，竞品 1 比本店多了 28 个成交关键词，说明本店铺产品在转化上与竞品 1 存在明显差距。

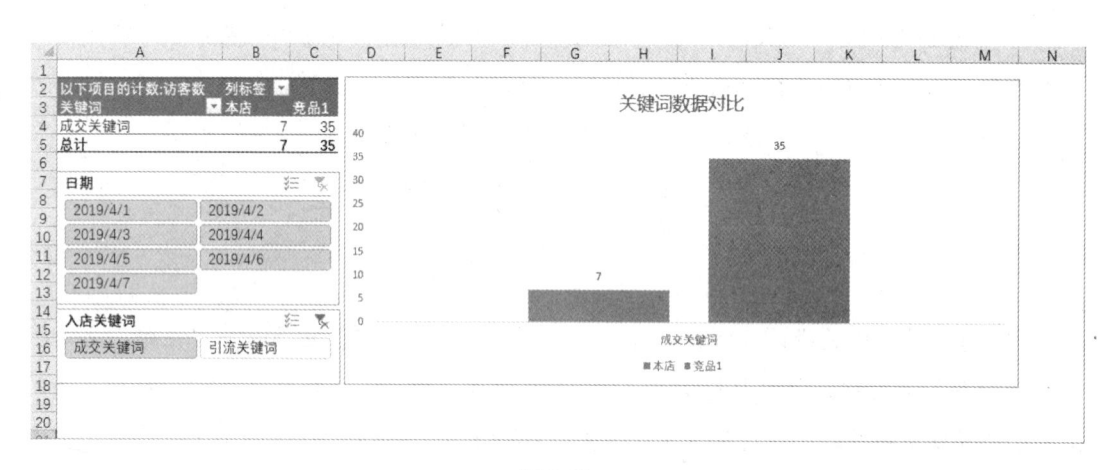

图 3-63

（4）流量来源分析。在 PowerPivot 的【主页】选项卡中单击【数据视图】按钮，选中【访客数】列，然后单击【主页】选项卡中的【自动汇总】按钮，如图 3-64 所示。在弹出的下拉列表中选择【总和】，添加一个访客数的求和度量值。

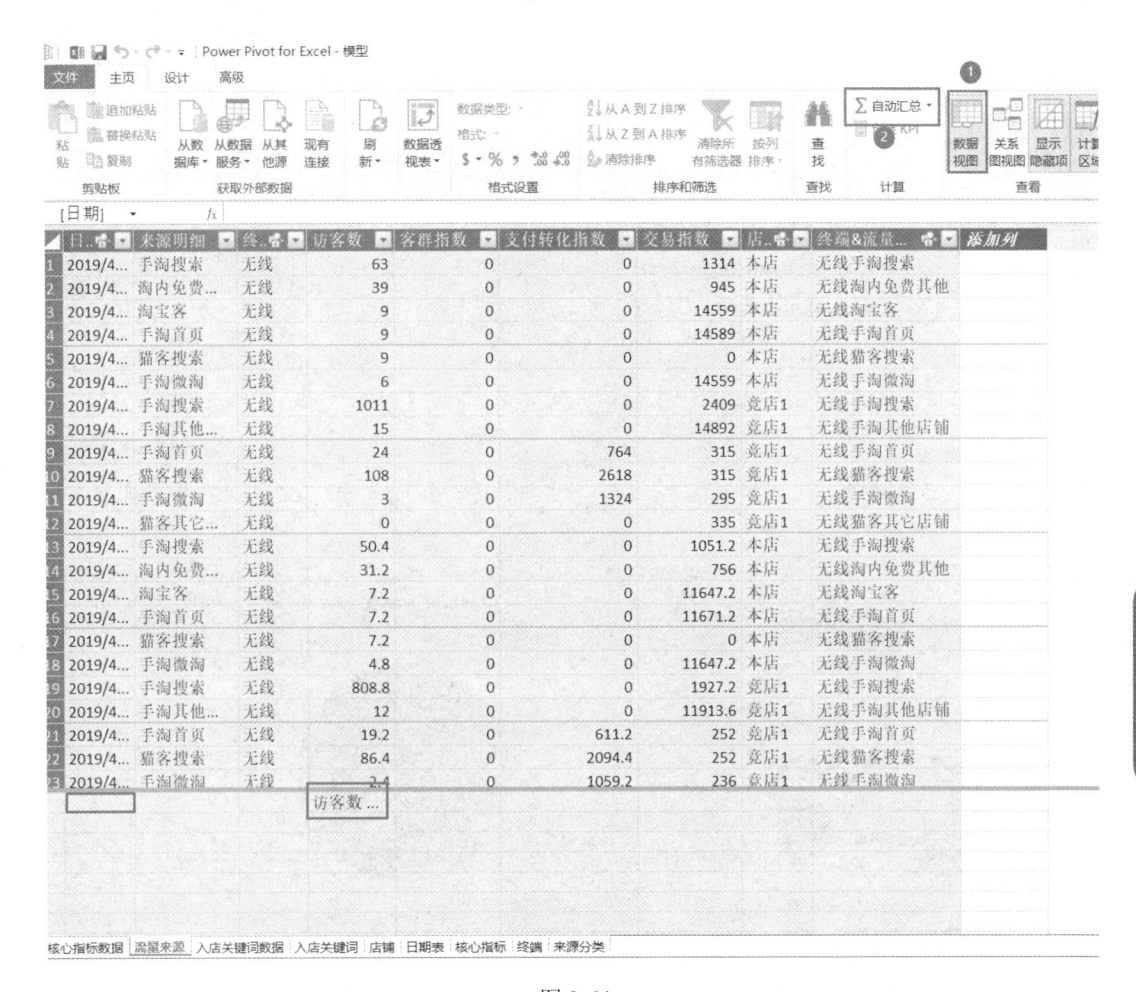

图 3-64

（5）用同样的方法创建本店的【流量结构分析看板】，如图 3-65 所示，可以方便查阅本店产品和竞品 1 的产品在不同时段、不同终端、不同一级流量渠道下的流量占比情况及细分流量的占比情况。制作的时候需要插入【店铺】【日期】【终端】【一级来源】切片器，并将切片器和【整体流量占比】【细分流量占比】两个透视图关联以实现数据联动。从图中可以发现，本店产品在淘内免费流量渠道的访客来源为无线端猫客搜索和手淘微淘。

在【店铺】切片器中选择【竞品 1】，同时在【一级来源】切片器中选择【淘内免费】，可以得到如图 3-66 所示的看板。从图中可以发现，竞品 1 淘内免费流量主要集中在无线猫客搜索。

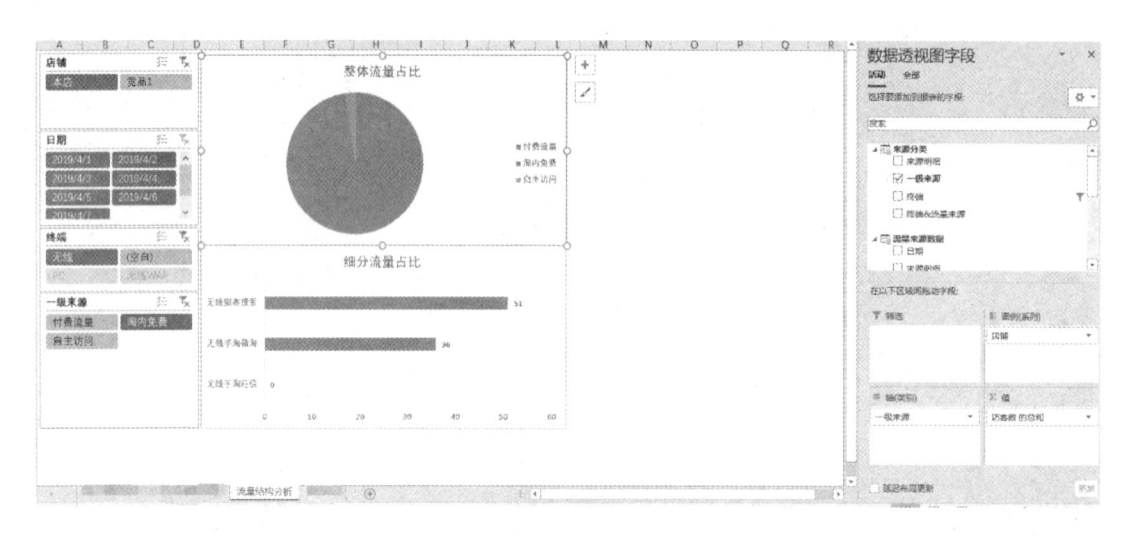

图 3-65

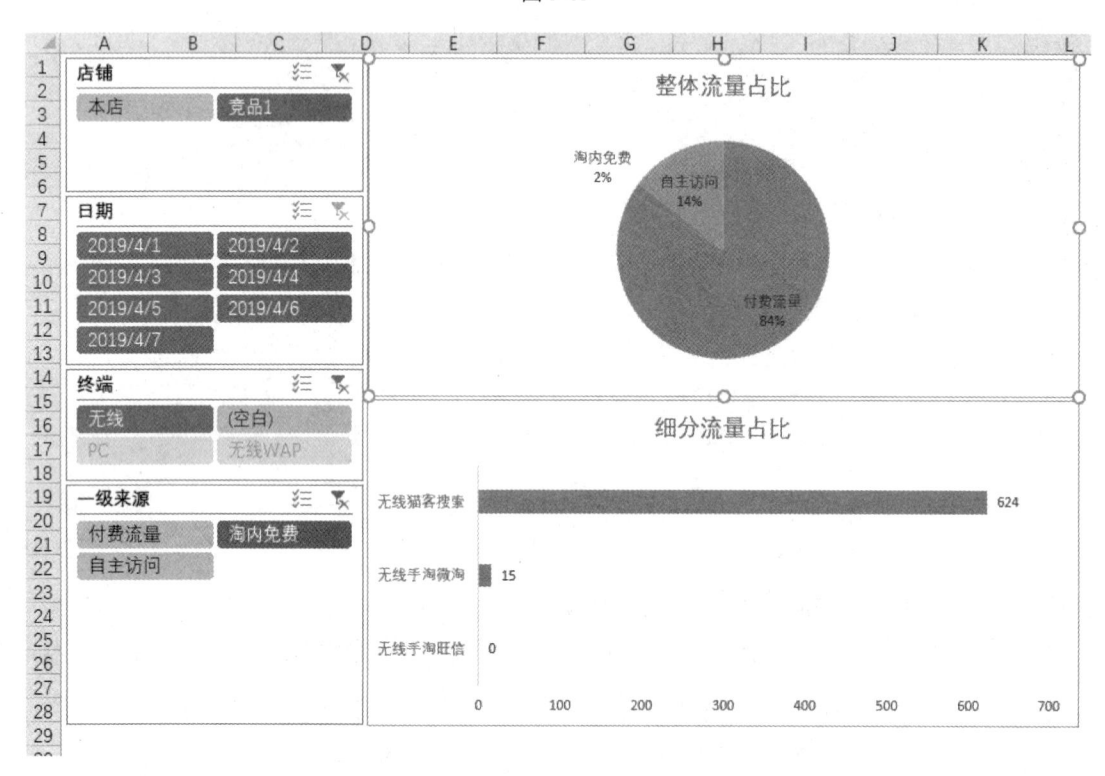

图 3-66

可以发现竞品 1 在微淘维护方面比较薄弱，店铺可以巩固自身优势，继续做深入的微淘粉丝维护和引流。

素养园地

《中华人民共和国反不正当竞争法》是为了促进社会主义市场经济健康发展，鼓励和保护公平竞争，制止不正当竞争行为，保护经营者和消费者的合法权益而制定的法律。

《中华人民共和国反不正当竞争法》

当下的中国，竞争性增长的关键在于把以人民为中心的发展思想贯穿在经济社会发展的各个环节。竞争性发展的竞争力也在于"人的需求"，只有满足人民群众需要，才能创造坚实的竞争力。公平竞争，重在机会公平、过程公平和规则公平。

关于"斗争精神"，总书记这些论述发人深省

阿里巴巴《致客户和公众的一封信》

不正当竞争典型案例

实训项目

实训 3.1

类目：火锅底料

背景：老板想卖火锅底料，请你分析火锅底料市场的竞争情况

目标：用 PPT 做一份报告并进行汇报

数据：练习数据 3.1

要求：

- PPT 不低于 6 页内容（不含标题页和目录页）
- 要有图形展示（折线图、柱形图或饼图等）
- 要有明确的结论（可设置结论页）

项目 4 店铺诊断

店铺诊断是应用非常频繁的场景。诊断是店铺运营人员必备的基本技能,能够通过数据发现问题并找到产生问题的原因,这是店铺运营人员解决问题的基础。

学习目标

知识目标:
- 理解相关性分析的概念
- 理解杜邦分析法的概念

能力目标:
- 能使用生意参谋工具进行店铺分析和诊断
- 掌握快速指标诊断的思路和方法

素养目标:
- 培养学生以商务决策为导向的数据收集意识和对数据的敏感度
- 培养在加工处理数据时一丝不苟、精益求精、严谨认真的工匠精神和科学态度
- 引导学生正确认识事物发展客观规律,冷静思考,科学应对,运用科学的思维方法思考问题、分析问题、解决问题

项目导图

本项目共包含 3 个任务，分别是使用生意参谋、快速指标诊断和建立店铺诊断模型，通过这 3 个任务可掌握店铺诊断，为企业制定店铺运营策略提供必要的数据依据。本项目的项目导图如图 4-1 所示。

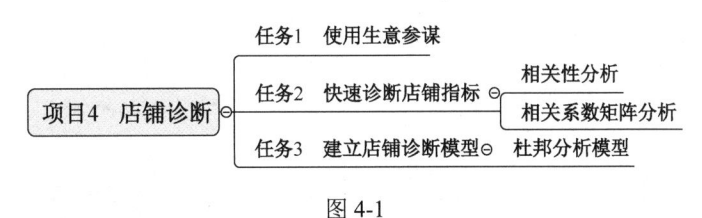

```
                    ┌─ 任务1  使用生意参谋
                    │                          ┌─ 相关性分析
项目4  店铺诊断 ─────┼─ 任务2  快速诊断店铺指标 ┤
                    │                          └─ 相关系数矩阵分析
                    └─ 任务3  建立店铺诊断模型 ── 杜邦分析模型
```

图 4-1

任务 1　使用生意参谋

◎ **情景导入**

生意参谋是阿里巴巴比较成熟的数据产品，也是阿里巴巴实现电商企业数据赋能的核心产品。生意参谋为电商企业提供免费的店铺数据，如果要看市场、竞品或更深度的店铺数据，就需要订购生意参谋对应的模块。

◎ **解决思路**

生意参谋可以从首页开始查看店铺整体的情况，在实时页面查看实时的数据可以满足即时性调整，在流量页面查看流量渠道可以对流量策略进行调整，在品类页面查看商品的数据可以掌握商品的表现，在交易页面可以查看成交的汇总分析数据，在服务页面可以查看服务能力的数据，在市场页面可以查看市场端的数据。

◎ **实施过程**

1. 查看生意参谋首页

（1）生意参谋的首页是卖家的每天必看，而且查看的频次还比较高，首页就是一个完整的店铺数据分析。在首页主要看店铺实时的业绩情况，如图 4-2 所示。

（2）生意参谋一般在每天的 9 点会更新店铺昨天的数据，看完店铺实时指标还要看核心指标的趋势，了解核心指标的波动情况。从生意参谋界面的【运营视窗】→【整体看板】中（如图 4-3 所示）可以看出，店铺数据有一定波动，蓝色线是本店铺的数据，黄色线是同行或同层次店铺的平均水平趋势线，橙色线是同行或同层次优秀店铺的数据线，可以发现本店和同行或同层次优秀水平的店铺还有一定差距。三组曲线是对比法的典型应用。

图 4-2

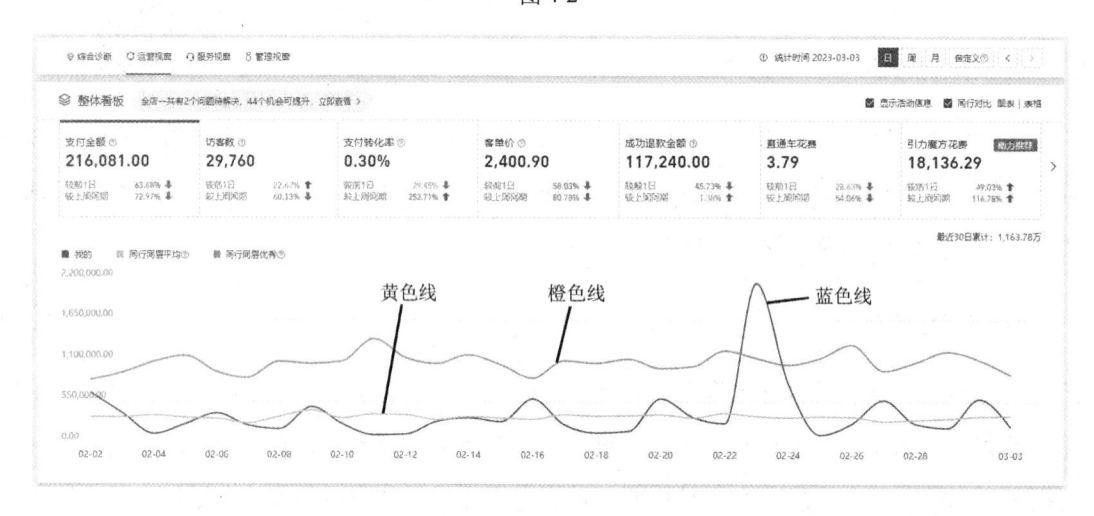

图 4-3

（3）查看店铺昨日的流量数据。跳失率、人均浏览量和平均停留时长都是评判流量质量的重要指标，可以从生意参谋界面的【运营视窗】→【流量看板】中查看，如图 4-4 所示。跳失率是逆指标，越小越好，店铺的跳失率对比前一天略有下降。而人均浏览量是正指标，店铺的人均浏览量相比前两周有所上升，对比上周周期上升 68.76%，意味着店铺的关联营销或类目导航做的比较好。平均停留时长也是正指标，店铺的平均停留时长相比前一日和上周同期都有一定幅度的下降，说明详情页还需要进一步优化。

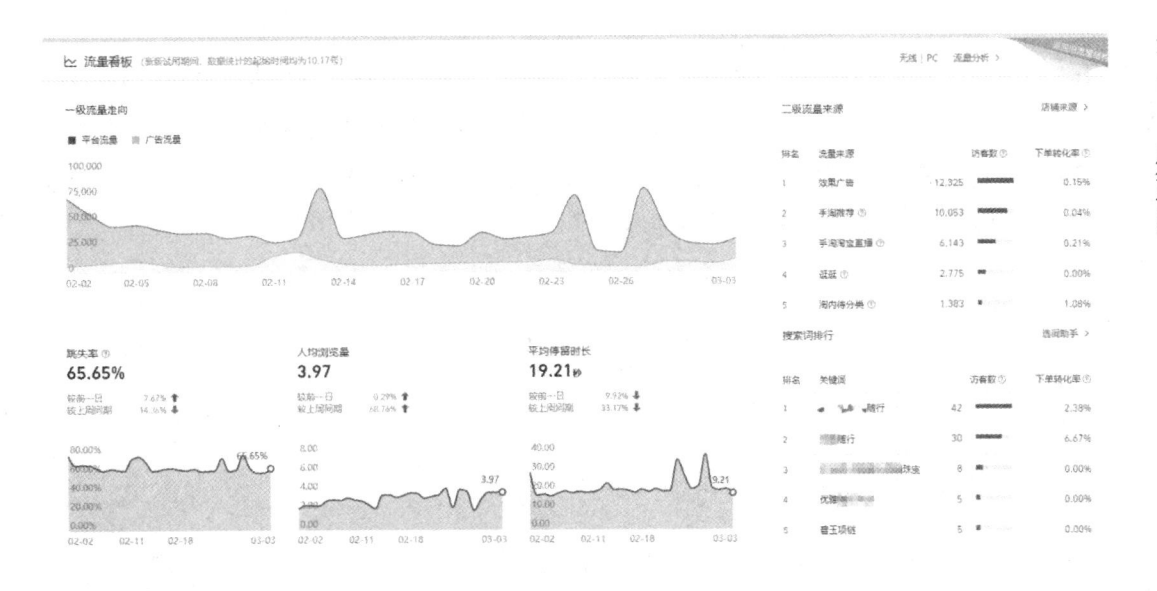

图 4-4

（4）查看转化看板及商品排行榜，该页面显示的是昨天商品的汇总情况。从生意参谋的【运营视窗】→【转化看板】中（如图 4-5 所示）可以看出，店铺昨天的"访客-加购转化率"相比前一日略有下降，但影响不大，没有大幅度下滑的现象。商品排行榜是排序法的典型应用，包括访客榜、加购榜（收藏榜）和支付榜，可以通过榜单详细数据予以关注。

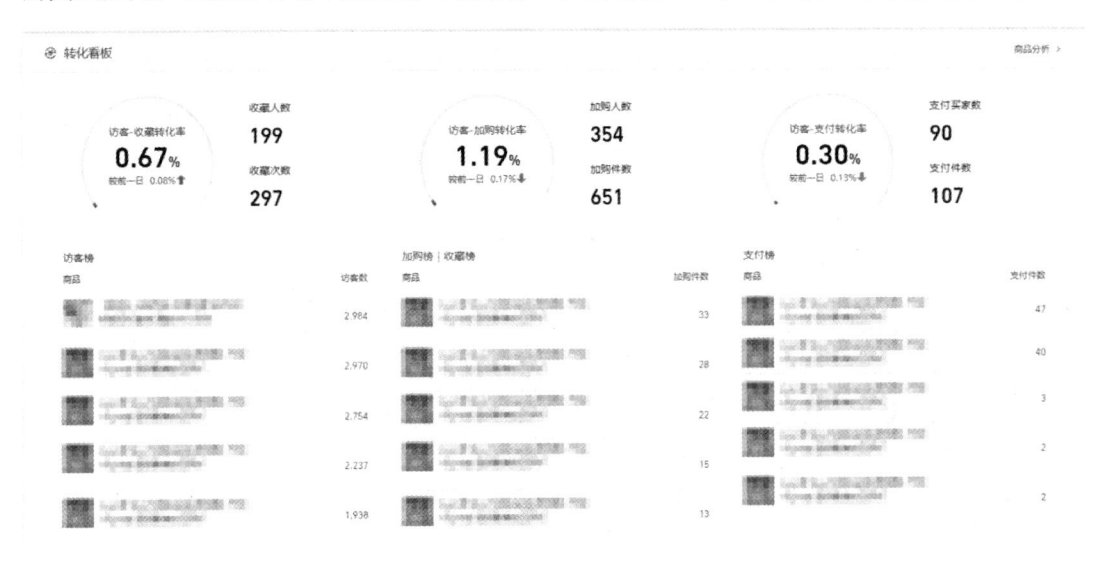

图 4-5

（5）查看客单价看板。客单价受产品件单价、人均支付件数和连带率的影响，其中件单价是产品定价，也就是正常的销售价，人均支付件数是总支付件数除以总支付客户数的值，连带率是支付子订单数与支付父订单数的比值。在生意参谋界面的【运营视窗】→【客单看板】中，如图 4-6 所示，通过数据表现发现店铺的关联营销较为薄弱，人均支付件数和连带率均较低，需要在品类布局、产品布局方面提升店铺横向和纵向的产品结构，以及在页面关联销售和客服话术上提升连带率。

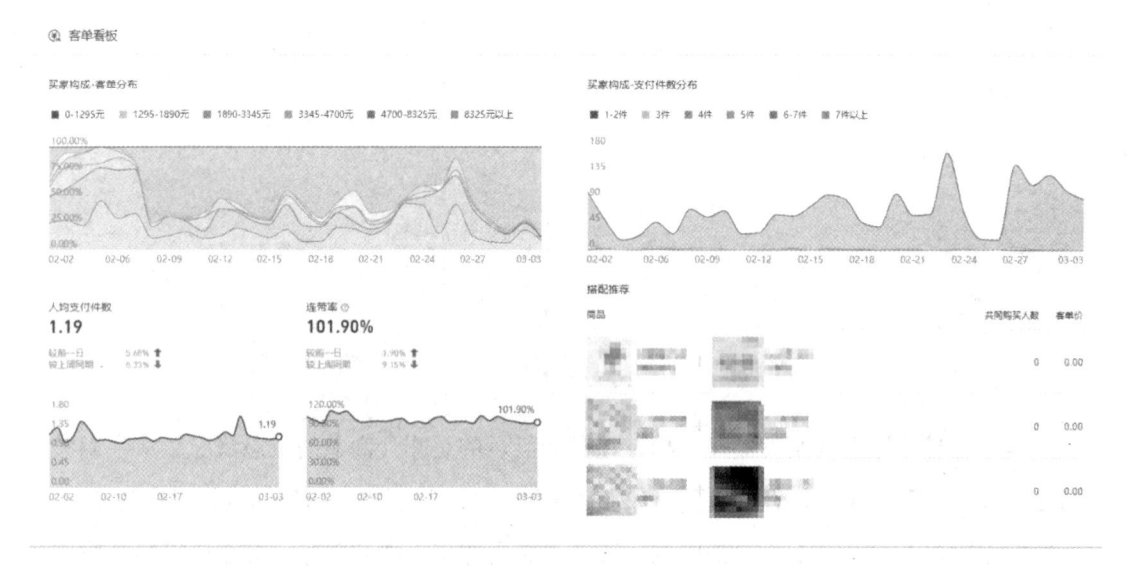

图 4-6

（6）查看售后服务分析。在生意参谋界面的【运营视窗】→【评价看板】中，如图 4-7 所示，可以观察本店铺的流失金额、流失人数、引起本店流失店铺数。

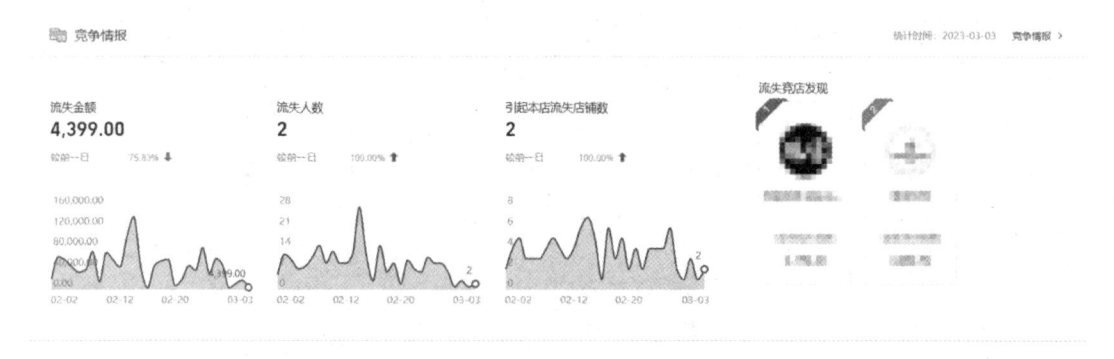

图 4-7

2. 查看实时数据

（1）生意参谋的第二个板块是实时概况，在【实时】→【实时直播】→【实时概况】页面中可以看到自己店铺的实时排名等情况，如图 4-8 所示。

图 4-8

（2）再往下是【实时趋势】页面，可以看到支付金额、访客数、支付买家数和支付子订单数 4 个指标对比今日跟昨日的数据，此时的时间粒度是小时。从数据趋势上看，今日的数据表现不如昨日，如图 4-9 所示。

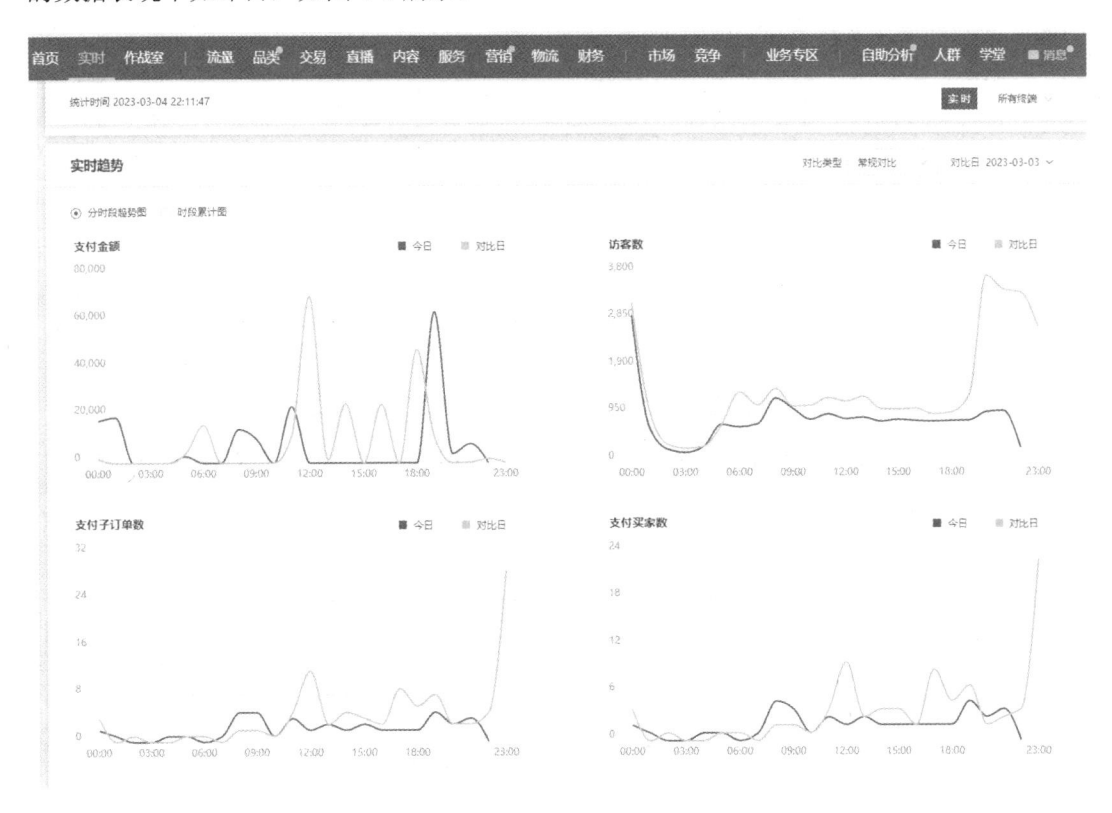

图 4-9

（3）此板块还可以选择切换成时段累计图，选择【时段累计图】单选选项，观察累计数据的差异，如图 4-10 所示。

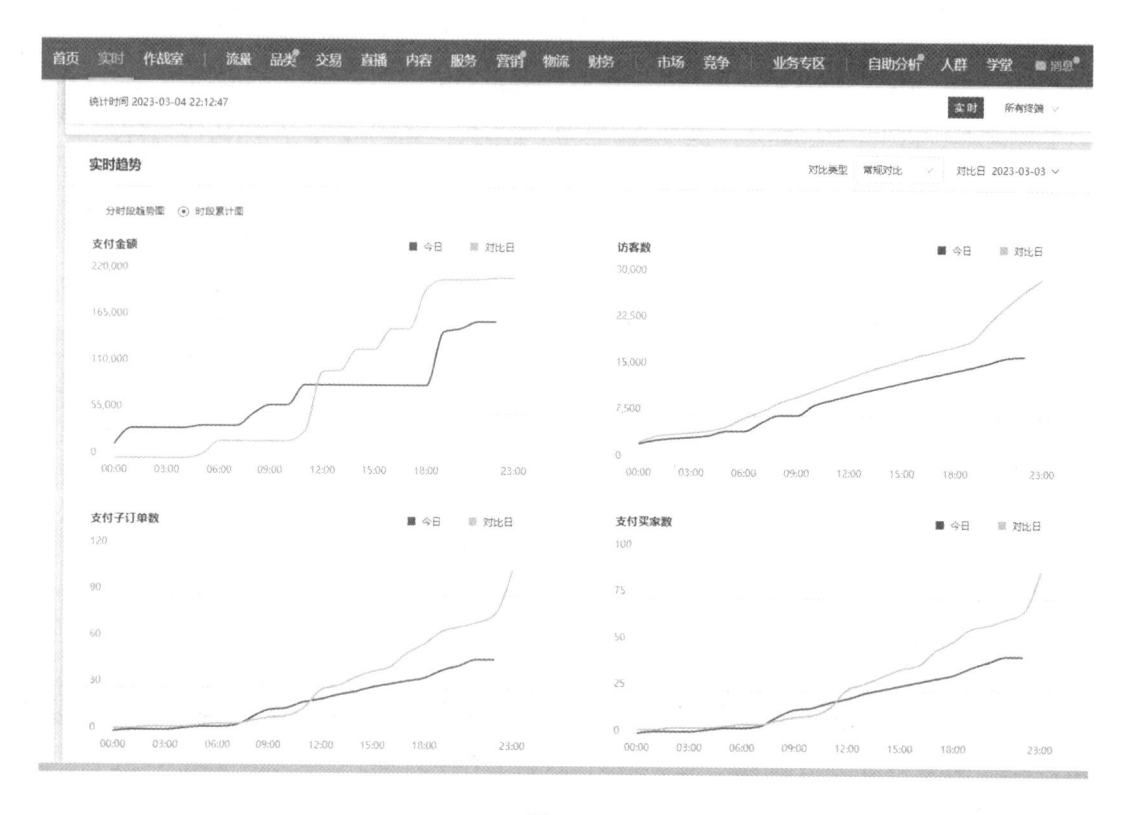

图 4-10

（4）在【实时来源】页面，可以查看流量入口的情况，以及截至当时流量来源的分布情况，从而可以让运营人员及时调整流量入口，如图 4-11 所示，本店铺主要的流量来源是平台流量（也就是免费流量），占比 57.93%。健康店铺的免费流量占比一般要超过 70%，广告流量占比低于 30%，当前店铺在平台流量获取方面还需要增强。

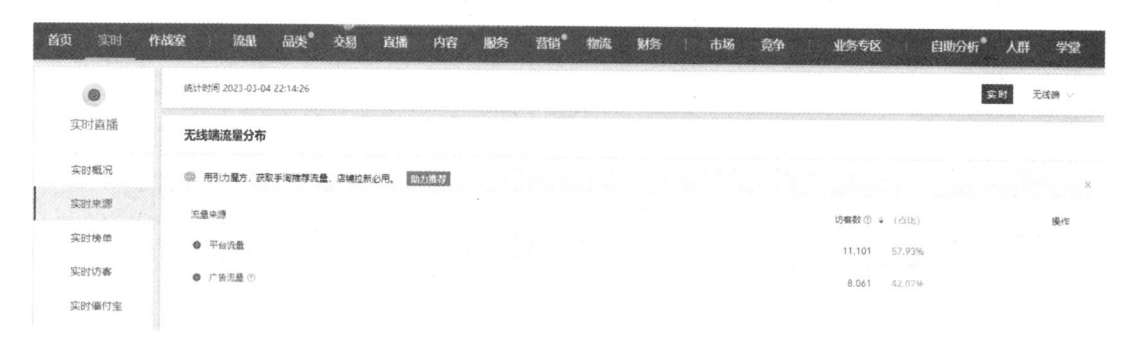

图 4-11

3．查看流量和品类

（1）生意参谋中的流量和品类板块是用得最多的，因为该模块可以查看流量和爆款情况，在首页的【流量】→【流量纵横】→【流量看板】→【流量总览】页面，如图4-12所示，与实时数据相比本店浏览数据有不同幅度的上涨。

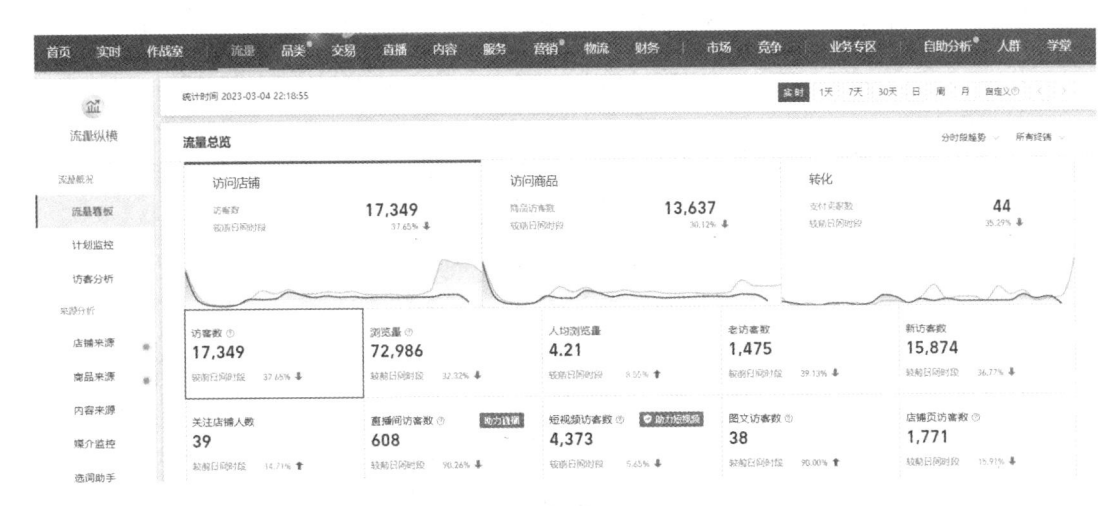

图 4-12

（2）在【流量纵横】→【访客分析】页面中可以查看不同时段的访客汇总情况，以便电商企业根据时段合理排班，从图4-13中可以看出，19:00—23:00这段时间是访客最多的时段，这个时段必须安排客服值班，客服数量根据流量的大小来确定。

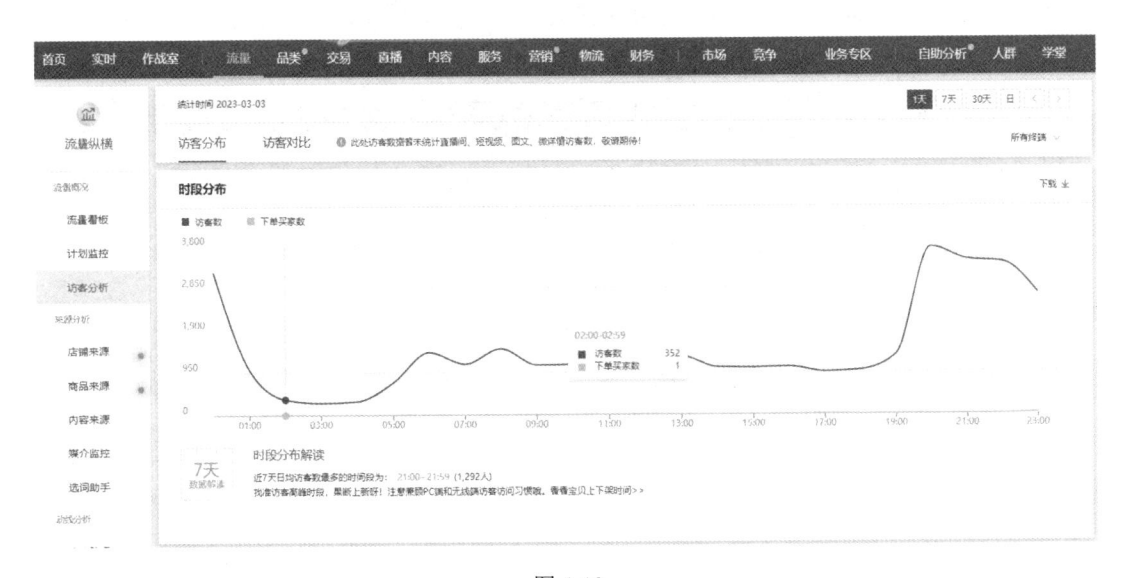

图 4-13

（3）在【流量纵横】→【店铺来源】→【构成】→【流量来源构成】页面中可以查看每个渠道的数据，与实时来源页面不同，在这里可以看过去的数据，如图4-14所示，近期的平台免费流量比一个月前有一定下降。

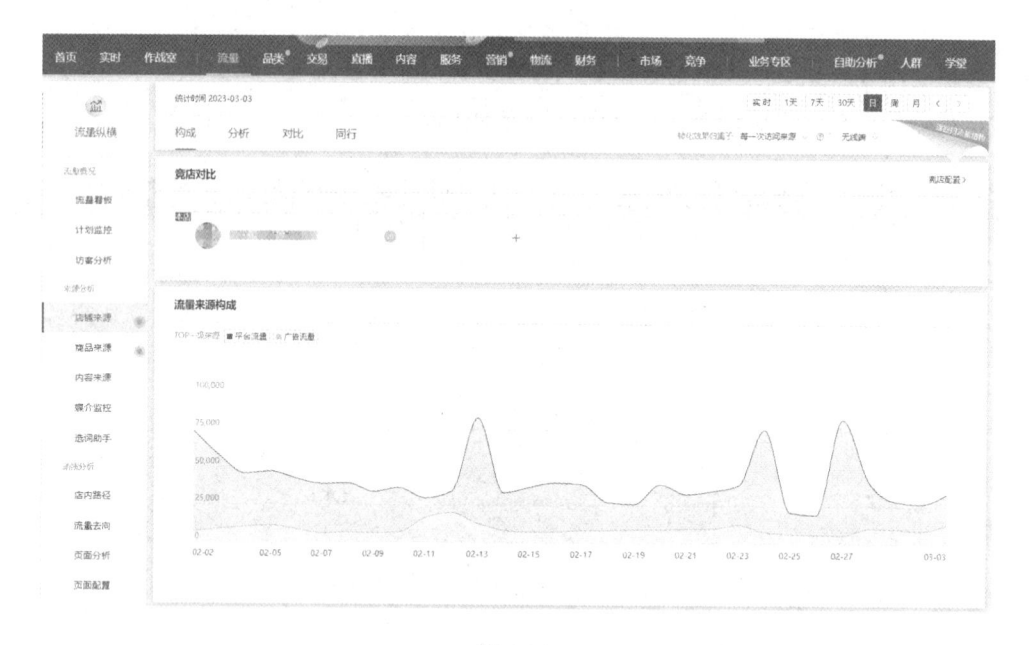

图 4-14

（4）在【品类】→【品类罗盘】→【商品排行】→【全部商品】页面中可以查看每个商品在动销、收藏加购、访问三个方面的数据表现，如图 4-15 所示。以大促期间的商品监控为例，通过对商品访客数进行监控分析，可以优化商品渠道，商品流量和销售效果。在大促中，针对商品加购件数反馈，可以对接大促中后期的发货安排，提前做好商品的补货及打单发货，以提升用户的购物体验，避免库存缺失导致销售损失。

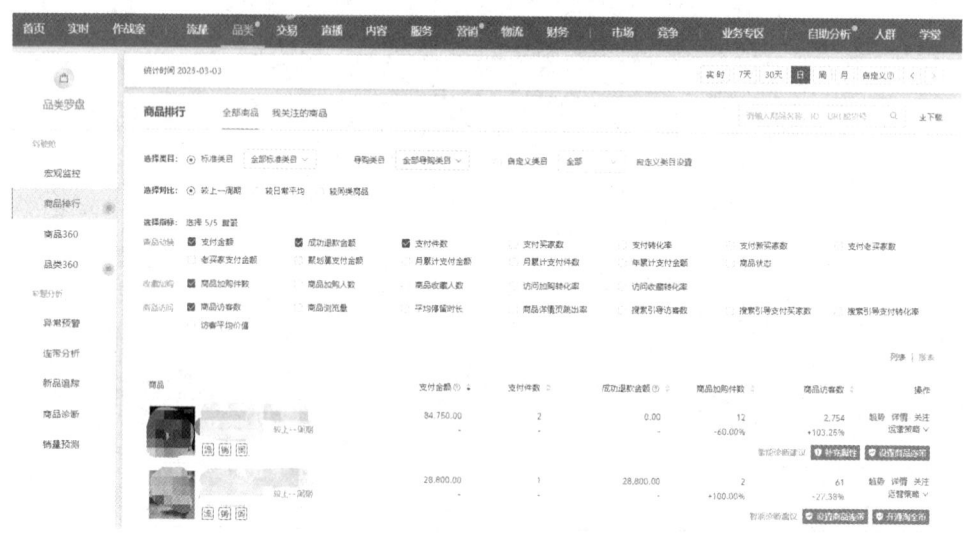

图 4-15

（5）页面下方是商品列表，在对应的单品后面单击【详情】按钮，即可查看关键词，这是做商品搜索优化工作必看内容，如图 4-16 所示。

图 4-16

（6）在【品类罗盘】→【商品 360】页面中，可以看到针对当前商品在【单品诊断】【销售分析】【流量来源】【详情分析】【标题优化】【内容分析】【客群洞察】【关联搭配】【服务体验】这几个方面的分析，如图 4-17 所示。

图 4-17

（7）在【标题优化】→【搜索词】页面中可以看到本品、竞品、行业的搜索词，如图 4-18 所示，运营人员可以针对搜索词进行深入分析从而进行标题优化，改进流量效果。

图 4-18

4．查看交易和服务

（1）交易板块主要是分析全店交易的构成，在生意参谋首页的【交易】→【交易分析】→【交易概况】→【交易总览】页面，如图 4-19 所示，其中的漏斗图，表示从访客到下单、下单到支付过程的转化率情况。

图 4-19

（2）通过【交易分析】→【交易构成】→【终端构成】可以查看交易来源，如图 4-20

所示的是无线端和 PC 端的成交占比,这家店的无线端支付金额占比为 100%。

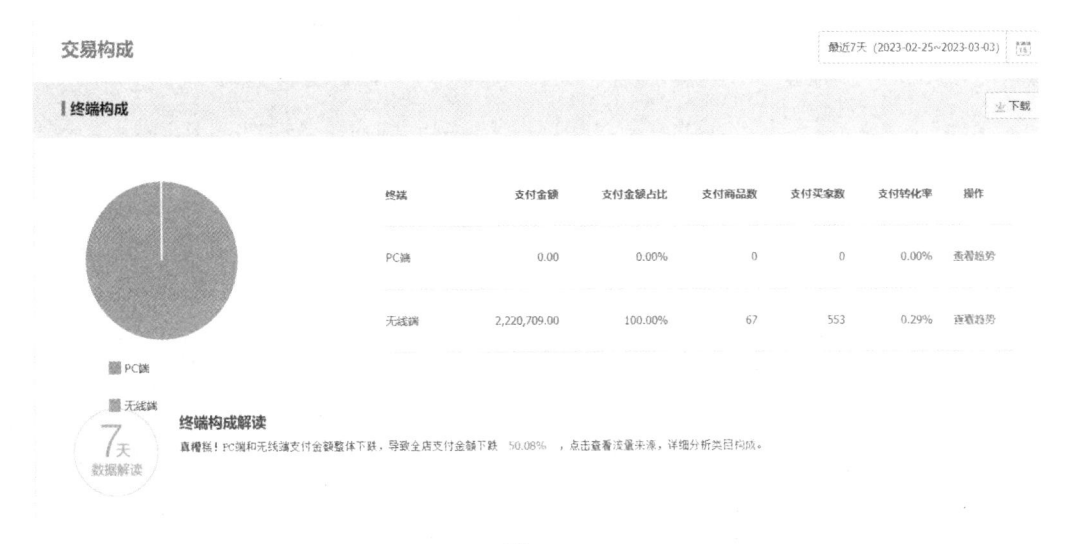

图 4-20

(3)页面向下可以查看【类目构成】【品牌构成】和【架构带构成】,图 4-21 所示为产品价格带构成,其中以单价 0~10 元和 2 000 元以上的产品销量较高。

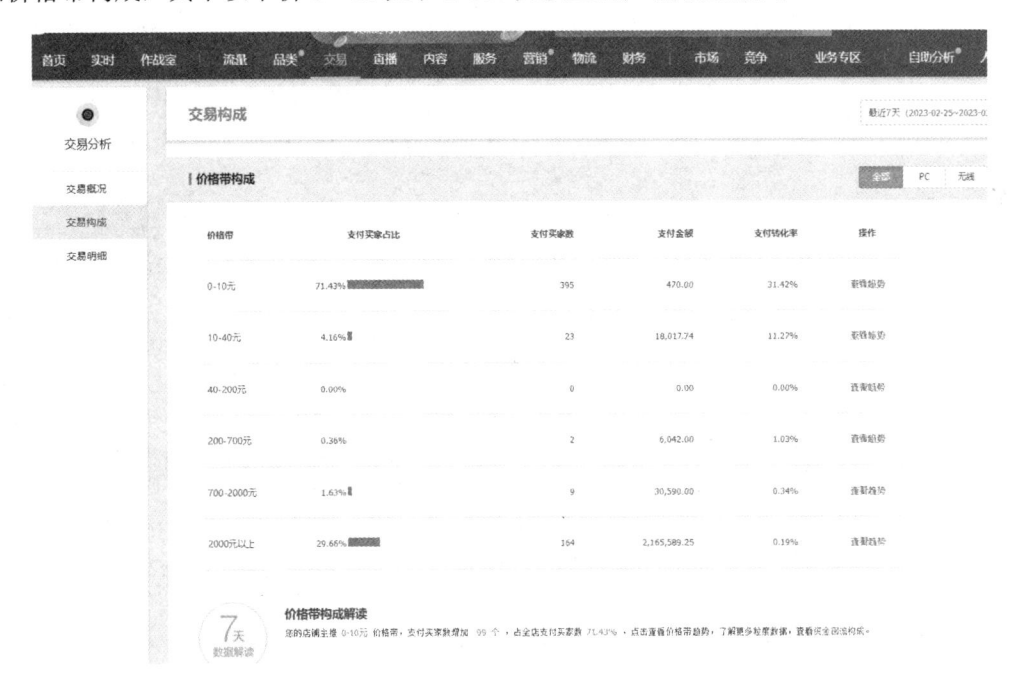

图 4-21

(4)页面底端是【资金回流构成】,从中可以了解资金回流的周期,是重点关注的对象,方便商家更好地安排资金,如图 4-22 所示。

图 4-22

（5）在【交易分析】→【交易明细】页面中可以查看每一笔交易的订单详情和配置成本，如图 4-23 所示。

图 4-23

（6）在【服务】→【服务洞察】→【服务体验】页面中可以查看与服务相关的各种指标，如图 4-24 所示。

图 4-24

（7）如图 4-25 所示为【售后维权】页面，其中展示的退款原因分析用于改善商品和服务质量。

（8）如图 4-26 所示为【评价分析】页面，这里可以看到对商品的正面或负面评价，从而帮助运营人员调整商品和服务。如果有负面评价，且围观人数较多，对转化率的影响会非常明显。

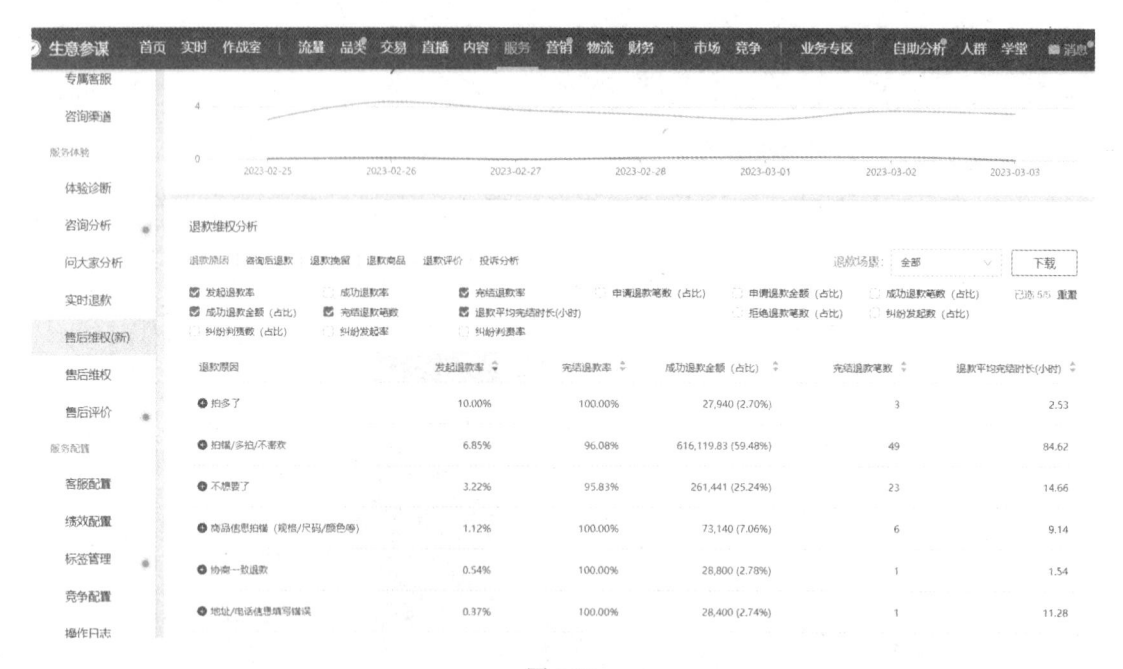

图 4-25

图 4-26

5. 查看市场数据

（1）生意参谋市场数据需要订购相关服务才可以使用，在生意参谋的【市场】页面中，订购后有淘系店铺（包含淘宝和天猫）的详细市场数据，部分敏感数据会经指数化处理后显示。图 4-27 所示是【珠宝/钻石/翡翠/黄金】类目近一年的访问人气曲线。

（2）【行业构成】页面可以查看子行业（类目）的规模，了解行业规模对企业的战略制定具有重要的指导意义。如图 4-28 所示，【黄金首饰（新）】是在统计周期内份额最大的子行业，其次是【翡翠（新）】。

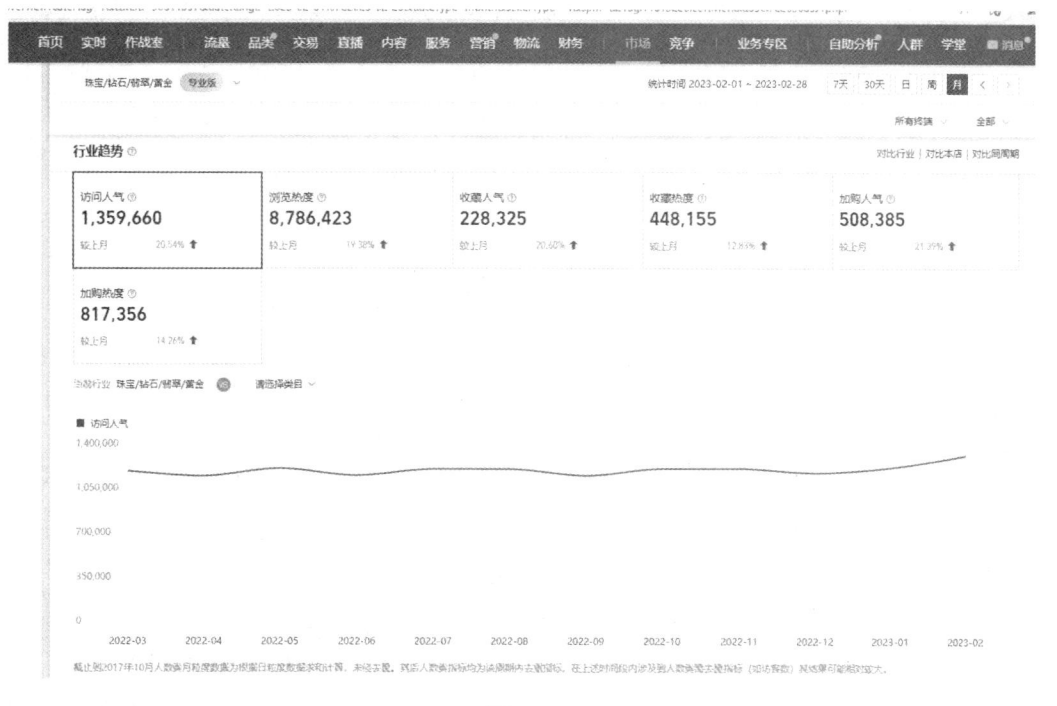

图 4-27

图 4-28

（3）在【市场】→【搜索排行】页面可以查看当前类目搜索排行的明细，如图 4-29 所示。通过这个数据可以掌握行业消费者的需求走势，在运营过程中需重点关注。

图 4-29

（4）在【市场】→【搜索分析】页面中可以研究关键词的趋势，如图 4-30 所示，为关键词【珍珠项链】的搜索趋势，可以看出该品类商品在 2022 年 3~5 月销量有所上升，这是春季到来珍珠项链进入销量旺季的缘故。

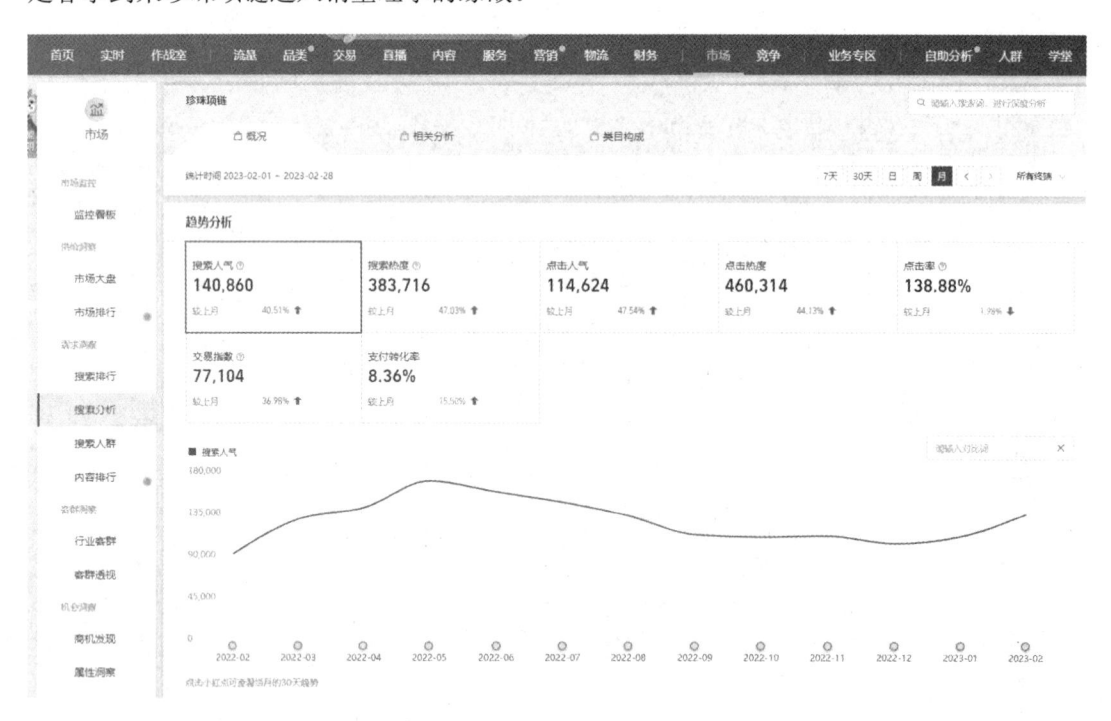

图 4-30

（5）搜索关键词的相关搜索词数据可用于标题或需求分析，在搜索结果页面中的【相关分析】板块可以查看具体数据，如图4-31所示。

图4-31

（6）搜索人群画像是做关键词定位时必须研究的数据，掌握人群标签才可以精准定位。在【搜索人群】页面可以查看人群分析，如图4-32～图4-35所示，分别为关键词【珍珠项链】下搜索人群的性别、年龄、职业和省份分析。以30～34岁的女性为主，其中【个体经营/服务人员】是最大的职业群体，广东、山东、江苏和河南四省的数量排在前列。

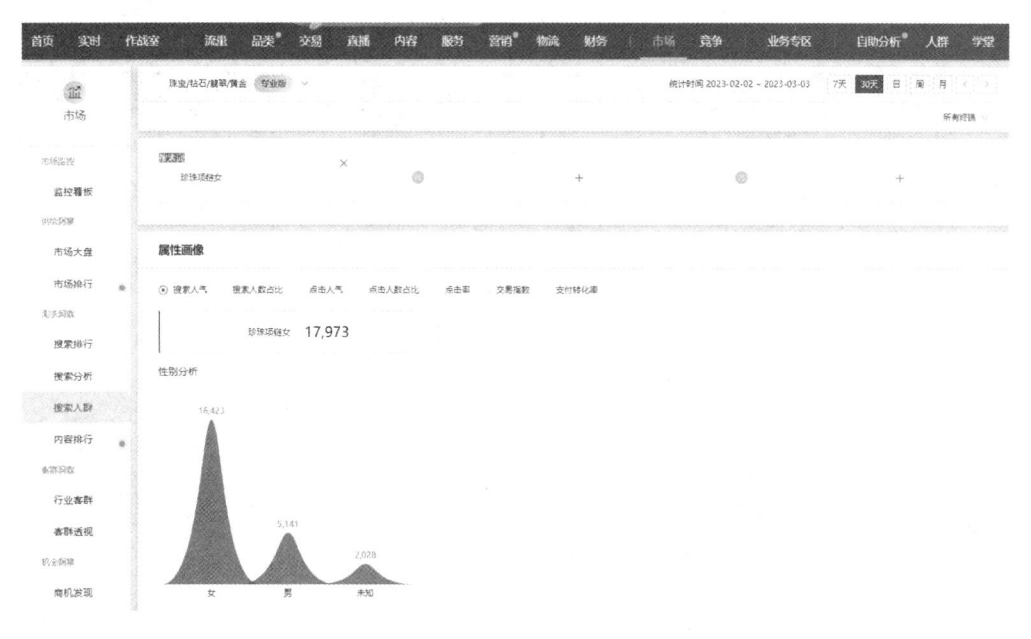

图4-32

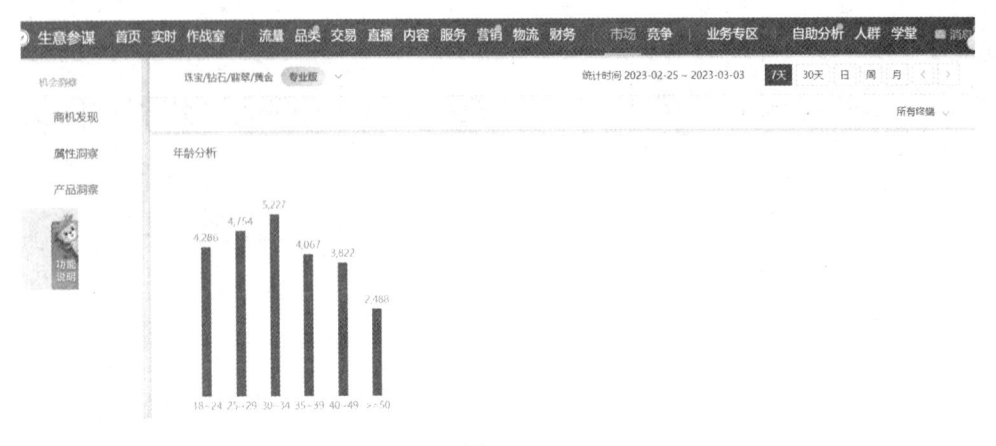

图 4-33

图 4-34

图 4-35

任务 2　快速指标诊断

◎ **情景导入**

刚入职的运营或数据分析师想要快速了解店铺的数据关注点，或者需要快速地诊断店铺，提取关键指标。

快速指标诊断

◎ **解决思路**

分析店铺的主体为淘宝网，选择阿里巴巴提供的生意参谋获取数据源。以天为颗粒度，采集近 1 个月的数据作为数据源。

某个指标的下降会影响到其他若干个指标，这就是数据指标之间的相关性，通过相关性分析找到指标之间的关联，可以提炼出一般性规律。

理论导读：相关性分析

相关性分析是指对两个或多个具备相关性的变量元素进行分析，从而衡量两个变量因素的相关程度，属于统计学的方法。相关性的元素之间需要存在一定的联系或概率才可以进行相关性分析。

相关图是研究相关关系的直观工具，可反映两个变量之间的相互关系及其相关方向，但无法确切地表明两个变量之间的相关程度。

相关系数是研究变量之间线性相关程度的量，是用来反映变量之间相关关系密切程度的统计指标，最早是统计学家卡尔·皮尔逊提出的统计指标，一般用 r 表示。由于研究对象不同，相关系数有多种定义方式，较为常用的是皮尔逊相关系数。

相关系数的定义式如下：

$$r(X,Y) = \frac{S_{xy}}{\sqrt{S_{xx} \times S_{yy}}}$$

其中，S_{xy} 为 X 与 Y 的协方差，S_{xx} 为 X 的方差，S_{yy} 为 Y 的方差。

相关系数的值域为[-1,1]，定义如表 4-1 所示。

表 4-1　相关系数定义表

相关系数的绝对值值域	定义
(0.9, 1]	强相关
(0.7, 0.9]	中相关
(0.5, 0.7]	弱相关
(0, 0.5]	不相关

当相关系数为正数时代表正相关，变量向相同方向变化；当相关系数为负数时代表负相关，变量向相反方向变化。相关系数的几何意义如图 4-36 所示。

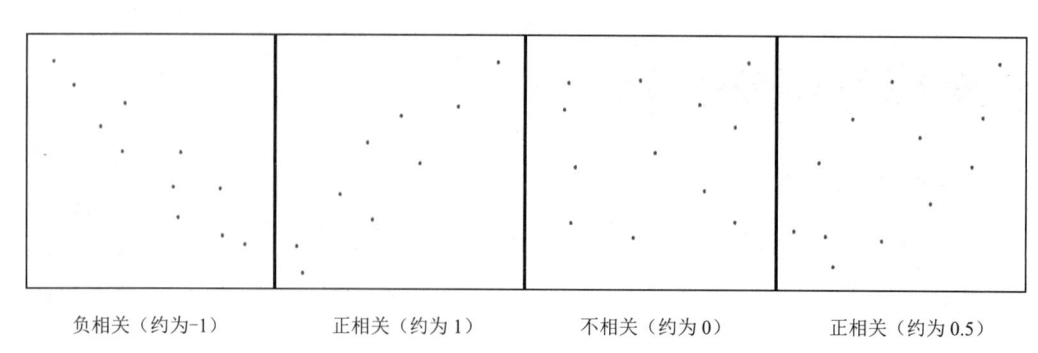

负相关（约为-1）　　正相关（约为1）　　不相关（约为0）　　正相关（约为0.5）

图 4-36

在实践过程中，由于数据的干扰因素较大，强相关的关系极难在真实的业务数据中发现，因此在应用过程中需要调整定义，调整后的定义如表 4-2 所示。

表 4-2　调整后的相关系数定义表

相关系数的绝对值值域	定义
(0.7, 1]	强相关
(0.3, 0.7]	中相关
(0, 0.3]	不相关

◎ 实施过程

用相关性分析法诊断店铺最难的地方在于时间宽度的选择，要选择数据持续变化的时间段，因此相关性分析法具有滞后性，适合在发生问题后，对问题进行研究。

例 4-1：表 4-3 是某店铺连卖 7 天的支付金额和直通车消耗（广告费用）数据，求店铺的支付金额和直通车消耗的关系。

表 4-3　支付金额和直通车消耗表

统计日期	支付金额/元	直通车消耗/元
2020/3/10	4 407.33	599.96
2020/3/11	4 031.46	549.16
2020/3/12	7 217.69	651.23
2020/3/13	7 228.00	662.51
2020/3/14	7 551.84	655.54
2020/3/15	6 961.42	611.24
2020/3/16	6 274.94	532.18

两个变量都是数值型字段，可通过计算相关系数研究两者之间的关系。在 Excel 中使用函数 CORREL（array1,array2）计算相关系数。CORREL 函数语法说明如下：

array1：必需值，为单元格值区域。

array2：必需值，为第二个单元格值区域。

如图 4-37 所示，在 C9 单元格输入公式【=CORREL（B2:B8,C2:C8）】，计算【支付金额】列和【直通车消耗】列的相关系数，结果约为 0.67，为中正相关，表示两者之间存在一定的关系，但不是绝对关系，可能还存在其他因素的影响。

	A	B	C
1	统计日期	支付金额	直通车消耗
2	2020/3/10	4 407.33	599.96
3	2020/3/11	4 031.46	549.16
4	2020/3/12	7 217.69	651.23
5	2020/3/13	7 228.00	662.51
6	2020/3/14	7 551.84	655.54
7	2020/3/15	6 961.42	611.24
8	2020/3/16	6 274.94	532.18
9	相关系数		0.671696728

图 4-37

快速指标诊断拓展提升

◎ 提升拓展

在指标数量较多时可以使用相关矩阵。

理论导读：相关矩阵

相关矩阵也叫相关系数矩阵，是由矩阵各列间的相关系数构成的。如下公式所示，相关矩阵第 i 行第 j 列的元素是原矩阵第 i 列和第 j 列的相关系数。

$$R = \begin{cases} r_{11} \cdots r_{1n} \\ r_{21} \cdots r_{2n} \\ r_{31} \cdots r_{3n} \\ \vdots \\ r_i \cdots r_j \end{cases}$$

例 4-2：如表 4-4 所示，某店铺流量（访客数）持续下降，通过数据找到问题并加以优化。

如图 4-38 所示，在【数据】选项卡中单击【数据分析】按钮。

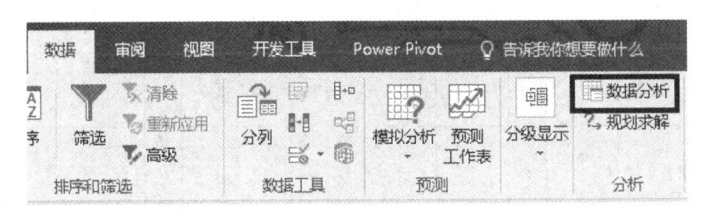

图 4-38

表 4-4 店铺运营数据表

统计日期	访客数/人	平均停留时长/秒	跳失率	支付金额/元	支付买家数/人	支付子订单数/个	支付件数/件	人均浏览量/个	支付转化率	客单价/元	UV价值/元	老访客数/人	新访客数/人	直通车消耗/元	评价数/个	有图评价数/个	正面评价数/个	负面评价数/个	描述相符评分	物流服务评分	服务态度评分
2020/4/23	2 430	45.89	66.71%	5 651.03	136	197	578	2.26	5.60%	41.55	2.33	225	2 205	733.69	52	0	25	2	4.894 95	4.845 39	4.856 59
2020/4/24	2 336	43.81	66.01%	6 240.30	154	221	544	2.45	6.59%	40.52	2.67	258	2 078	642.32	76	4	23	3	4.893 85	4.845 31	4.856 88
2020/4/25	2 131	48.22	66.59%	4 966.40	142	194	484	2.22	6.66%	34.97	2.33	217	1 914	597.95	56	2	25	6	4.893 05	4.844 99	4.857 18
2020/4/26	2 015	47.61	66.55%	4 336.82	131	176	457	2.31	6.50%	33.11	2.15	209	1 806	564.19	40	0	12	0	4.892 92	4.845 13	4.857 3
2020/4/27	1 987	43.96	66.73%	4 158.20	115	158	349	2.32	5.79%	36.16	2.09	226	1 761	555.25	51	1	14	1	4.893 15	4.845 87	4.857 97
2020/4/28	1 812	41.6	67.55%	3 692.18	116	152	335	2.45	6.40%	31.83	2.04	194	1 618	539.81	42	2	12	1	4.894 56	4.847 3	4.858 89
2020/4/29	1 529	36.11	67.63%	3 985.40	90	136	348	2.5	5.89%	44.28	2.61	155	1 374	449.31	44	2	12	1	4.895 06	4.846 15	4.858 16
2020/4/30	1 462	38.3	65.53%	2 611.28	93	137	240	2.29	6.36%	28.08	1.79	160	1 302	358.7	47	7	14	1	4.893 66	4.843 81	4.856 67
2020/5/1	1 592	36.67	66.08%	3 171.58	111	159	277	2.47	6.97%	28.57	1.99	153	1 439	449.31	59	2	11	1	4.893 79	4.845 74	4.858 75
2020/5/2	1 788	41.9	65.44%	4 262.53	125	173	457	2.23	6.99%	34.1	2.38	152	1 636	522.9	46	1	14	1	4.894 99	4.846 88	4.860 72
2020/5/3	1 878	41.94	66.83%	5 178.19	131	184	530	2.25	6.98%	39.53	2.76	173	1 705	501.68	54	0	13	1	4.895 81	4.846 87	4.861 29
2020/5/4	1 866	42.51	66.72%	4 633.15	138	190	454	2.36	7.40%	33.57	2.48	189	1 677	503.07	61	4	19	2	4.895 97	4.847 66	4.862 02
2020/5/5	1 861	39.44	67.92%	5 824.28	119	173	624	2.14	6.39%	48.94	3.13	177	1 684	547.36	37	2	19	2	4.896 69	4.847 97	4.862 77
2020/5/6	1 856	35.73	66.27%	5 910.16	135	189	418	2.4	7.27%	43.78	3.18	186	1 670	599.3	47	3	21	4	4.897 64	4.847 97	4.863 37
2020/5/7	1 878	44.64	65.65%	4 922.19	130	181	452	2.42	6.92%	37.86	2.62	175	1 703	570.13	52	4	18	1	4.897 13	4.846 98	4.862 33
2020/5/8	1 903	42.38	69.57%	4 204.38	134	167	346	2.28	7.04%	31.38	2.21	163	1 740	531.91	61	2	15	2	4.895 91	4.847 52	4.861 08
2020/5/9	1 793	45.1	65.92%	4 881.11	133	183	449	2.33	7.42%	36.7	2.72	182	1 611	495.09	46	3	18	2	4.895 78	4.845 8	4.859 32

在弹出的【数据分析】对话框中,选择【相关系数】选项,单击【确定】按钮,如图 4-39 所示。

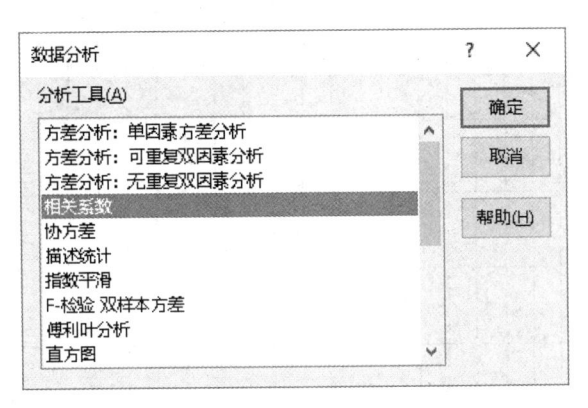

图 4-39

在【相关系数】对话框中,选中表 4-4 中所有的数据指标区域(注意不包含【统计日期】),【分组方式】选择【逐列】,勾选【标志位于第一行】,然后单击【确定】按钮,如图 4-40 所示。

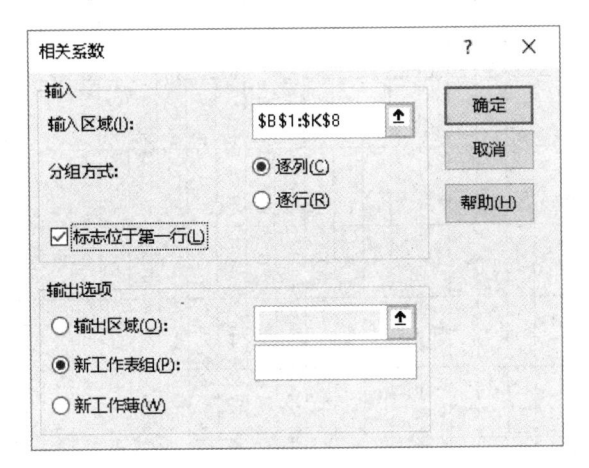

图 4-40

创建的相关矩阵如表 4-5 所示,第一列显示和访客数的相关系数大于 0.7 的有:支付金额、支付买家数、支付子订单数、老访客数、新访客数、直通车消耗、正面评价数,其中支付相关的和访客数有算术关系,可忽略不看,重点关注新访客数相关性达 0.99,新访客数和直通车消耗相关性达 0.93,这意味着店铺拉新出了问题,其中直通车的调整可能是主要原因之一。正面评价数相关性达 0.70,也是强相关,应审视店铺的服务、客户管理环节;老访客数的相关性达 0.85,虽然也属于强相关,但是老访客数和新访客数的相关性达 0.81,因此重点关注新访客数即可。

表 4-5 相关矩阵

	访客数	平均停留时长	跳失率	支付金额	支付买家数	支付子订单数	支付件数	人均浏览量	支付转化率	客单价	UV价值	老访客数	新访客数	直通车消耗	评价数	有图评价数	正面评价数	负面评价数	描述相符评分	物流服务评分	服务态度评分
访客数	1																				
平均停留时长	0.693 39	1																			
跳失率	0.041 02	-0.083 2	1																		
支付金额	0.710 08	0.270 17	0.029 44	1																	
支付买家数	0.790 64	0.609 58	-0.048 0	0.733 47	1																
支付子订单数	0.805 34	0.514 77	-0.209 2	0.831 82	0.946 49	1															
支付件数	0.687 78	0.438 73	0.007 6	0.872 05	0.639 06	0.748 19	1														
人均浏览量	-0.239 9	-0.360 4	-0.137 9	-0.217 5	-0.151 5	-0.163 5	-0.486 1	1													
支付转化率	-0.235 2	-0.071 4	-0.163 2	0.090 75	0.404 95	0.301 28	-0.015 2	0.037 5	1												
客单价	0.294 18	-0.142 4	0.159 33	0.770 31	0.142 34	0.316 05	0.683 7	-0.131 2	-0.236	1											
UV价值	0.162 81	-0.177 8	0.049 59	0.806 82	0.358 52	0.471 89	0.653 85	-0.110 5	0.305 35	0.851 4	1										
老访客数	0.850 08	0.602 37	-0.093 8	0.535 88	0.259 6	0.760 63	0.441 53	0.000 37	-0.344 6	0.202 93	0.029 15	1									
新访客数	0.997 51	0.689 93	0.058 16	0.717 39	0.798 77	0.809 61	0.705 25	-0.266 7	-0.215 2	0.299 76	0.177 04	0.810 8	1								
直通车消耗	0.930 02	0.529 07	0.061 63	0.761 20	0.716 83	0.737 82	0.674 72	-0.144 5	-0.239 3	0.441 59	0.305 95	0.728 97	0.935 96	1							
评价数	0.404 57	0.159 09	-0.047 3	0.214 15	0.525 57	0.540 91	0.046 88	0.266 3	0.224 85	-0.194 1	-0.081 2	0.387 35	0.397 74	0.224 31	1						
有图评价数	-0.381 9	-0.302	-0.309 8	-0.228 7	-0.180 9	-0.123 3	-0.373 8	0.267 29	0.261 06	-0.227 9	-0.068 4	-0.137 6	-0.406	-0.44	0.222 28	1					
正面评价数	0.709 46	0.384 48	-0.124 0	0.737 95	0.665 99	0.766 68	0.625 25	-0.260 8	0.001 43	0.428 11	0.421 98	0.590 08	0.709 44	0.705 63	0.356 19	0.128 44	1				
负面评价数	0.399 8	0.162 78	0.018 46	0.498 73	0.515 81	0.535 13	0.295 77	-0.180 4	0.196 55	0.240 98	0.350 57	0.371 22	0.394 6	0.407 46	0.334 72	0.143 81	0.784 64	1			
描述相符评分	-0.131	-0.344 8	0.170 57	0.441 04	0.154 1	0.164 2	0.291 2	-0.018 1	0.457 46	0.504 75	0.736 78	-0.381	-0.094 6	0.078 72	-0.140 7	0.123 45	0.184 56	0.070 23	1		
物流服务评分	-0.078 2	-0.297 2	0.446 11	0.339 64	0.182 64	0.088 07	0.234 65	-0.016 2	0.405 84	0.371 35	0.573 24	-0.29	-0.048 1	0.119 08	-0.132 3	-0.185 7	-0.038 9	0.010 72	0.781 11	1	
服务态度评分	-0.235 2	-0.334 9	0.185 44	0.306 68	0.158 62	0.102 2	0.209 39	-0.120 2	0.607 67	0.319 87	0.638 7	-0.449 9	-0.201 2	-0.061	-0.149 6	0.030 24	-0.020 6	0.026 95	0.871 89	0.892 81	1

128

任务3 建立店铺诊断模型

◎ **情景导入**

在运营过程中，店铺的数据时刻在变化，研究店铺数据变化的主要原因，可以帮助运营人员掌握运营规律，尽量满足店铺数据上升的条件，避免店铺数据下降。

◎ **解决思路**

店铺的主体为淘宝网，通过阿里巴巴提供的生意参谋获取数据源。以天为颗粒度，采集近1个月的数据作为数据源。

采用杜邦分析法建立店铺诊断模型。杜邦分析法的思想在电商领域被广泛应用，特别是用于数据诊断。杜邦分析法具有实时、便捷、清晰的特点，可实时反映出数据的情况，时间粒度可细化到小时，可帮助运营对店铺状态做出快速的反应。

理论导读：杜邦分析法

杜邦分析法（DuPont Analysis）是利用几种主要的财务比率之间的关系来综合分析企业的财务状况。具体来说，它是一种用来评价公司盈利能力和股东权益回报水平，从财务角度评价企业绩效的一种经典方法。其基本思想是将企业净资产收益率逐级分解为多项财务比率乘积，这样有助于深入分析比较企业的经营业绩。由于这种分析方法最早由美国杜邦公司使用，故名杜邦分析法。

◎ **实施过程**

例 4-3：某店铺发现业绩下滑，通过两个月的数据对比找出原因。原始数据如表 4-6 所示，分别是店铺 5 月、6 月的数据。

表4-6 5月和6月的店铺数据表

月份	5月	6月
支付金额/元	171 697	29 403
访客数/人	53 596	10 461
客单价/元	44.16	34.15
转化率	7.25%	8.23%
新访客数/人	48 472	9 407
老访客数/人	5124	1 054

计算 6 月份的环比增幅，新增一列【环比增幅】，计算公式为"（6 月的值-5 月的值）÷5 月的值"，结果如表 4-7 所示。

表 4-7　计算出环比增幅后的店铺数据表

月份	5 月	6 月	环比增幅
支付金额/元	171 697	29 403	-82.88%
访客数/人	53 596	10 461	-80.48%
客单价/元	44.16	34.15	-22.67%
转化率	7.25%	8.23%	13.46%
新访客数/人	48 472	9 407	-80.59%
老访客数/人	5 124	1 054	-8.40%

将数据按树状结构呈现，杜邦分析模型的具体制作过程见例 4-4，结果如图 4-41 所示，可知支付金额的下跌主要是拉新（新访客数）的环节出现了问题。

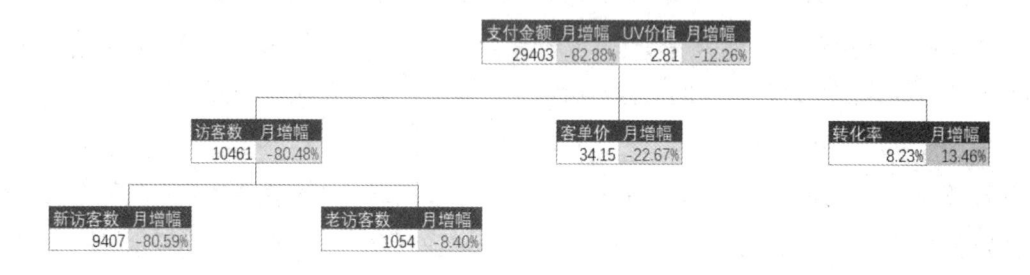

图 4-41

已知访客数这个数据存在问题后，从不同的视角观察访客数进而找出问题的缘由，如图 4-42 所示，可知付费流量下滑 54.57%，是绝对值和相对幅度最高的渠道，可推断是由于付费广告投放调整引起的连锁反应。从商品视角观察，发现大部分商品都明显下滑。

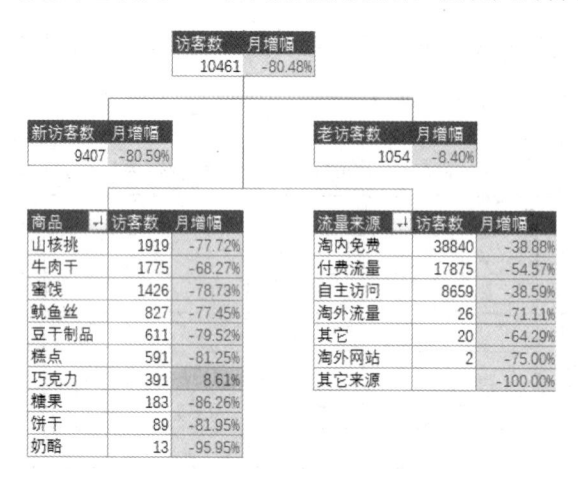

图 4-42

◎ 提升拓展

通过杜邦分析法诊断店铺，可以让运营事半功倍，能够更加清晰地观察到核心数据对问题的影响。但是诊断店铺是一个相对高频的工作，使用杜邦分析法，整理数据的工作量非常大，因此搭建一个具备自动刷新功能的杜邦分析模型就非常必要了。

例 4-4：用 Excel 搭建具备自动刷新功能的杜邦分析模型。

采用 Power Pivot 和数据透视表实现该模型，操作步骤如下。

1. 导入数据到数据模型（Power Pivot）

（1）打开工作簿【杜邦分析表原数据】，如图 4-43 所示。

	A	B	C	D	E	F	G	H
1	统计日	访客	支付买家	客单	跳失	加购人	老访客	新访客
2	2020/3/10	1,812	123	35.83	66.34%	173	153	1,659
3	2020/3/11	1,953	147	27.42	64.36%	204	143	1,810
4	2020/3/12	2,237	174	41.48	65.49%	204	188	2,049
5	2020/3/13	2,187	163	44.34	65.89%	208	186	2,001
6	2020/3/14	2,275	180	41.95	68.09%	200	200	2,075
7	2020/3/15	2,192	154	45.2	65.28%	198	163	2,029
8	2020/3/16	2,072	139	45.14	65.06%	173	195	1,877
9	2020/3/17	2,176	136	34.98	67.23%	187	181	1,995
10	2020/3/18	2,406	143	30.79	68.08%	215	210	2,196

图 4-43

（2）选中数据，在【Power Pivot】选项卡中单击【添加到数据模型】按钮，如图 4-44 所示。

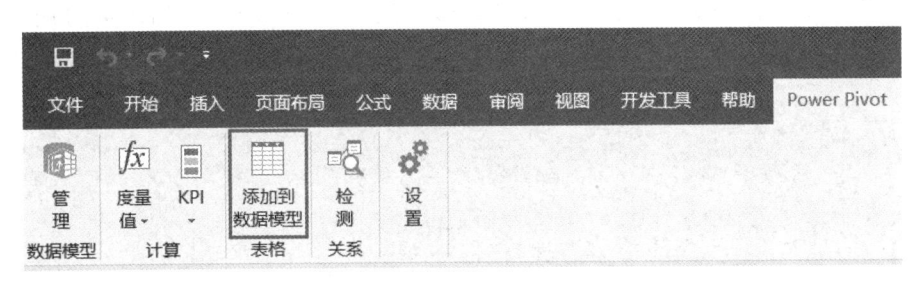

图 4-44

（3）在弹出的【创建表】对话框中，勾选【我的表具有标题】复选框，如图 4-45 所示，然后单击【确定】按钮后进入 Power Pivot 编辑器。

（4）日期表是日期连续且唯一的特殊维度表。导入 Power Pivot 后，在 Power Pivot 编辑器的【设计】选项卡中，单击【标记为日期表】按钮，如图 4-46 所示。如果数据中的日期有重复，则需要选择相邻的【日期表】按钮创建日期表。

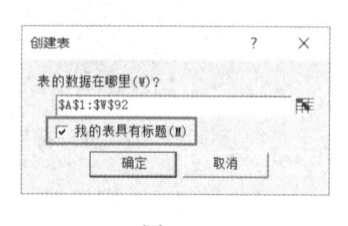

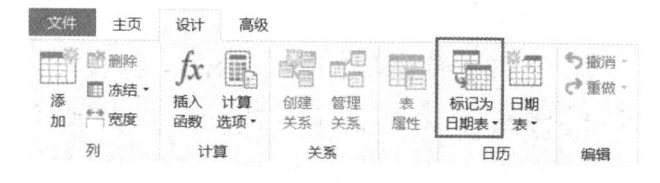

图 4-45

图 4-46

（5）在【标记为日期表】的下拉列表中单击【标记为日期表】，如图 4-47 所示。

（6）选择日期对应的字段名，注意此时选择的是日历表的【统计日期】，单击【确定】按钮，如图 4-48 所示。

图 4-47

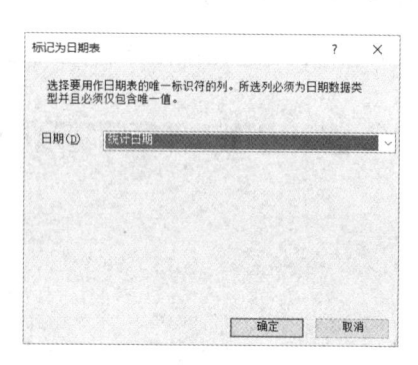

图 4-48

2．建立关系模型

（1）设置好日期表后，如果日期表是独立的一张维度表，需要建立关系模型，在【主页】选项卡中找到【关系图视图】按钮，单击此按钮进入关系视图，如图 4-49 所示。

图 4-49

（2）在关系视图中将【事实表】和【日历表】的【统计日期】进行连接，按住鼠标选中【事实表】的【统计日期】拖拽到另一个【日历表】上松开鼠标，如图 4-50 所示。

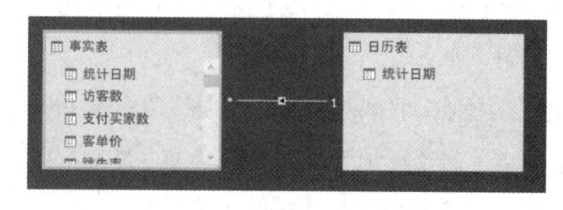

图 4-50

> **知识加油站**：事实表和维度表
> 事实表是记录已经发生的事实的数据，一般大多数统计或收集下来的数据都是事实表。维度表是观察事实表的某一个或几个角度，维度表中的数据不能重复，如日历表中不会出现重复的两天。

（3）单击【主页】选项卡中的【数据视图】回到数据视图界面，如图4-51所示。

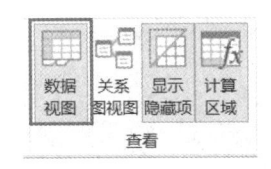

图4-51

3．计算度量值

在度量值区域输入以下三条公式，创建度量值。

成交金额：=SUM（[支付金额]）

上个月的成交金额：=CALCULATE（[成交金额],DATEADD('日历表'[统计日期],-1,MONTH)）

月增幅：=DIVIDE（[成交金额]-[上个月的成交金额],[上个月的成交金额]）

结果如图4-52所示。

成交金额: 488421.67
上个月的成交金额: 459019.15
月增幅: 6.41%

图4-52

4．插入数据透视表

（1）计算好度量值后，创建数据透视表，选择【主页】→【数据透视表】→【数据透视表(I)】，如图4-53所示，使用数据透视表作为度量值的展现载体。

图4-53

（2）将前面计算的度量值拖到数据透视表的【值】区域，如图 4-54 所示。

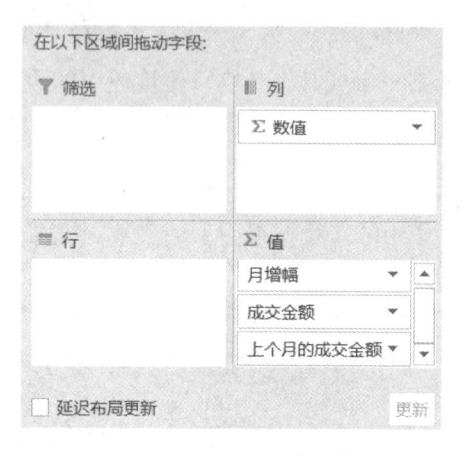

图 4-54

5. 插入日程表

（1）选中数据透视表，在数据透视表工具中的【分析】选项卡找到【插入日程表】按钮，单击【插入日程表】，如图 4-55 所示。

（2）在【插入切片器】对话框中，切换到【全部】选项卡，勾选【日历表】中的【统计日期】字段，然后单击【确定】按钮，如图 4-56 所示。

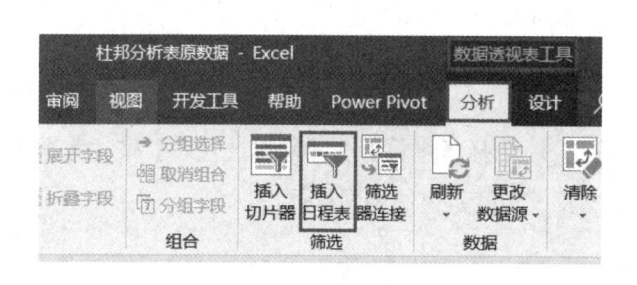

图 4-55

图 4-56

（3）设置好日程表后，就可以通过日程表控制统计的月份、时间数据的变化，如图 4-57 所示。

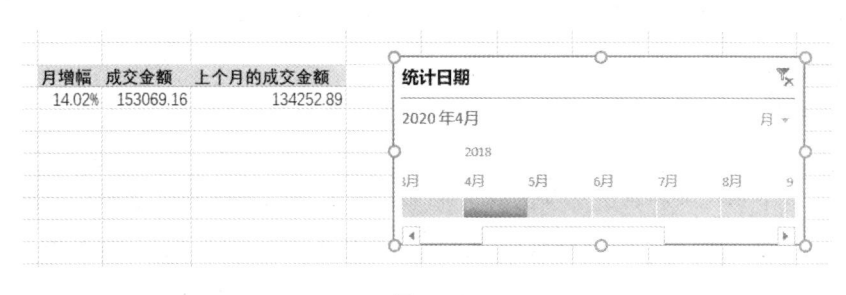

图 4-57

重复上面相关步骤计算相关度量值并插入数据透视表，即可建立模型，每张数据透视表都需要跟日程表关联，右击日程表，在弹出的菜单中单击【报表连接】，将需要控制的报表选中并连接起来，如图 4-58 和图 4-59 所示。

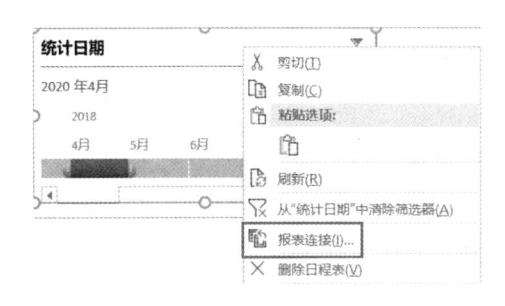

图 4-58 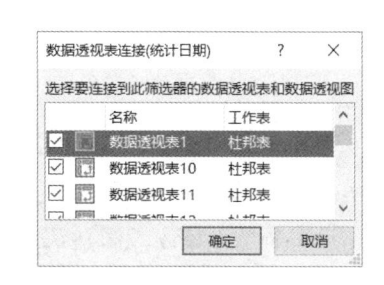　　　　　　　　　　　图 4-59

通过对店铺支付金额指标的拆解，问题转化为分析访客数、客单价、转化率三个指标的数据健康情况。访客数的问题可以从新老访客数、各个流量渠道的访客数、商品访客数三个角度综合分析；同样，客单价可以通过连带率指标进行分析，转化率可以从加购率、流失率、访问深度、停留时长、买家数、新买家数、老买家数、正面评价数、负面评价数等指标进行深入分析。最终的杜邦分析模型如图 4-60 所示。

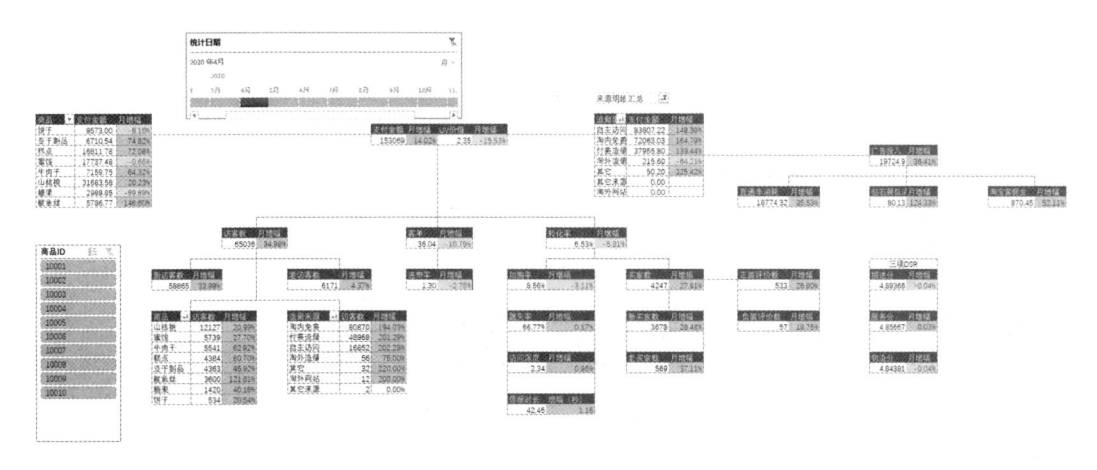

图 4-60

素养园地

随着《中华人民共和国数据安全法》的出台，我国在网络与信息安全领域的法律法规体系得到了进一步的完善。《数据安全法》明确数据安全主管机构的监管职责，建立健全数据安全协同治理体系，提高数据安全保障能力，促进数据出境安全和自由流动，促进数据开发利用，保护个人、组织的合法权益，维护国家主权、安全和发展利益，让数据安全有法可依、有章可循，为数字化经济的安全健康发展提供了有力支撑。

《中华人民共和国数据安全法》

认识规律、把握规律，是做好各项工作的前提，也是提高领导力和工作能力的必然要求。习近平总书记非常重视运用科学思维方式认识和把握事物的内在本质和规律，为我们运用科学思维方式深刻认识、把握和运用客观规律树立了典范。

习近平总书记谈认识和把握客观规律

实训项目

实训 4.1

背景：你接手店铺运营已经有一个月了，老板让你汇报一下你一个月以来的成绩

目标：用 PPT 做一份报告给老板汇报

数据：练习数据 4.1

要求：

- PPT 不低于 10 页内容（不含标题页和目录页）
- 要有图形展示（折线图、柱形图或饼图等）
- 要有明确的结论（可设置结论页）

项目 5
渠道分析

电商的渠道是指流量入口,流量是电商的命脉,电商企业如果没有流量那么一切都是空谈。

学习目标

知识目标:
- 了解淘宝店铺主要的流量渠道入口有哪些

能力目标:
- 掌握分析流量渠道的思路和方法

素养目标:
- 培养学生以商务决策为导向的数据收集意识和对数据的敏感度
- 培养在加工处理数据时一丝不苟、精益求精、严谨认真的工匠精神和科学态度
- 引导学生认识事物发展客观规律,冷静思考,科学应对,运用科学的思维方法思考问题、分析问题、解决问题
- 培养学生的创新思维,让学生树立改革创新的自觉意识,增强改革创新的本领能力,在创新创造中不断积累经验、取得成果、演绎精彩

项目导图

本项目分为 2 个任务,分别为分析流量渠道、分析搜索关键词。为企业制定渠道运营

策略提供必备的数据依据，本项目导图如图 5-1 所示。

```
┌──────────────┐    ┌─ 任务1  分析渠道流量
│ 项目5  渠道分析 ├─┤
└──────────────┘    └─ 任务2  分析搜索关键词
```

图 5-1

任务 1　分析流量渠道

分析流量渠道

◎ 情景导入

流量渠道是电商企业的命脉，在运营过程中要经常分析流量渠道的表现，运营会根据数据即时调整运营方案。

◎ 解决思路

分析店铺的主体为淘宝网，使用阿里巴巴提供的生意参谋，参考生意参谋流量渠道的表现数据，了解渠道的情况，以便调整运营策略。

◎ 实施过程

以淘宝为例，电商企业主要盯控两种流量渠道入口：

- 平台流量，即免费流量渠道：搜索流量、推荐流量等。
- 广告流量，即付费流量渠道：直通车、淘宝客、引力魔方、万象台等。

（1）不管是免费渠道还是付费渠道，主要看生意参谋的流量板块，在生意参谋的【流量】→【流量纵横】→【流量看板】→【流量来源】中查看，如图 5-2 所示。基于平台提供的数据展开分析，店铺无线端的（店铺流量的主要来源是无线端，PC 端不做分析）平台流量和广告流量都有一定的下降趋势，掌握了这个信息就要进一步做详细的分析，了解是哪一块的问题导致店铺的整体数据下降，有了数据的支撑才能针对性地做出决策。

（2）单击【淘内免费】加号展开明细，如图 5-3 所示。发现手淘推荐流量、逛逛流量、短视频全屏页上下滑、引力魔方、超级直播的流量都下降了，通过数据找到问题出现在哪里，就可以对店铺进行调整。在操作调整的时候要做好登记，观察数据的变化，便于下一步的调整。

图 5-2

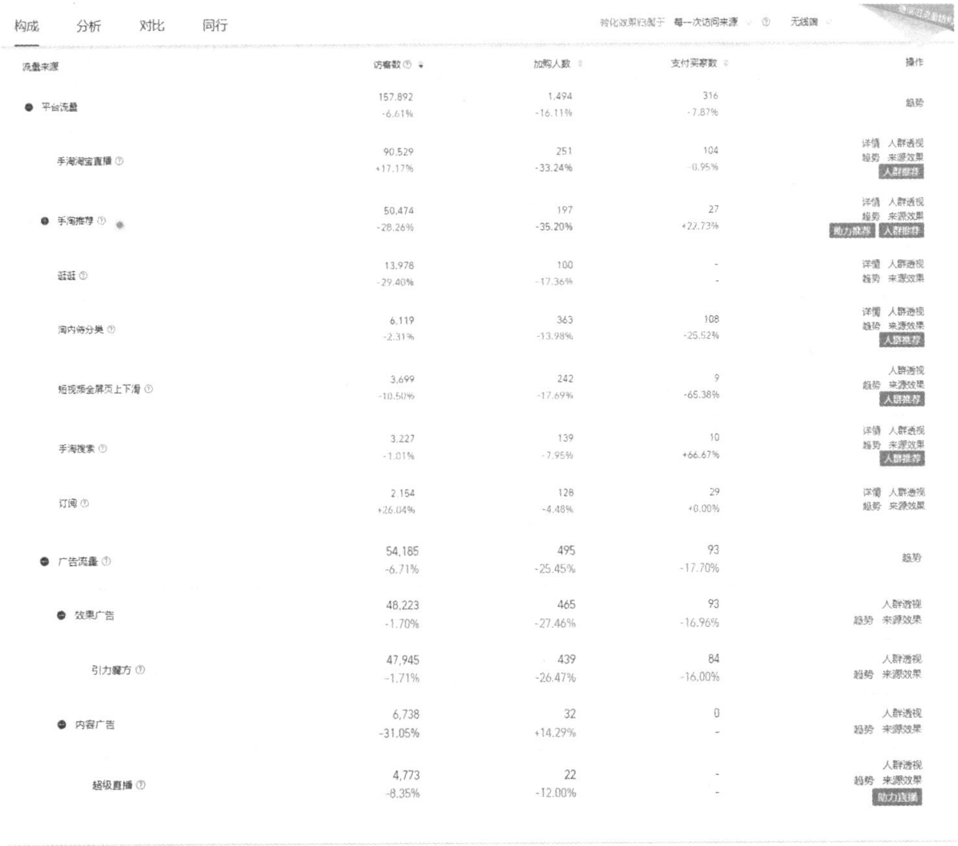

图 5-3

当前店铺广告流量中的内容广告流量下降幅度明显，比如超级直播渠道，这个时候就要合理调整出价、投放渠道、人群定位等，直至获得满意的投入产出比。

◎ 提升拓展

社交已经成为现有电商的重要流量来源渠道，内容是社交的载体，因此社交和内容分不开，比如淘宝直播，主播直播的过程就是将内容传递给粉丝的过程，主播和粉丝的互动就是一种社交关系。与社交相关的电商分析手段有以下几种。

分析流量渠道提升拓展

1. 渠道分析

淘宝生意参谋的内容板块有完整的内容渠道分析数据，在【内容】→【内容分析】→【内容概况】页面，可以看到具体情况，如图5-4所示，以"周"为时间粒度，可以看到最近几周本店铺在直播、短视频、图文三个内容渠道的成交金额变化情况及内容引导访客数变化情况。

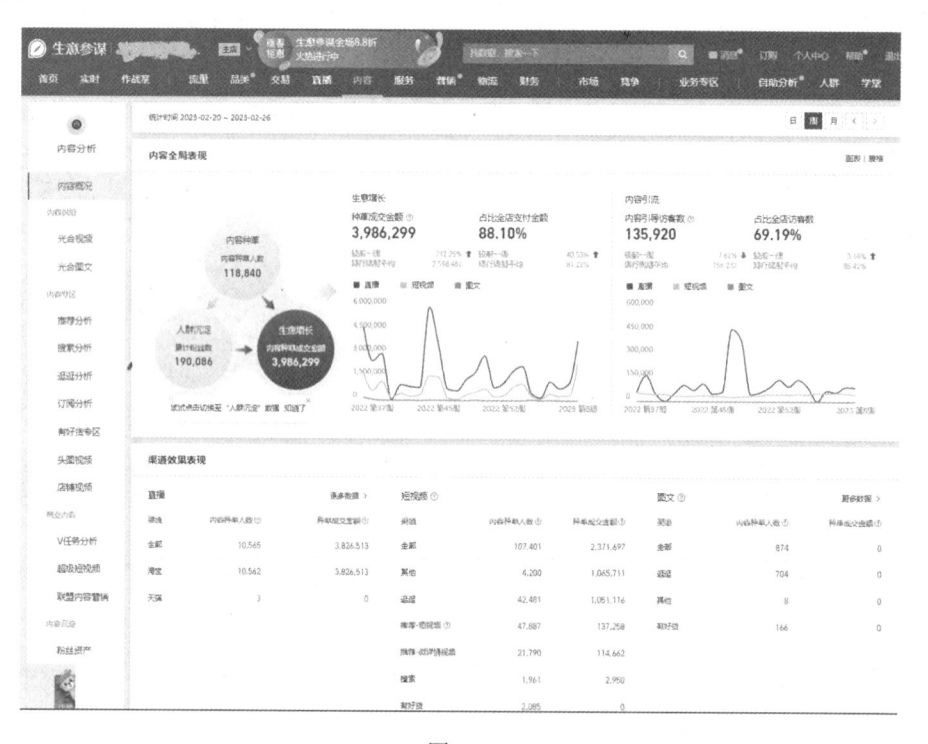

图 5-4

2. 内容分析

内容分析是针对发布的内容统计的数据，可以通过内容分析了解哪些内容比较受用户的欢迎，在生意参谋【内容】页面的【内容分析】→【内容专区】→【推荐分析】→【单条效果】中可以查看，如图 5-5 所示。

图 5-5

3. 用户分析

做内容运营最重要的就是用户数据，了解粉丝的用户画像，可以更精准地设计内容。生意参谋【内容】页面的【内容分析】→【内容沉淀】→【粉丝资产】页面，展示了目标客群的基础特征、地域分布及人生经历，如图 5-6 所示。

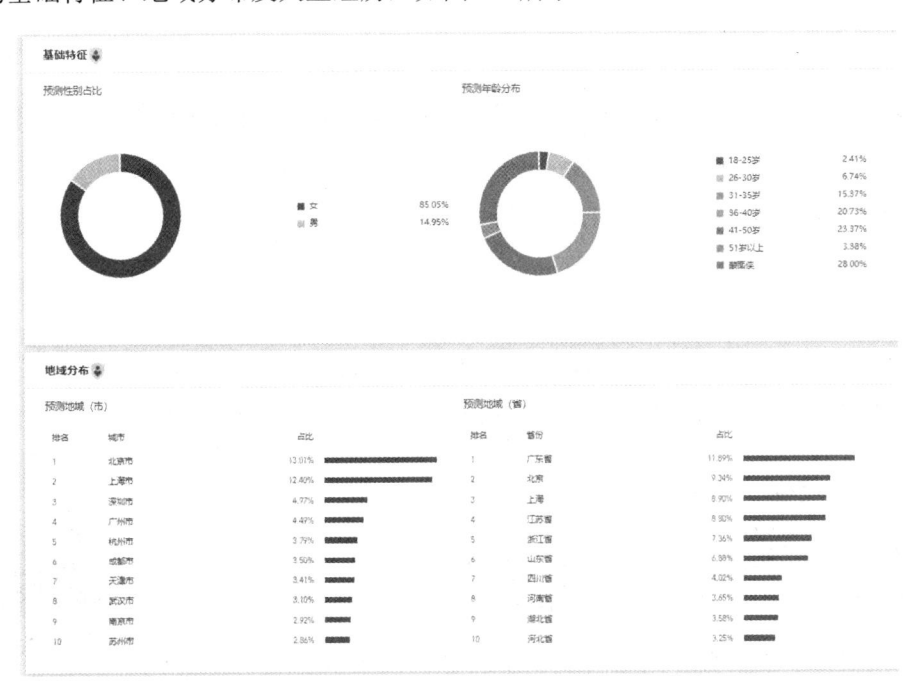

（a）

图 5-6

（b）

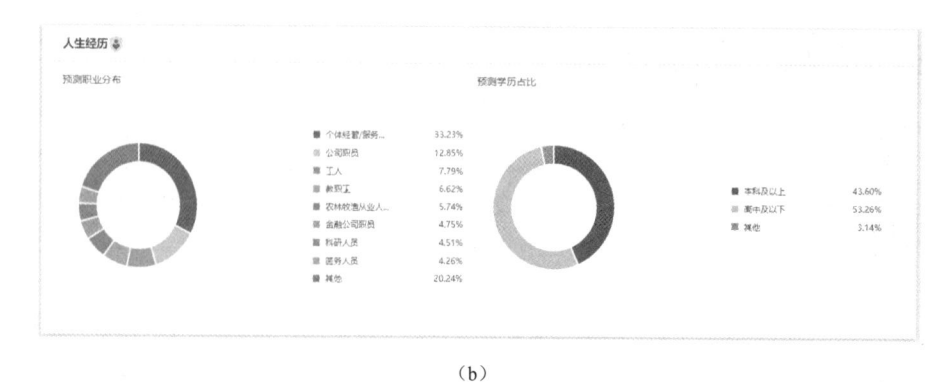

图 5-6　（续）

任务 2　分析搜索关键词

◎　情景导入

搜索是买家常用的方式，也是卖家最喜欢的流量入口，因为它是免费的，流量也大，而且搜索流量的转化率仅次于活动入口、直播入口。搜索对于电商企业来讲是必争的阵地，是电商企业盈利的重要支柱之一，搜索最重要的就是关键词，分析关键词可以指导企业对搜索入口进行优化。

◎　解决思路

店铺的主体为淘宝网，通过阿里巴巴提供的生意参谋获取数据源。以"天"为颗粒度，采集近 1 个月的关键词数据作为数据源。

将关键词切分成词根的粒度，用词根分析替代关键词分析，综合考虑每个词根的表现，包括其在竞品上和行业中的表现。

理论导读：词根

词根是最小的标题粒度，可以根据自己的标题来设置，如中文词根"碧根果"不可再分为"碧根"或"根果"，在消费者搜索行为中不具备意义，因此"碧根果"就是词根。

◎　实施过程

搜索优化的关键在于关键词和人群标签，自从国内有搜索引擎以来，就诞生了 SEO（Search Engine Optimization，搜索引擎优化）行业，在电商平台也是一样的。下面介绍搜索优化过程中的核心部分，也就是关键词词根分析。

分析搜索关键词

1．准备数据

（1）通过生意参谋（或者同类的数据统计工具）下载关键词数据，图 5-7 是某店铺单品的搜索词数据及竞品、行业的搜索词数据。

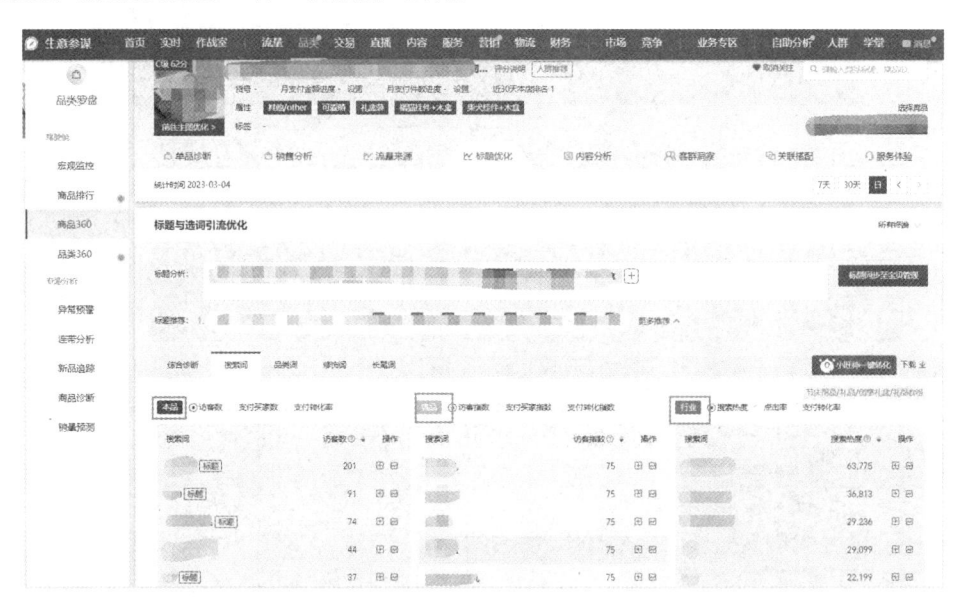

图 5-7

分析关键词的数据一般以 7 天为一个周期，即搜索商品上架到下架的周期。连续下载 7 天的数据，如图 5-8 所示。

图 5-8

（2）下载数据后发现这个数据集不是标准的结构化格式，如图 5-9 所示。结构化的表格中表头一般出现在第一行或第一列，数据以一行或一列的形式展示，所以要删除前四行数据。依次将各个文件修改成结构化数据，如图 5-10 所示。

图 5-9

图 5-10

2. 处理数据

（1）打开 Excel，在【数据】选项卡中单击【获取数据】→【自文件】→【从文件夹】，如图 5-11 所示。

图 5-11

（2）在打开的对话框中选择数据所在的文件夹路径，如图 5-12 所示，然后单击【打开】按钮。

图 5-12

（3）在图 5-13 所示的页面中，单击【转换数据】按钮。

图 5-13

（4）进入 Power Query 的编辑器界面，文件夹中的文件就存在字段【Content】中，数据以二进制文件的形式存储在【Content】的行中，如图 5-14 所示。

图 5-14

（5）在 Power Query 编辑器的【添加列】选项卡中单击【自定义列】按钮，如图 5-15 所示。

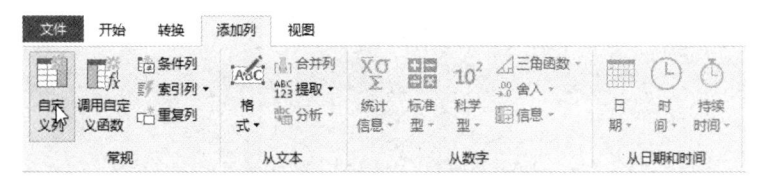

图 5-15

（6）在打开的【添加自定义列】对话框中输入自定义列公式【Excel.Workbook([Content])】，如图 5-16 所示。注意必须在英文输入法状态下输入。Excel.Workbook 为 M 函数，用于读取 Excel 文件。

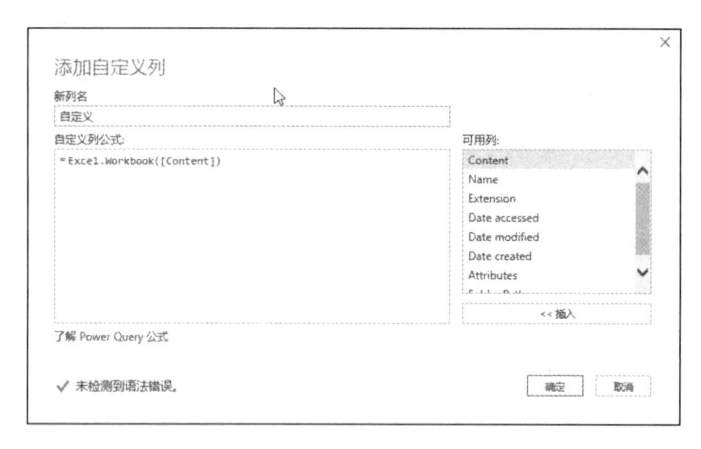

图 5-16

（7）单击【确定】按钮后，在窗口中新建一个【自定义】列，列中每一个单元格都是一张表格【Table】，此时等于把 Content 中的内容转变成了表格，如图 5-17 所示。

图 5-17

（8）在【自定义】列右击鼠标，在弹出的快捷菜单中选择【删除其他列】选项，将不需要的列删除，如图 5-18 所示。

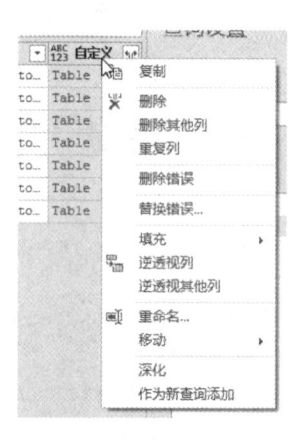

图 5-18

（9）在打开的对话框中的自定义列中单击字段名右边的按钮展开数据，因为数据在【Data】字段中，只勾选【Data】即可，如图 5-19 所示。

图 5-19

（10）展开后，还是【Table】格式，如图 5-20 所示，用同样的方法再展开一次。

图 5-20

（11）展开后观察到字段名在第一行，在【开始】选项卡中单击【将第一行用作标题】按钮，如图 5-21 所示。

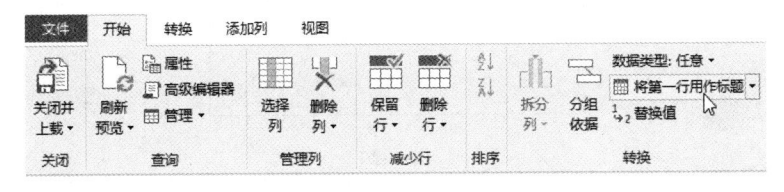

图 5-21

（12）将第一行用作标题后，对数据进行筛选，单击【关键词】列的筛选按钮，取消勾选多余的字段，如图 5-22 所示。

图 5-22

（13）将当前查询名称命名为【关键词】后，在【开始】选项卡中单击【关闭并上载】→【关闭并上载至...】按钮，如图 5-23 所示。

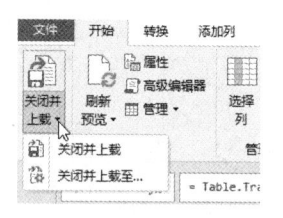

图 5-23

（14）在弹出的【加载到】对话框中选择【仅创建连接】选项，单击【加载】按钮，如图 5-24 所示。

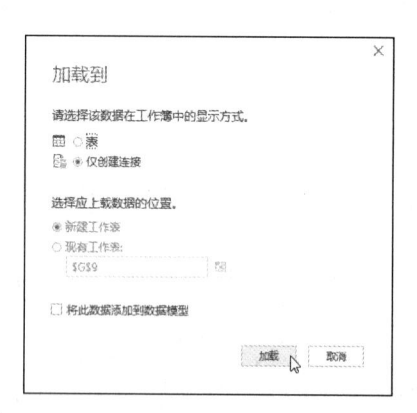

图 5-24

加载后的数据在工作表中以表格的形式呈现，如图 5-25 所示。

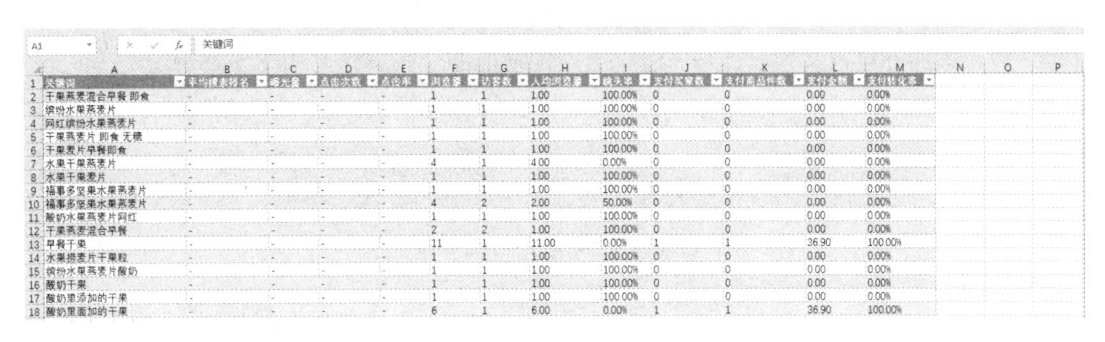

图 5-25

（15）在当前 Excel 的空白工作表中，输入词根信息，设置标题为【词根】，值为【坚果燕麦片】【水果燕麦片】【福事多】【早餐干果】。选中任意一个数值单元格，然后单击【数据】→【从表格】按钮，在打开的【创建表】对话框中勾选【表包含标题】复选框，单击【确定】按钮，如图 5-26 所示。

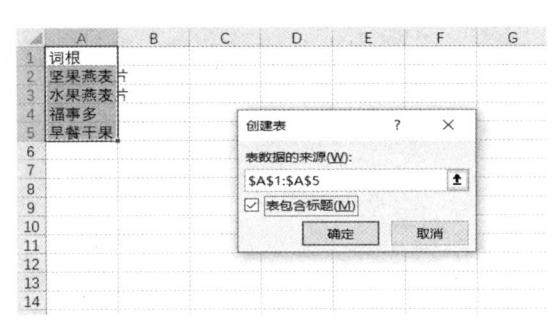

图 5-26

（16）进入 Power Query 编辑器，添加自定义列，单击【添加列】选项卡中的【添加自定义列】按钮，在【添加自定义列】的【自定义列公式】区域输入【=关键词】，【关键词】是前面处理好的查询名称，如图 5-27 所示。

图 5-27

（17）添加好自定义列后，每一行都会对应前面的一张表格，如图 5-28 所示。

图 5-28

（18）展开表格，如图 5-29 所示，在【使用原始列名作为前缀】复选框前取消打勾，然后单击【确定】按钮。展开后的数据如图 5-30 所示。

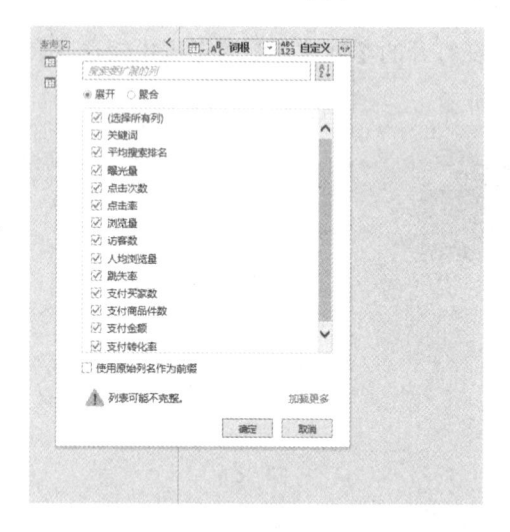

图 5-29

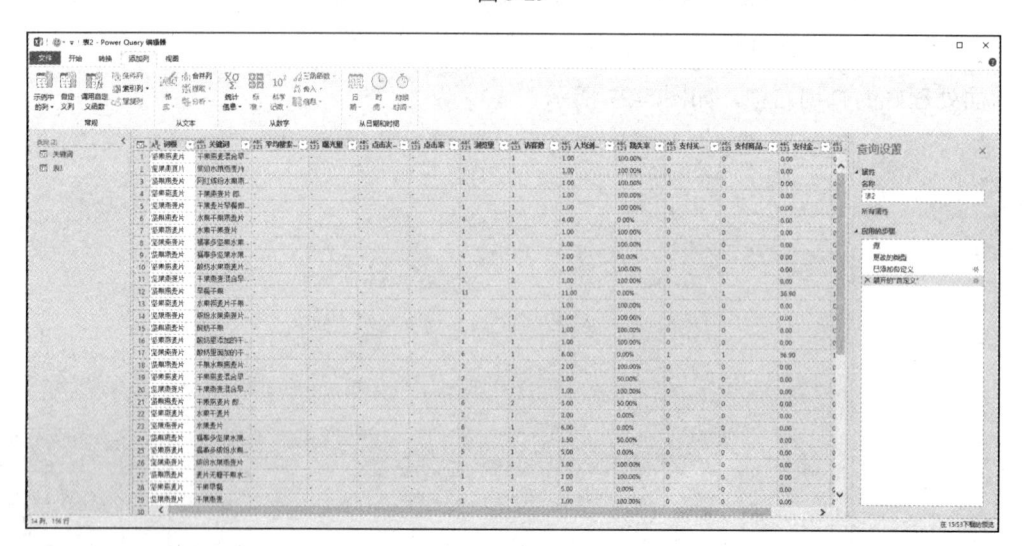

图 5-30

（19）添加自定义列，方法同前面的步骤，在【自定义列公式】区域输入自定义列公式【=Text.Contains（[关键词],[词根]）】，如图 5-31 所示。

图 5-31

（20）添加后筛选【自定义】列中为【TRUE】的数据，勾选【TRUE】前的复选框，然后单击【确定】按钮，如图 5-32 所示。

图 5-32

（21）为避免后续运算出错，可以先调整好数据的类型，按快捷键【Ctrl+A】选中整张表，然后在【转换】选项卡中单击【检测数据类型】按钮，Power Query 会自动设置每个字段的数据类型，如图 5-33 所示。

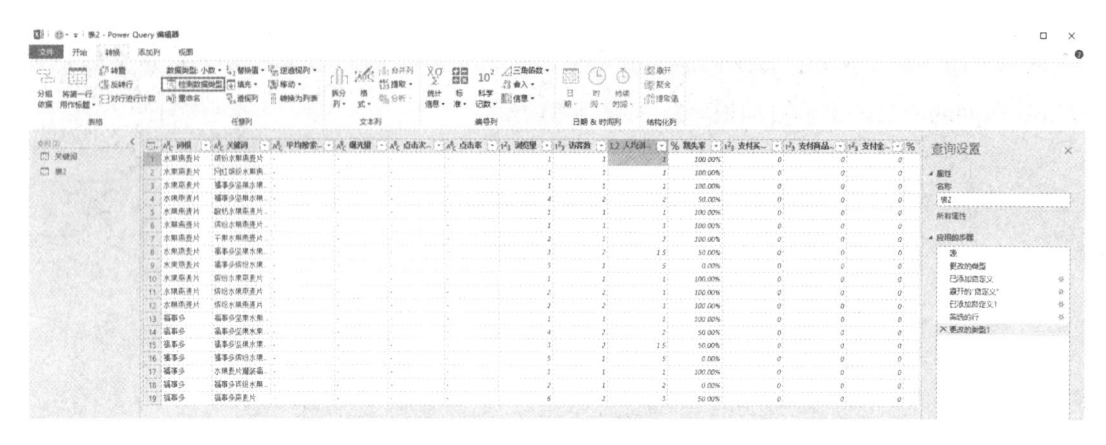

图 5-33

（22）将数据进行分组，可以汇总词根的数据，选中【词根】列，在【开始】选项卡中，单击【分组依据】按钮，如图 5-34 所示。

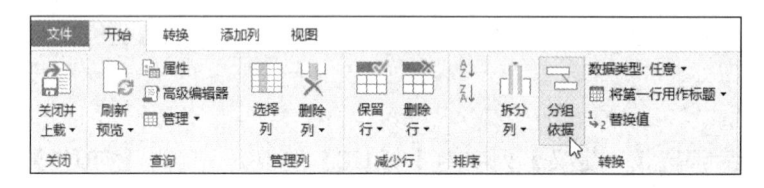

图 5-34

（23）按照图 5-35 所示，在【分组依据】对话框中进行设置。

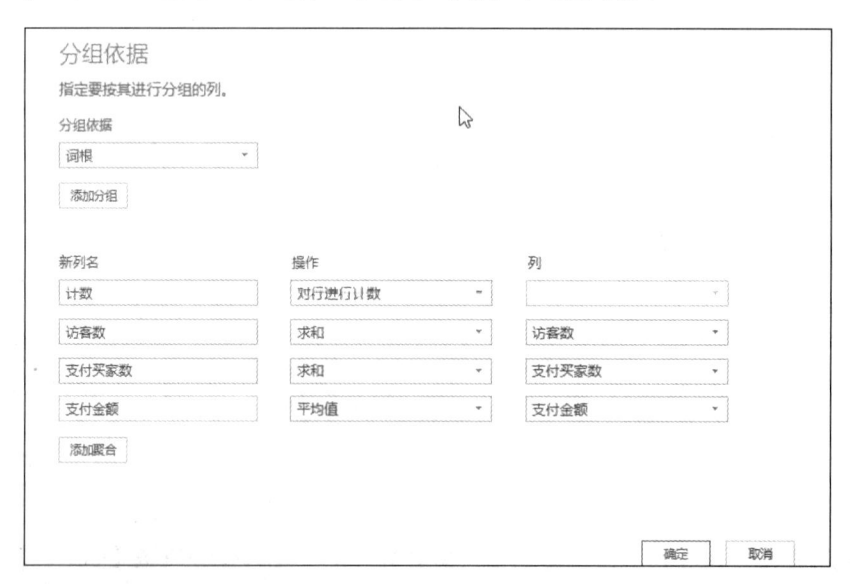

图 5-35

（24）分组汇总后的结果如图 5-36 所示。

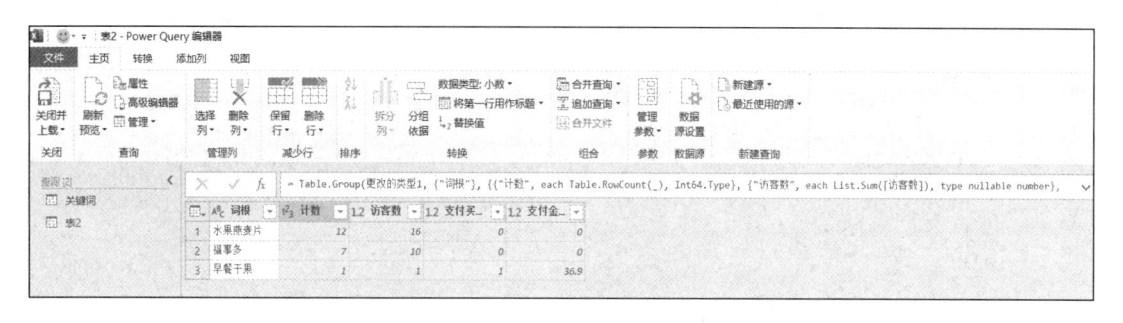

图 5-36

（25）添加自定义列并计算转化率，具体设置如图 5-37 所示。

图 5-37

（26）将【转化率】列设置为百分比数据类型，在【开始】菜单栏中选择【更改数据类型】下拉列表中的【百分比】选项，如果没有百分比类型，则选择【小数】类型，如图 5-38 所示。

分析词根要从词根的覆盖数、访客数、支付买家数、支付金额和转化率多方面考量。如图 5-39 所示，通过这个表可以分析出 7 天的关键词表现，【计数】列是每个词根覆盖的关键词数量，覆盖的词越多，说明这个词根越热门，如【水果燕麦片】这个词的覆盖数有 12 个，最近 7 天访客数最多，但可惜的是没有转化。下载生意参谋的市场行情的词表（或者自建的词表），通过同样的方法制作市场的词根和关键词表，挑选覆盖数、访客数、支付买家数、支付金额和转化率等都比较高的词根替换标题中表现不好的词根。

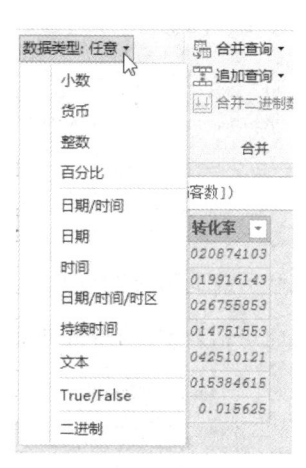

图 5-38

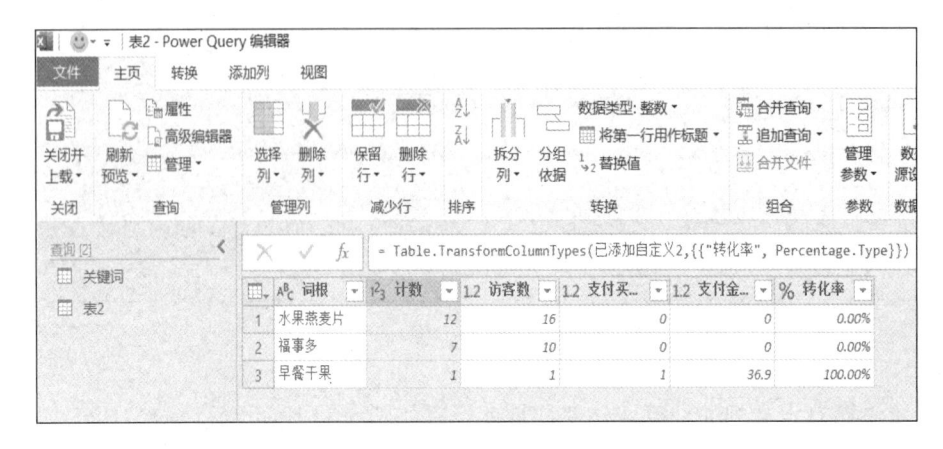

图 5-39

◎ 提升拓展

创建关键词优化的表格模型,可以提高工作效率和分析效果。分析某产品搜索关键词数据,为优化标题提供决策依据。操作步骤如下。

分析搜索
关键词提升拓展

1. 准备数据

(1)在生意参谋的【品类】→【商品 360】页面中选择需要分析的商品,下载其中 7~14 天的数据,保存到【单品数据】文件夹中,如图 5-40 所示。

图 5-40

利用前面讲过的合并数据文件的方法合并数据,图 5-41 是合并好的数据集文件【宝贝关键词数据】,时间跨度为 8 天。

图 5-41

（2）准备词根、相关搜索词和竞品关键词这三份数据集，数据为同一时间维度来进行对比分析。

创建词根文件，新建文档并命名为【词根】，输入列名为【词根】，输入两行数据，分别是【粉】和【螺蛳粉】，保存文件，如图 5-42 所示。

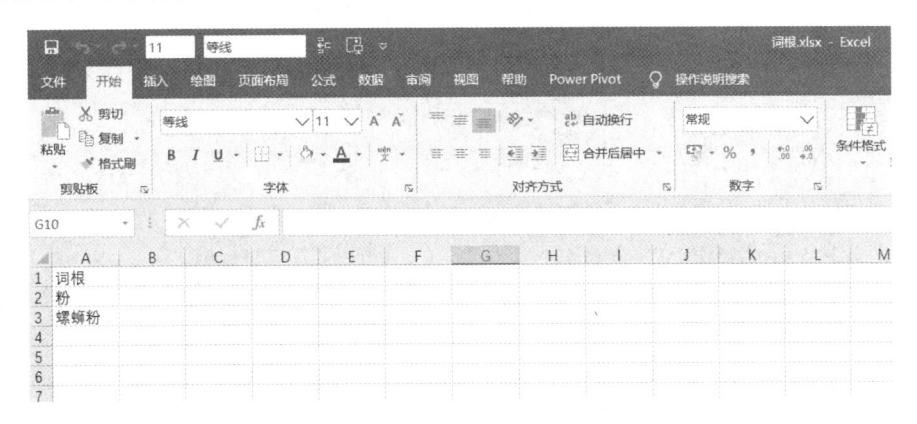

图 5-42

相关搜索词为所在行业主要的搜索关键词数据，下载并命名为【行业】，如图 5-43 所示。

图 5-43

竞品关键词数据为竞品产生流量和销售额的主要关键词，在生意参谋【竞争】模块中下载数据，并命名为【竞品】，此文件中有两个工作表，一个是【竞争访客】，另一个是【竞争成交】，创建完成后如图 5-44 所示。

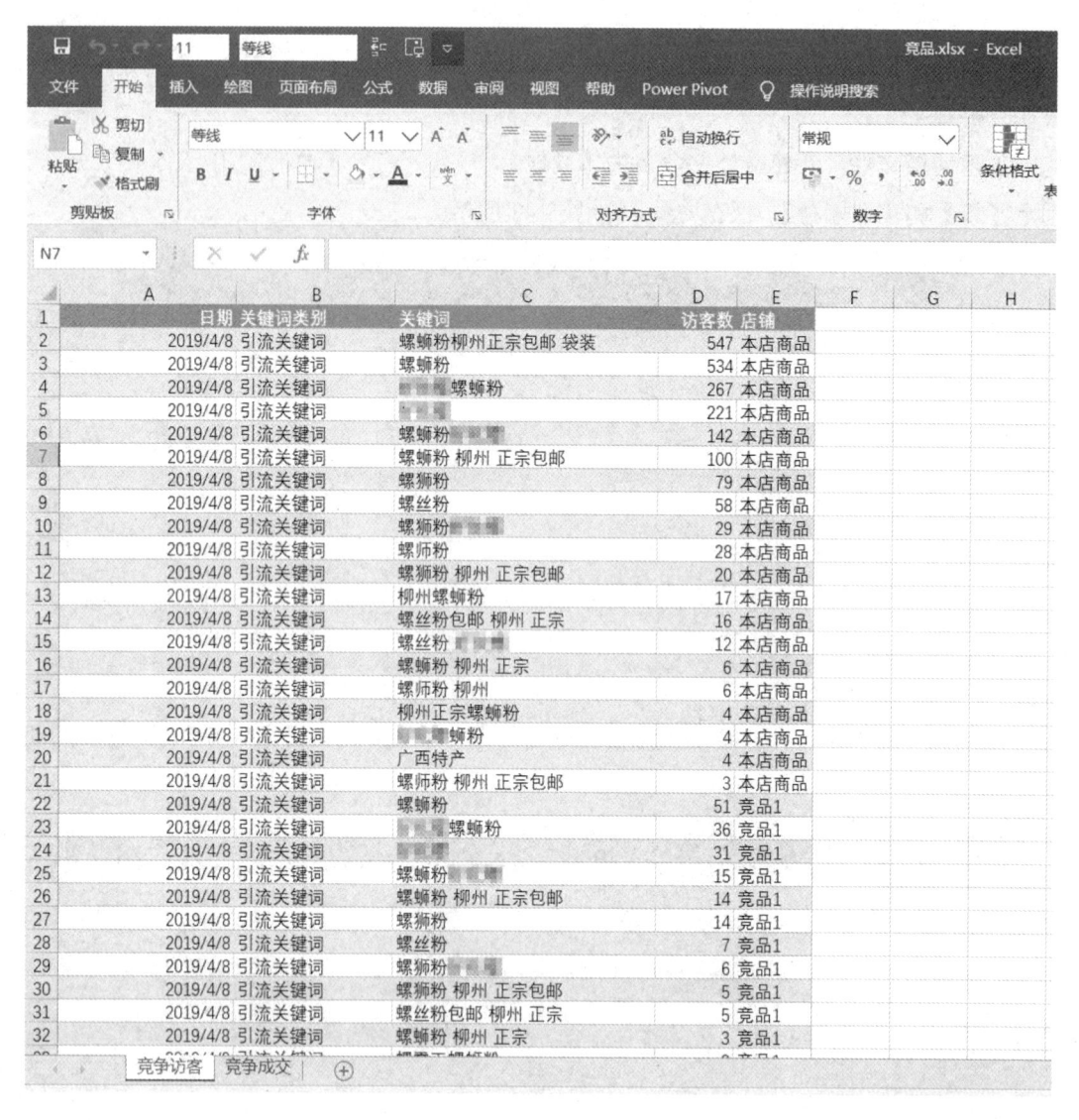

图 5-44

数据准备完毕后，如图 5-45 所示。

图 5-45

2．加载数据到 Power Query

将数据加载到 Power Query，单击【数据】选项卡中的【从表格】按钮，选中区域数据，把四个数据文件分别加载到 Power Query 中，如图 5-46 所示。每一张表格加载到 Power Query 后都需要单击【关闭并上载】按钮，在弹出的列表中选择【关闭并上载至…】选项，然后在【导入数据】对话框中选择【仅创建连接】，如图 5-47 所示。四个文件导入完毕后，在 Power Query 环境下产生 5 个查询，分别是【宝贝关键词数据】【词根】【行业相关词】【竞争访客】【竞争成交】，如图 5-48 所示。

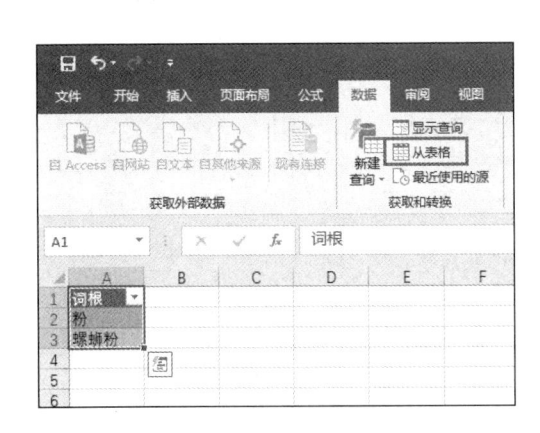

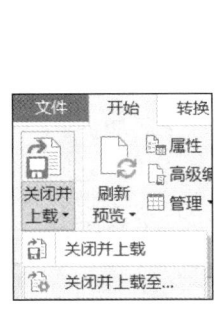

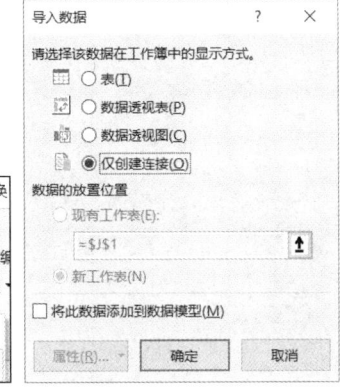

图 5-46 图 5-47

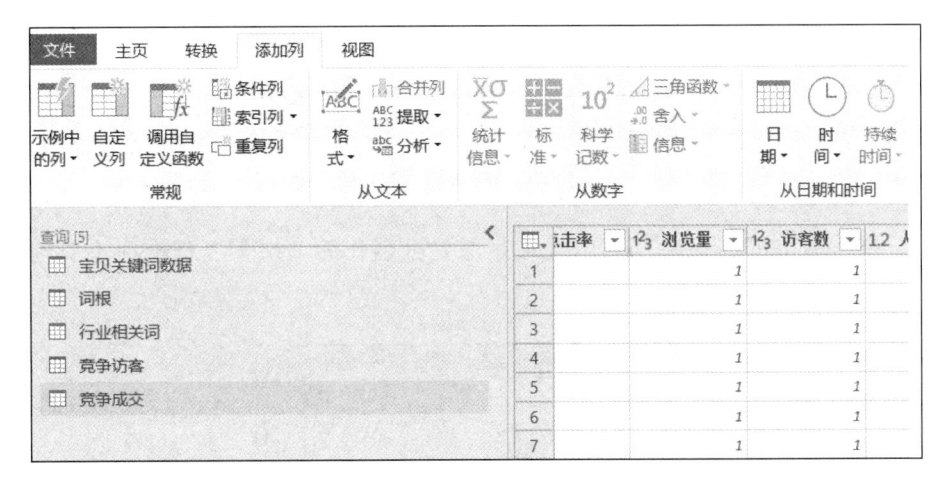

图 5-48

3．添加自定义列

（1）在【宝贝关键词数据】的查询中，导入【词根】表。在 Power Query 编辑器中依次选择【添加列】→【自定义列】，在弹出的【自定义列】对话框中将【新列名】命名为【词根】，在【自定义列公式】中输入【=词根】（此词根为查询），如图 5-49 所示。

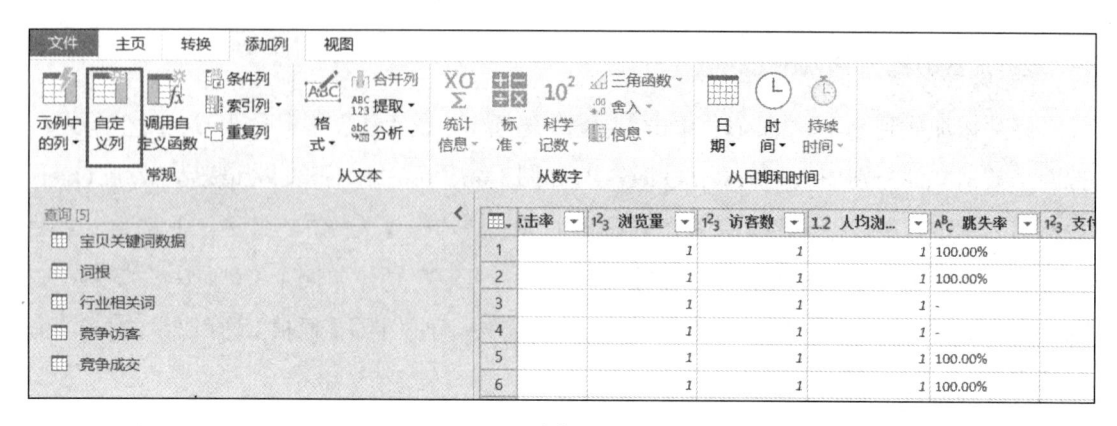

(a)

(b)

图 5-49

（2）展开添加的【自定义】列，【使用原始列名作为前缀】复选框前不要勾选，如图 5-50 所示。

图 5-50

（3）下一步判断关键词中是否包含词根。添加自定义列【是否包含词根】，操作步骤同前，并在【自定义列】对话框中的【自定义列公式】区域输入函数【=Text.Contains（[关键词],[词根])】，意思是判断关键词中是否包含词根这个字符串，如图 5-51 所示。

图 5-51

（4）单击【是否包含词根】列右侧的筛选按钮，在弹出的对话框中勾选【TRUE】复选选项，如图 5-52 所示。

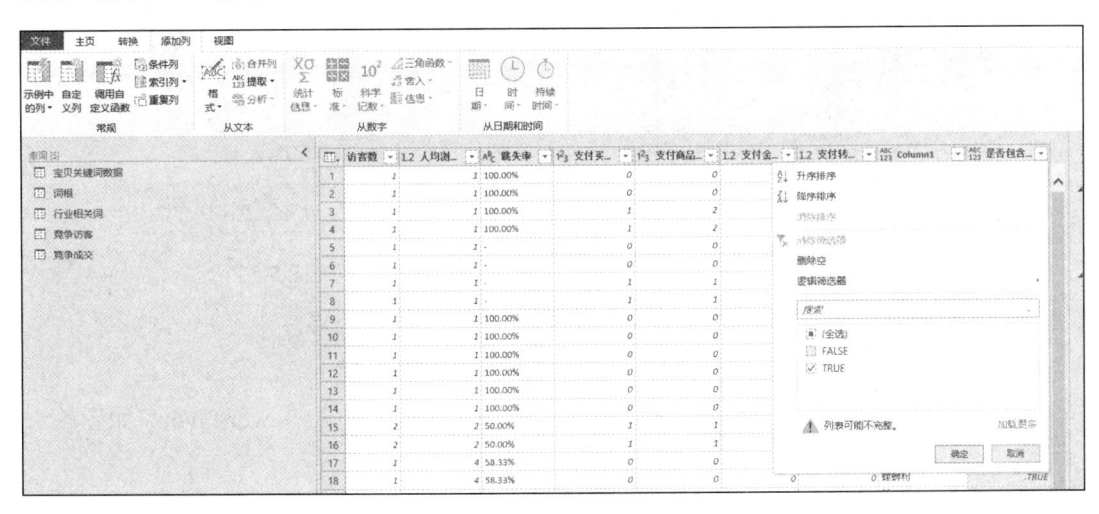

图 5-52

（5）查询【行业关键词】【竞争访客】【竞争成交】使用一样的操作步骤，添加自定义列【是否包含词根】，筛选出值为【True】的数据行，处理完毕后的数据如图 5-53 所示。

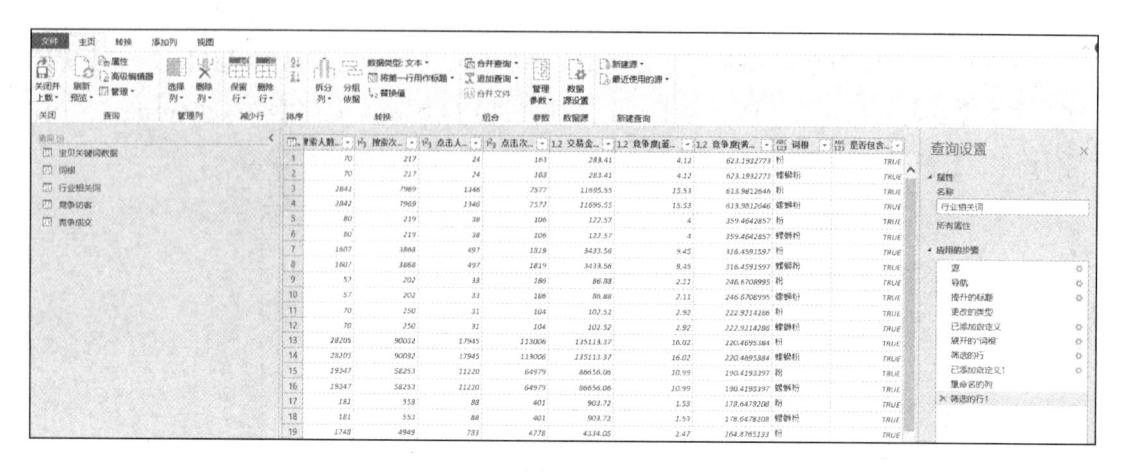

图 5-53

（6）选中所有查询，单击【开始】→【关闭并上载】→【关闭并上载至…】选项，如图 5-54 所示。在弹出的【导入数据】对话框中选择【仅创建连接】和【将词数据添加到数据模型】，将数据导入到 Power Pivot 中，如图 5-55 所示。四张表重复同样的操作，操作后四个表的数据都导入到了 Power Pivot 中。

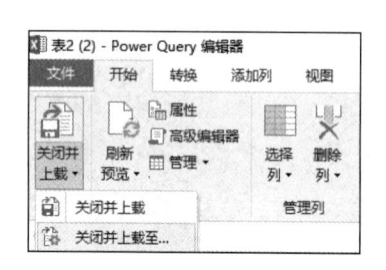

图 5-54

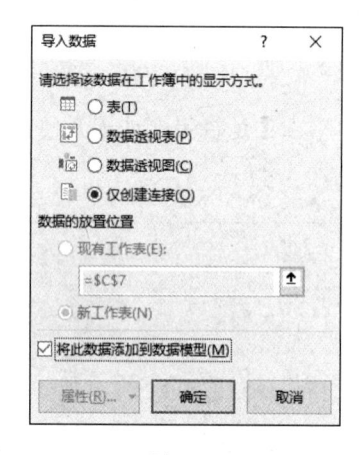

图 5-55

4．建立关系模型

（1）在 Excel 的【Power Pivot】选项卡中单击【管理】进入 Power Pivot，如图 5-56 所示。

图 5-56

（2）在 Power Pivot 中，单击【主页】→【关系图视图】，通过鼠标拖拽的方法把【词根】表中的【词根】字段和其他四张表的【词根】字段进行关联。此时词根表作为维度表，其他四张表为事实表，如图 5-57、图 5-58 所示。

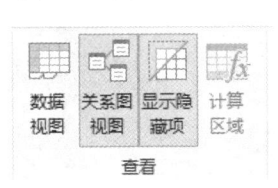

图 5-57

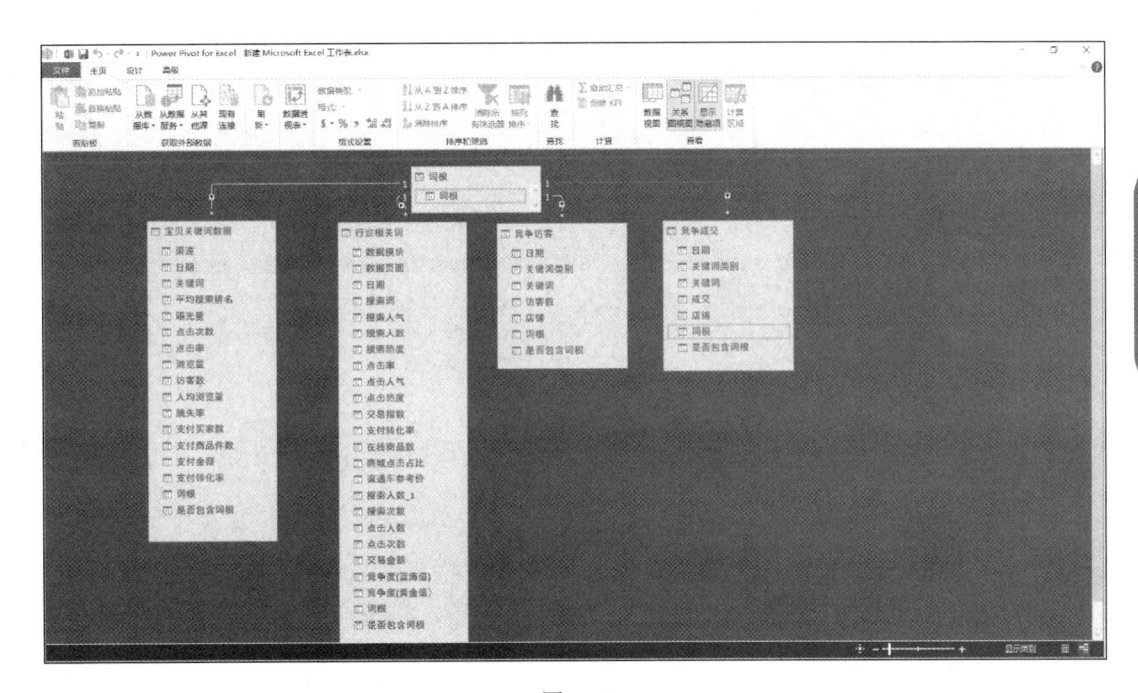

图 5-58

5. 计算度量值

创建好关系模型后，返回数据视图，在【宝贝关键词数据】表的最末行添加以下度量值，添加完成后如图 5-59 所示。

总访客数=SUM([访客数])

总支付买家数= SUM([支付买家数])

平均转化率=[总支付买家数]/[总访客数]

(a)

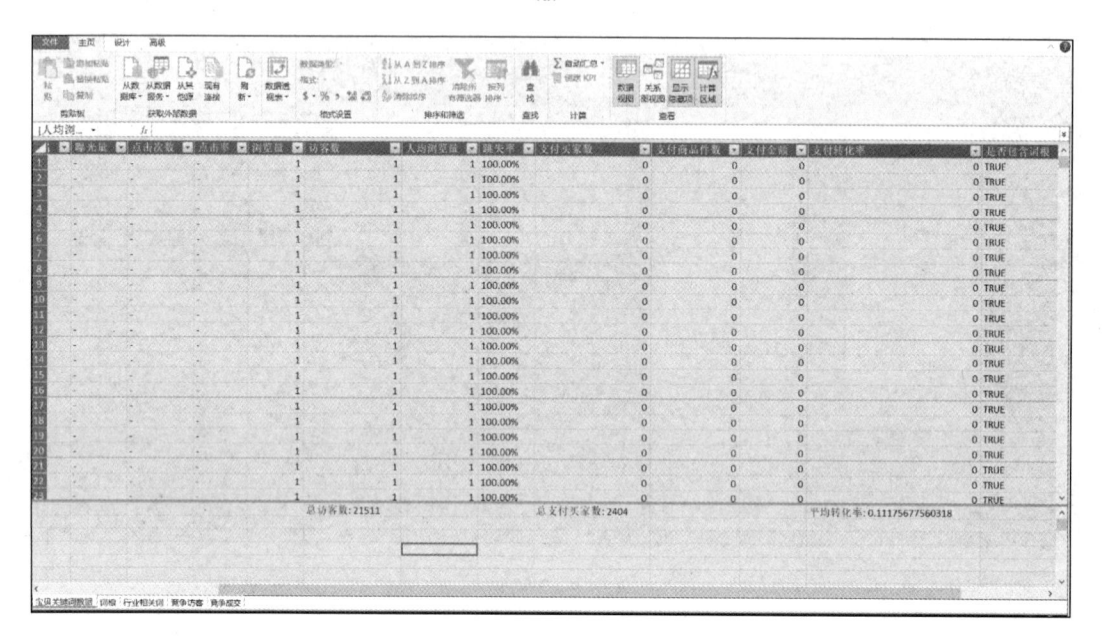

(b)

图 5-59

6. 创建数据透视表

模型建立好之后就可以进行分析了，在 Power Pivot 的【主页】选项卡中单击【数据透视表】按钮，如图 5-60 所示，创建数据透视表。

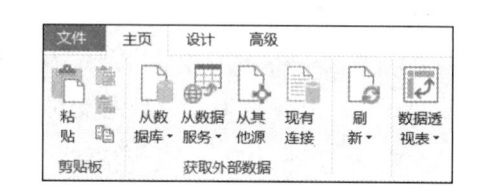

图 5-60

观察【单品】的【访客数】【支付买家数】【支付金额】和【平均转化率】；【竞品】的【uv】和【成交订单数】；【行业】的【搜索人气】【交易指数】【在线商品数】【行业实付转化率】【行业竞

争指数】，把这些指标拖动到数据透视表的【值】区域，【词根】表的【词根】拖动到数据透视表的【行】区域，创建好的数据透视表如图 5-61 所示。【粉】【螺蛳粉】给店铺引入的访客数比竞品多一些，带来的成交金额也比竞品多，两个词语的搜索人气都比较高，在线商品数较多。也就是说在竞争很大的情况下，支付转化率低于行业的支付转化率，建议增加表现更好的词根以提高转化率。

行标签	单品:访客数	单品:支付买家数	单品:支付金额	单品:支付转化率	竞品:访客数	竞品:成交	行业:搜索人气	行业:交易指数	行业:在线商品数	行业:支付转化率	行业:竞争度(蓝海值)
粉	11610	1323	53099.65	9%	11,043	20,127	414,068	887577	586,363	12%	0.81
螺蛳粉	9901	1081	43571.02	9%	9,455	14,666	414,068	887577	586,363	12%	0.81
总计	21511	2404	96670.67	9%	20,498	34793	828,136	1775154	1,172,726	12%	0.81

图 5-61

7. 创建数据透视图

此时需要的数据都已经展现出来，为了能更直观地看到数据的变化趋势可以插入数据透视图。下面以单品词根的访客数趋势变化为例进行讲解。

（1）在 Power pivot 的【主页】选项卡中单击【数据透视表】→【数据透视图】，如图 5-62 所示。

（2）在弹出的【创建数据透视图】对话框中，选择【现有工作表】（选择新工作表也可以，根据具体需求），单击【确定】按钮，如图 5-63 所示。

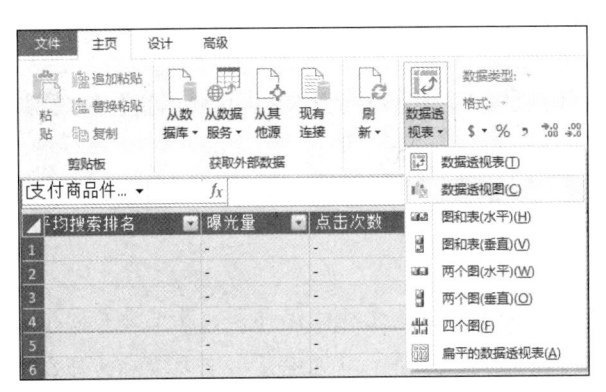

图 5-62   图 5-63

（3）插入数据透视图后，将【日期】字段拖动到【行】区域，【访客数】字段拖动到【值】区域，结果如图 5-64 所示。

8. 添加切片器

选中数据透视图，在 Excel 的【插入】选项卡中，单击【切片器】按钮，在【插入切片器】对话框中的【全部】区域中选择【词根】做为切片器，切片器一般都是用维度表，因此，此时需要调用的是词根表的【词根】字段。插入切片器后选择词根逐一进行观察，如图 5-65 所示，【粉】这个词根的访客数呈现出下降趋势。

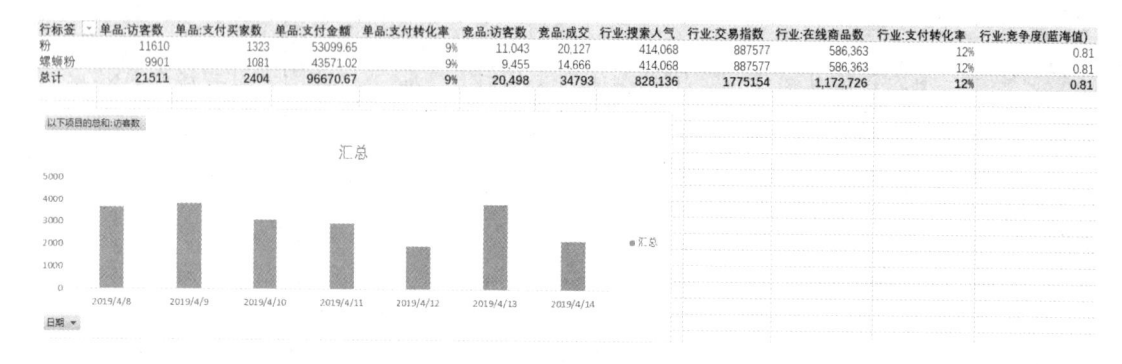

图 5-64

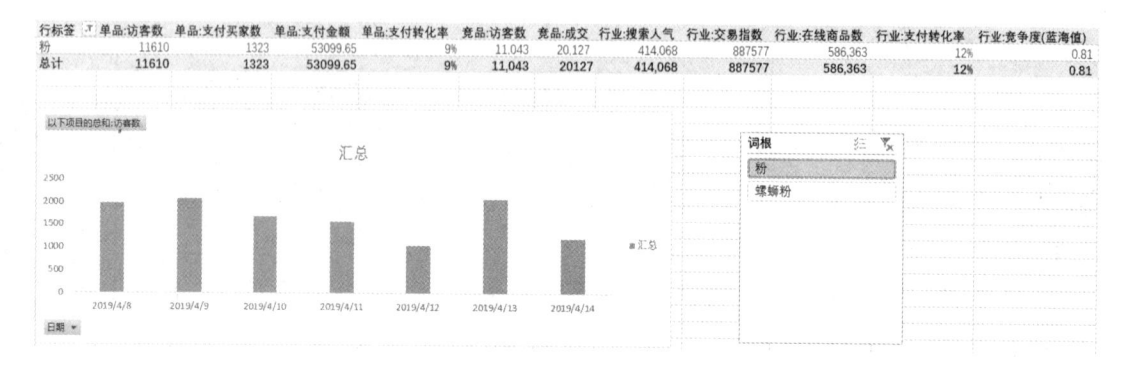

图 5-65

以上实现了词根的趋势分析，在实际的应用中，可以根据需求建立或调整分析模型。

素养园地

实事求是，是马克思主义的根本观点，是中国共产党人认识世界、改造世界的根本要求，是我们党的基本思想方法、工作方法、领导方法。习近平总书记多次对为什么要坚持实事求是、怎样坚持实事求是等问题做出深刻论述。

习近平总书记谈实事求是

创新是保持生机与活力的源泉，也是各项事业与时俱进的强大动力。面对纷繁复杂的问题，必须在思想上引起重视，行动上主动探索，实践中积极创新，以理念创新带动思路创新，以机制创新推进工作规范，以方法创新提高工作水平，从而始终体现时代性，把握规律性，富于创造性，不断开创新局面。

激发改革创新的活力和潜能

实训项目

实训 5.1

背景：你接手的店铺以搜索优化为主要的运营手段，现在需要你对其中一个重要产品提出搜索优化方案

目标：用 PPT 做一份报告进行汇报

数据：练习数据 5.1

要求：

- PPT 不低于 10 页内容（不含标题页和目录页）
- 要有图形展示（折线图、柱形图或饼图等）
- 要有明确的结论（可设置结论页）
- 要充分考虑行业和竞品的情况

项目 6

产品分析

产品分析是指企业对产品结构和销售情况的分析,通过对这些指标的分析来指导企业进行产品结构和运营策略的调整,加强所经营产品的竞争能力,并进行合理配置。

学习目标

知识目标:
- 掌握波士顿矩阵的使用场景
- 理解产品生命周期理论

能力目标:
- 在 Excel 中熟练制作波士顿矩阵并进行产品结构分析
- 在 Excel 中熟练制作透视表并进行产品销售分析

素养目标:
- 培养学生以商务决策为导向的数据收集意识,提升对数据的敏感度
- 培养学生在加工处理数据时一丝不苟、精益求精、严谨认真的科学态度
- 引导学生面对困难和挑战时,能正确认识事物发展客观规律,运用科学的思维方法思考问题、分析问题、解决问题
- 树立诚信经营理念,增强法治意识和安全防范意识

项目导图

本项目包含 4 个任务，分别是分析产品结构、分析产品矩阵、分析产品生命周期、分析产品销售分布，通过这 4 个任务可掌握产品分析能力，为企业制定产品策略提供必要的数据支持，本项目导图如图 6-1 所示。

```
                    任务1  分析产品结构 ⊖ — 统计分组法分析品类和价格区间
                    任务2  分析产品矩阵 ⊖ — 波士顿矩阵四象限
项目6 产品分析 ⊖
                    任务3  分析产品生命周期
                                          ┌ 产品对比分析
                    任务4  分析产品销售分布 ⊖ 产品趋势分析
                                          └ 销售地域分析
```

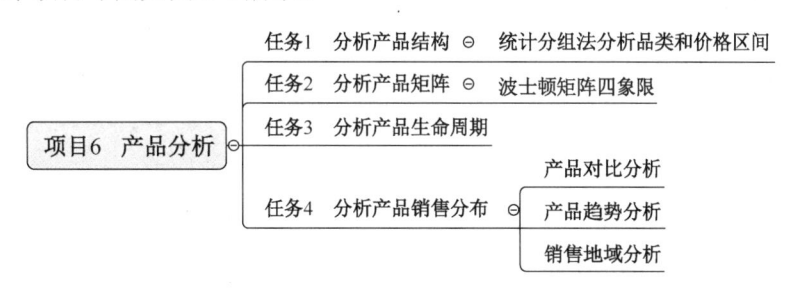

图 6-1

任务 1　分析产品结构

◎ 情景导入

分析产品结构是针对产品的价格、品类结构及销售情况进行分析，通过分析产品结构可以了解企业的产品策略是否正确。

◎ 解决思路

分析店铺的主体为淘宝网，下载商家后台的订单信息和商品报表作为数据源，并准备产品信息表，通过订单和报表清洗出产品信息。

通过统计分组法分析产品的品类、价格区间，可快速发现企业在产品端的布局策略。

理论导读：统计分组法

统计分组法是根据所研究事物的特点和统计研究目的，按照某一标志将统计总体划分为若干个组成部分的一种统计方法。

◎ 实施过程

产品的品类布局是分析不同产品品类的数量、销售额及利润，为运营人员对产品运营方向的调整提供数据参考依据。产品的数量和销售额在平台上有直接统计信息，但数据有一定的误差，如要获得准确数字，需要根据店铺后台导出的订单数据进行分析。

例6-1：从订单整理出产品的销售数据，并按品类进行分组分析。

成本表是企业运营人员根据商家编码、销售价、采购价等信息整理出来的数据，其中，毛利润=销售价-采购价。如图 6-2 所示为某店铺的成本表。订单报表数据是企业运营人员从店铺后台导出并经过脱敏处理的数据，如图 6-3 所示。

图 6-2

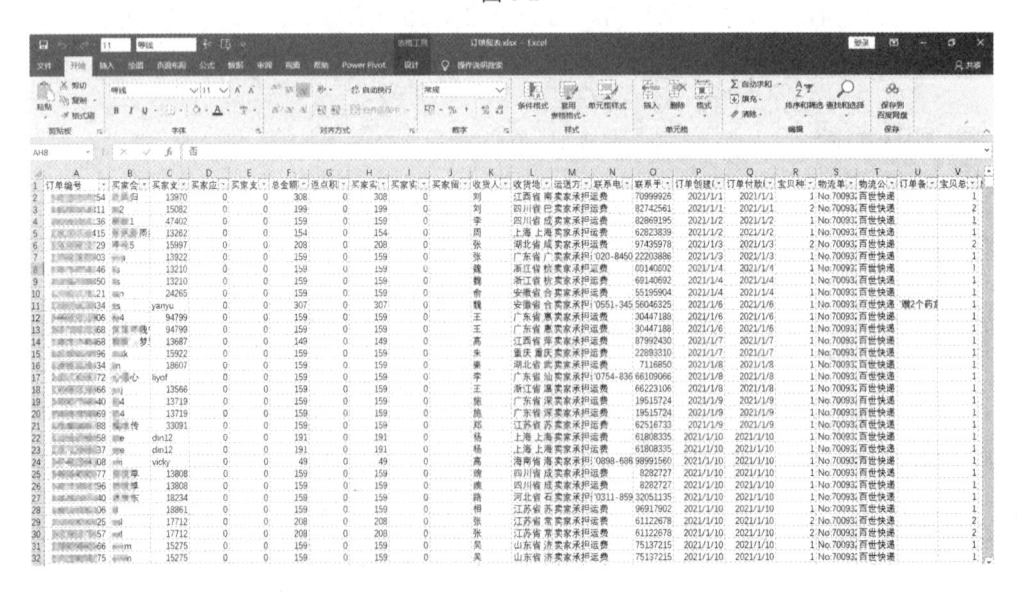

图 6-3

（1）将成本表导入 Power Query 中，导入完成后如图 6-4 所示。

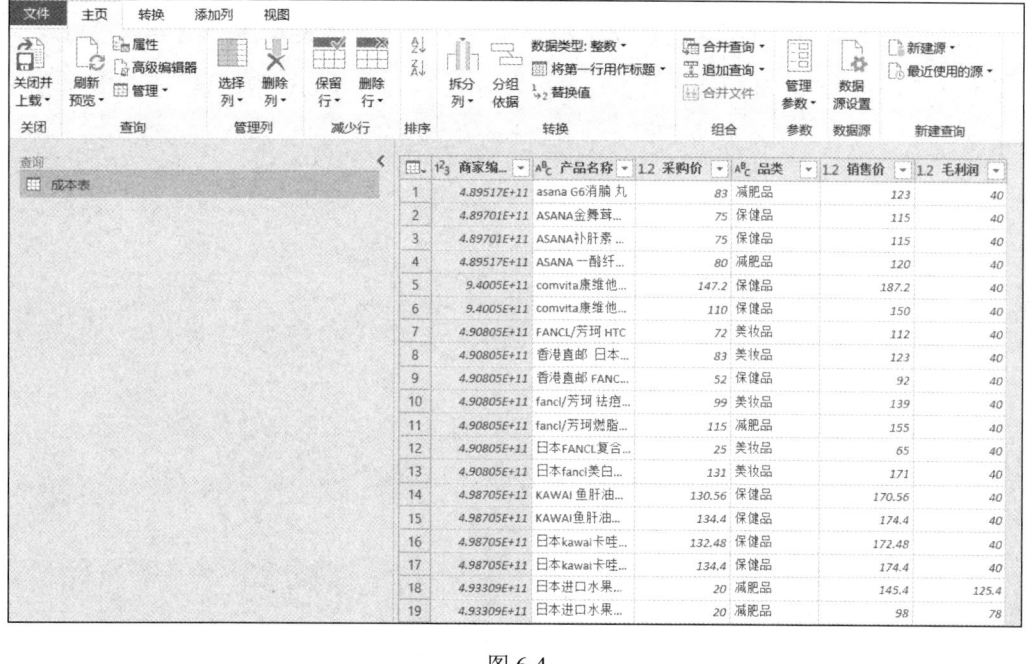

图 6-4

为了方便查询，在订单报表文件中增加一个工作表【成本表】，将成本表文件里的数据复制并粘贴到【成本表】工作表中；然后在订单报表中增加两列，分别是【品类】和【毛利润】，使用 VLOOKUP 函数从工作表【成本表】中匹配数据，如图 6-5 所示。

（a）

（b）

图 6-5

筛选【订单状态】列是【交易成功】【卖家已发货，等待买家确认】【买家已付款，等待卖家发货】的订单，处理完毕后将订单报表导入 Power Query 中，导入后效果如图 6-6 所示。

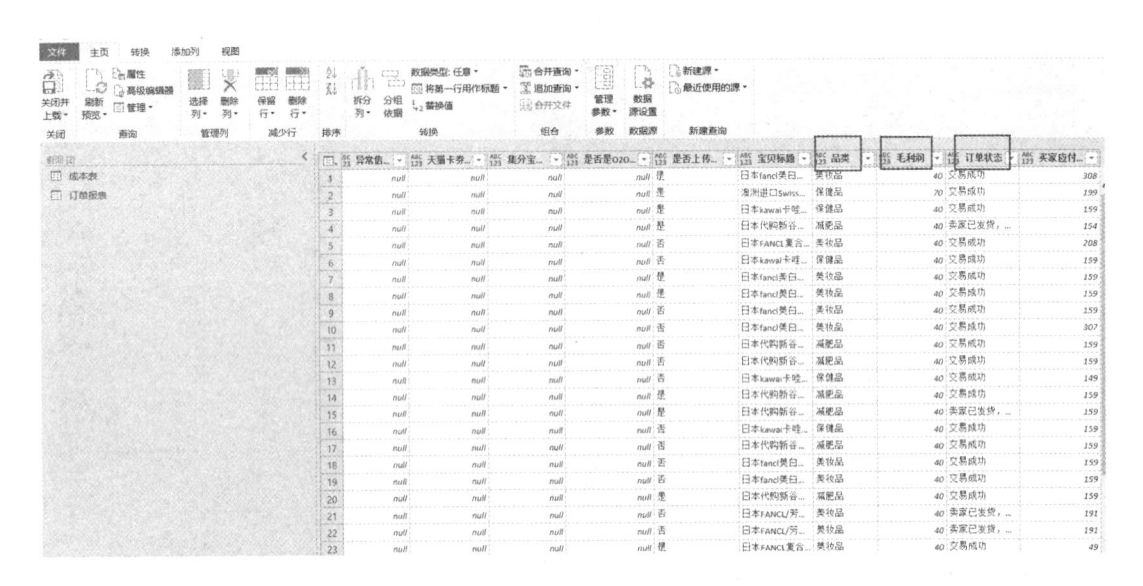

图 6-6

（2）将【订单报表】和【成本表】进行合并查询，选中【订单报表】，单击【主页】选项卡中的【合并查询】按钮，弹出【合并】对话框，【联接种类】选择【左外部（第一个中的所有行，第二个中的匹配行）】，单击【确定】按钮，此时【成本表】和【订单报表】通过【品类】字段建立了联系，如图 6-7 所示。合并后不要展开表格。

（3）在订单报表查询中单击【添加列】中的【添加自定义列】按钮，弹出的【自定义列】对话框按图 6-8（a）所示进行设置。函数 Table.RowCount 表示计算合并后的成本表的【行】（记录）的数量，为了防止输入错误，函数中的参数不需要手工输入，在右侧的【可用列】中双击自动填充即可，结果如图 6-8（b）所示。

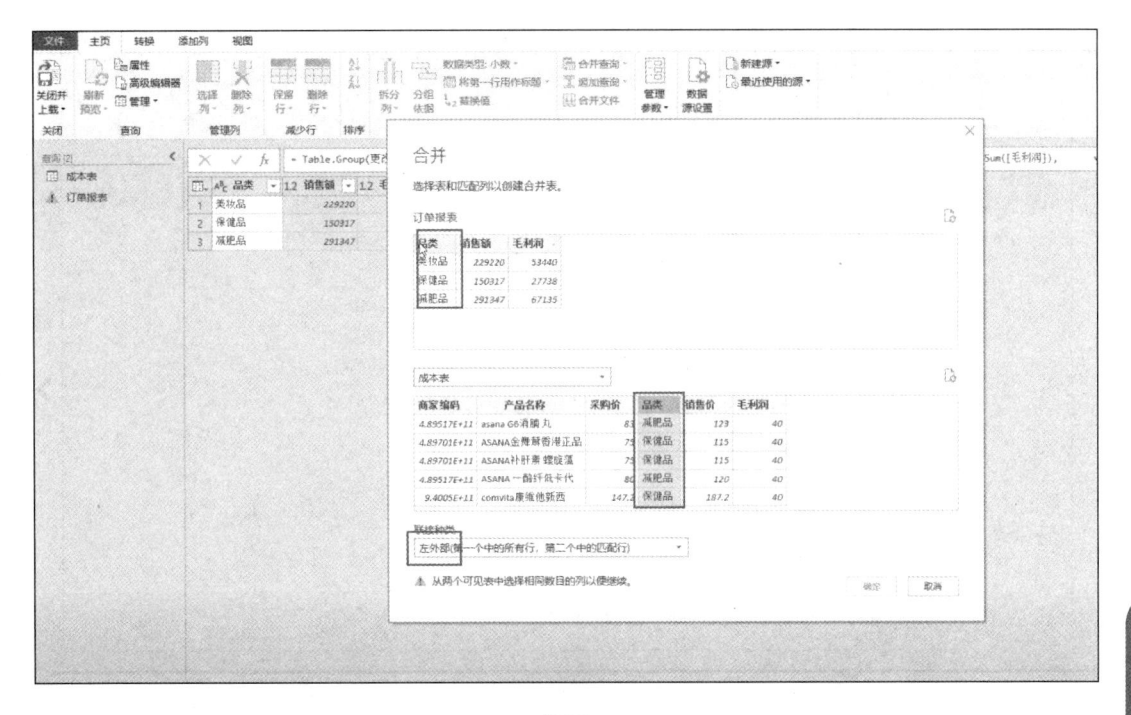

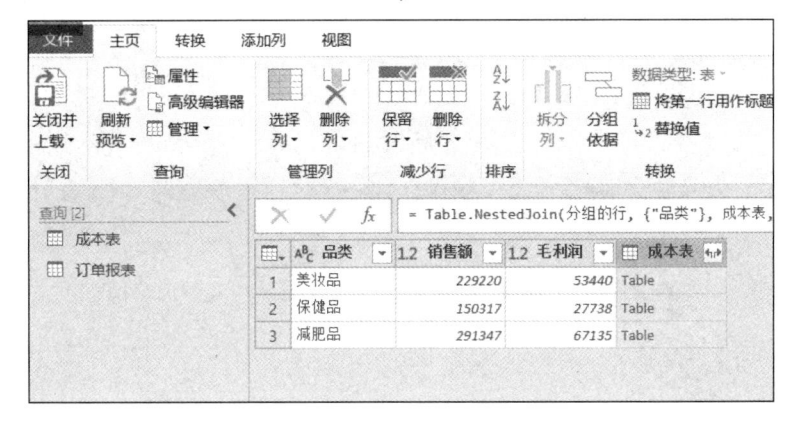

图 6-7

（4）删除分析中用不到的列，处理后的数据如图 6-9 所示。从毛利润来看，减肥品＞美妆品＞保健品，减肥品和美妆品的销售额及毛利润都比保健品更高，但是保健品的数量占比较高，因此在品类结构上可以考虑做调整。

（a）

	ABC 品类	1.2 销售额	1.2 毛利润	成本表	ABC 123 商品数...
1	美妆品	229220	53440	Table	6
2	保健品	150317	27738	Table	27
3	减肥品	291347	67135	Table	9

（b）

图 6-8

	ABC 品类	1.2 销售额	1.2 毛利润	ABC 123 商品数...
1	美妆品	229220	53440	6
2	保健品	150317	27738	27
3	减肥品	291347	67135	9

图 6-9

◎ 提升拓展

例 6-2：从订单整理出产品的销售数据，并按价格进行分组分析。

分析产品结构提升拓展

数据下载自淘宝卖家生意参谋后台的订单报表、商品报表和自己整理的成本表。统计周期根据实际分析需求进行调整。

分析思路：

- 通过订单报表和商品报表合并查询，可知道每一笔订单的商品、价格和数量；
- 通过和成本表合并查询，知道每一个商品的进货价；

- 计算出每个商品销售额占订单的比例，基于比例将订单的金额分配到每个商品，计算出毛利润；
- 将商品按价格进行分组，观察不同价格段分组后的商品数量、销售额和毛利润。

操作步骤如下：

（1）新建表格文档，在【数据】选项卡中，单击【获取数据】→【自文件】→【从文件夹】，如图 6-10 所示。

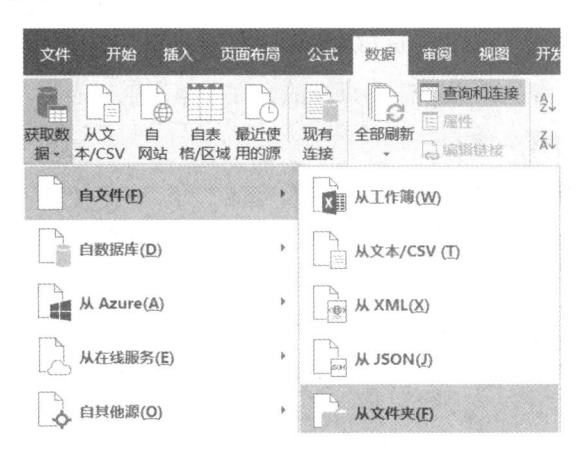

图 6-10

（2）在弹出的【文件夹】对话框中，选择文件夹路径，单击的【确定】按钮，如图 6-11 所示。

图 6-11

（3）随后会弹出文件列表界面，单击右下角的【编辑】按钮，如图 6-12 所示。

图 6-12

（4）进入 Power Query 编辑器，如图 6-13 所示，每条记录都是一个文件。

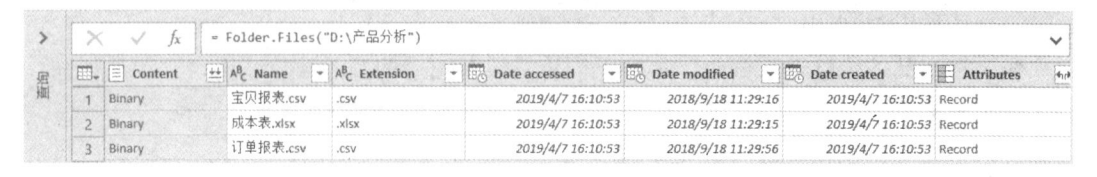

图 6-13

（5）文件将以二进制形式存放在【Content】列中，由于 3 个文件是不同结构的数据，因此需要分别添加到查询中，选择需要查询的文件并单击鼠标右键，在弹出的菜单中选择【作为新查询添加】，如图 6-14 所示。

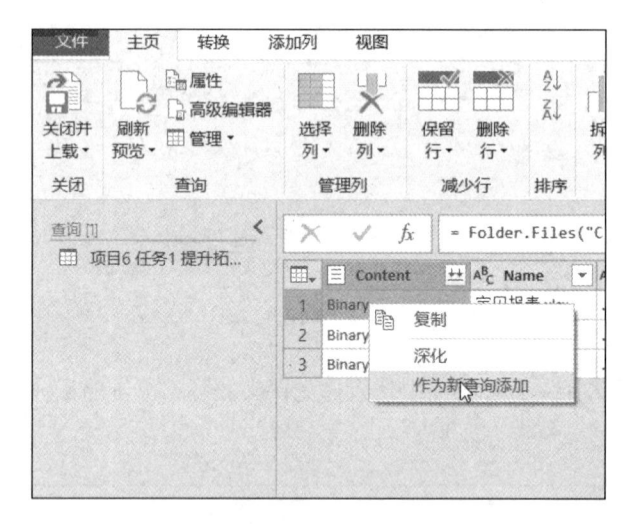

图 6-14

随后会新建一个查询，由于其他行和列在本次查询中无效，因此只保留第一行【Data】列的【Table】单元格，其他单元格均删除。然后双击【Data】列右侧的按钮，对数据进行展开，勾选所有字段后单击【确定】按钮，如图 6-15 所示。文件内容就会展现出来，结果如图 6-16 所示。

（6）同样方法，将其他两个表格作为新查询导入，注意订单编号的数据格式要一致，导入好的查询列表如图 6-17 所示。此时窗口中有【宝贝报表】【成本表】【订单报表】三个查询。

（7）导入成功后，在【订单报表】中对【订单状态】进行筛选，如图 6-18 所示，过滤【交易关闭】和【等待买家付款】的订单。

图 6-15

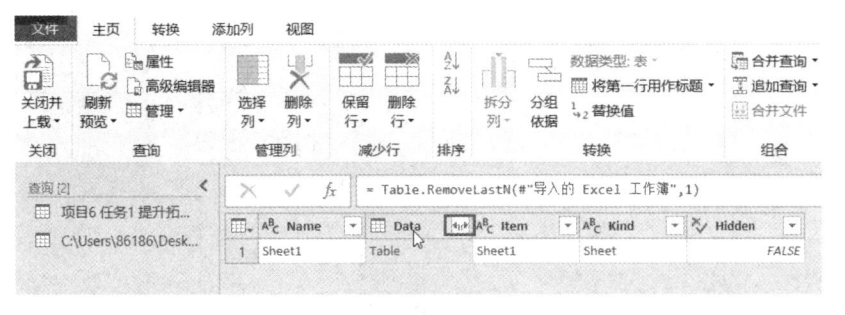

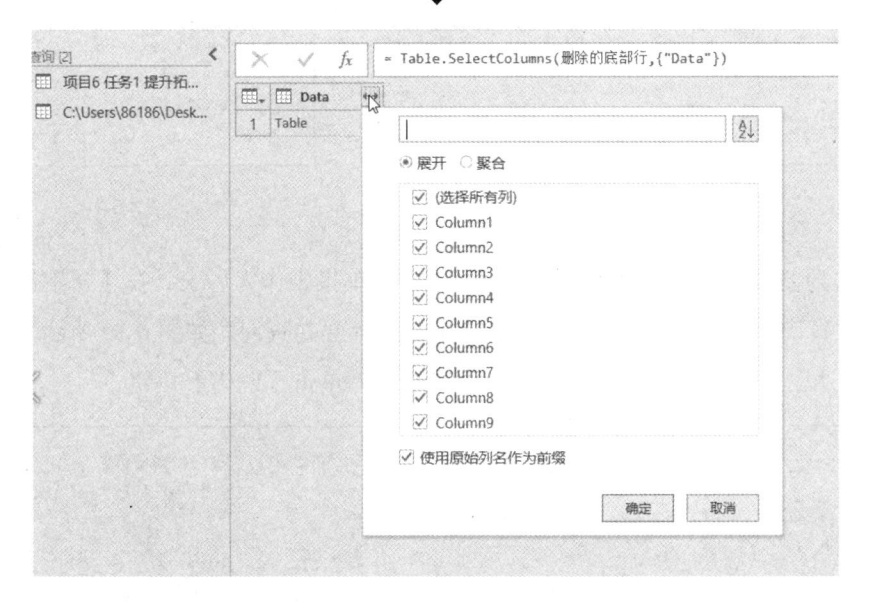

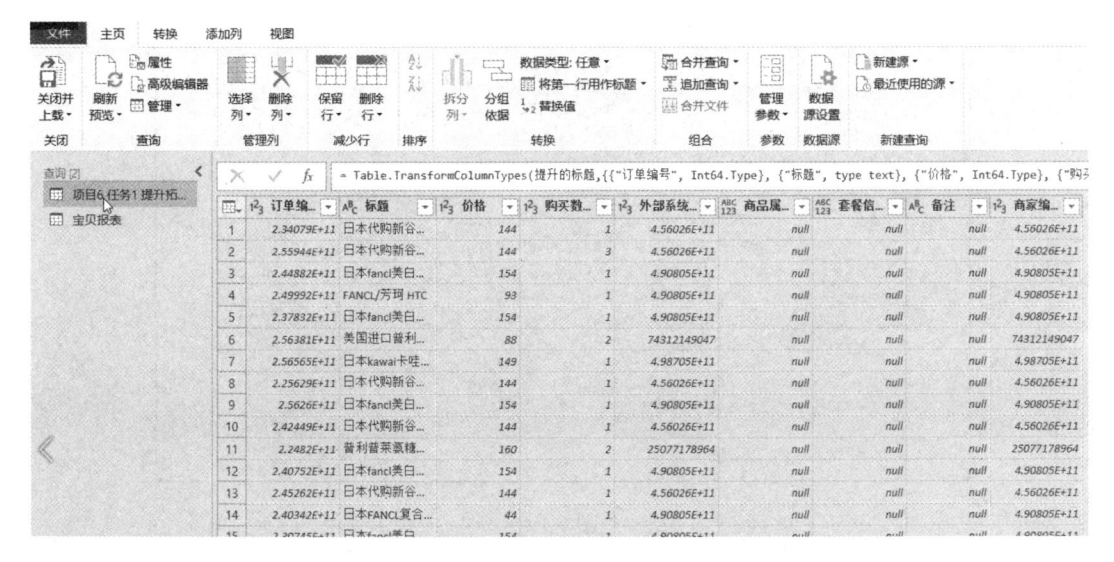

图 6-16

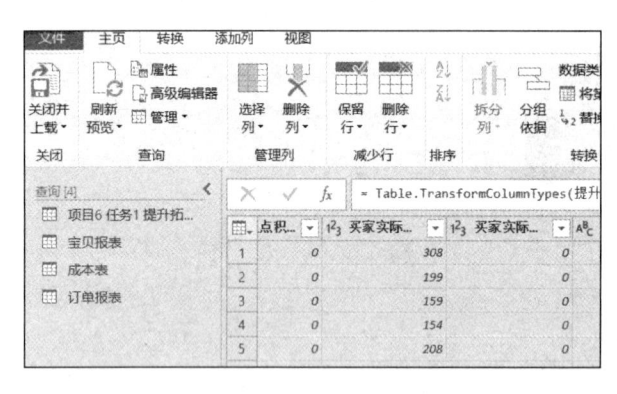

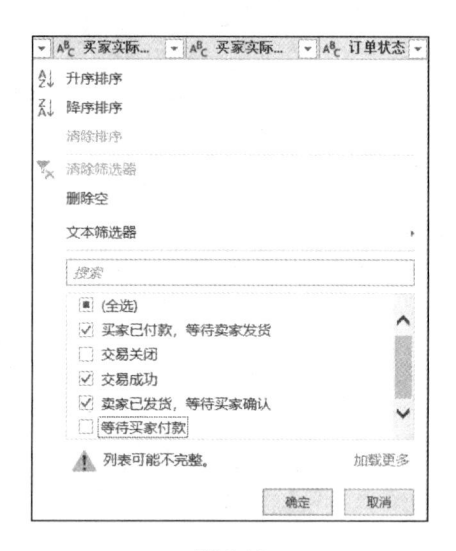

图 6-17

图 6-18

（8）因为要统计每个订单的情况，所以选择订单报表作为母表。在【开始】选项卡中单击【合并查询】按钮，将订单报表和商品报表进行合并查询，如图 6-19 所示，基于【订单编号】合并，分别选中两个表的【订单编号】列，单击【确定】按钮。

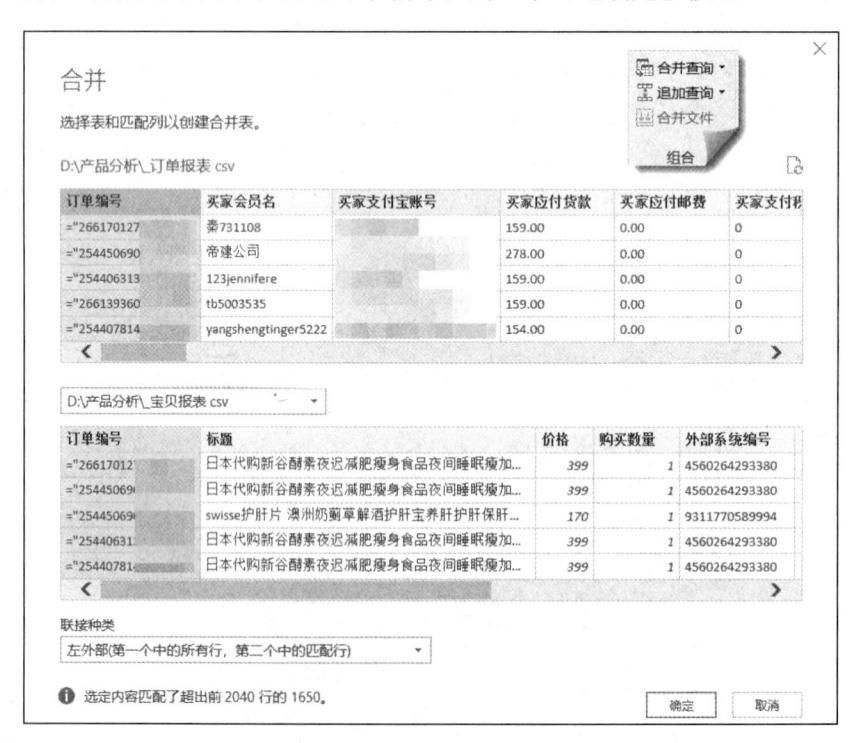

图 6-19

（9）合并后，单击最后一列第一行右侧的按钮展开字段，如图 6-20 所示，选择【价格】【购买数量】和【商家编码】后单击【确定】按钮。其中，【价格】是一口价，【商家编码】是商家后台设定的 SKU 唯一编码。

（10）同理，将【成本表】和【订单报表】根据【商家编码】进行合并查询，最后一列展开 Table 时只选择【采购价】，如图 6-21 所示。

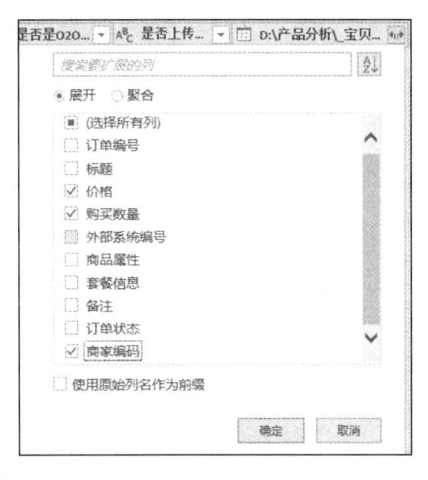

图 6-20 　　　　　　　　　　　　　　图 6-21

（11）在【添加列】选项卡中，单击【自定义列】，如图 6-22 所示。

（12）在弹出的【自定义列】对话框中的【新列名】中输入【订单货品成本】，计算订单货品成本，在【自定义列公式】中输入【=[购买数量]*[采购价]】，然后单击【确定】按钮，如图 6-23 所示。

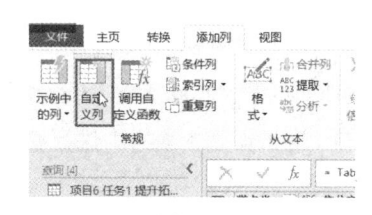

图 6-22

图 6-23

（13）继续添加自定义列【订单货品原金额】，计算订单货品原金额，在【自定义列公式】中输入【=[价格]*[购买数量]】，是购买产品的原价。此处可使用折扣价，需要在成本表中添加产品对应的折扣价或折扣率，用折扣价替代此公式的【价格】即可，如图 6-24 所示。

图 6-24

（14）根据订单编号汇总订单货品原金额，算出每笔订单的货品总价格，将【订单报表】查询复制出一张副本表格，如图 6-25 所示。

（15）在副本表格中进行操作，在【主页】选项卡中，单击【分组依据】按钮，如图 6-26 所示。

图 6-25 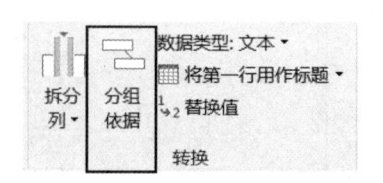　　　　　　　　　　　　图 6-26

以【订单编号】为分组依据，对订单货品原金额的【操作】进行【求和】，并重新命名为【订单货品原金额汇总】，如图 6-27 所示。分组后结果如图 6-28 所示。

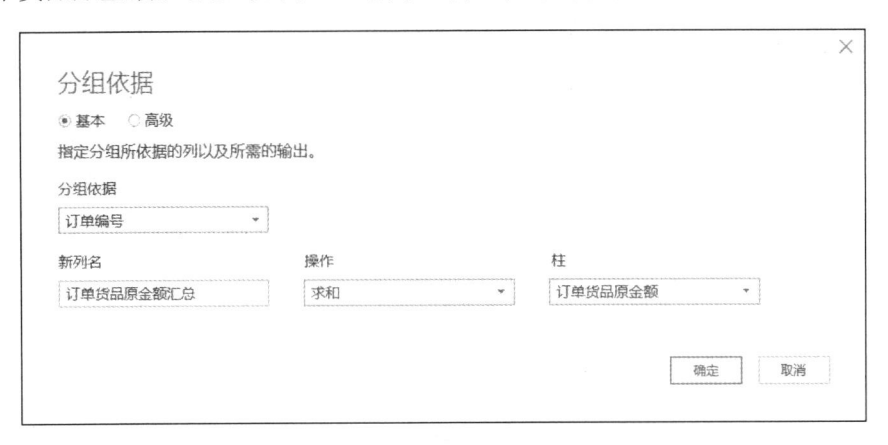

图 6-27

图 6-28

（16）同理，将【订单报表】的副本和【订单报表】根据【订单编号】进行合并查询，展开的列选择【订单货品原金额汇总】，如图 6-29 所示。

图 6-29

（17）继续添加自定义列【货品占订单比例】，计算货品占订单比例，在【自定义列公式】中输入【=[订单货品原金额]/[订单货品原金额汇总]】，如图 6-30 所示。

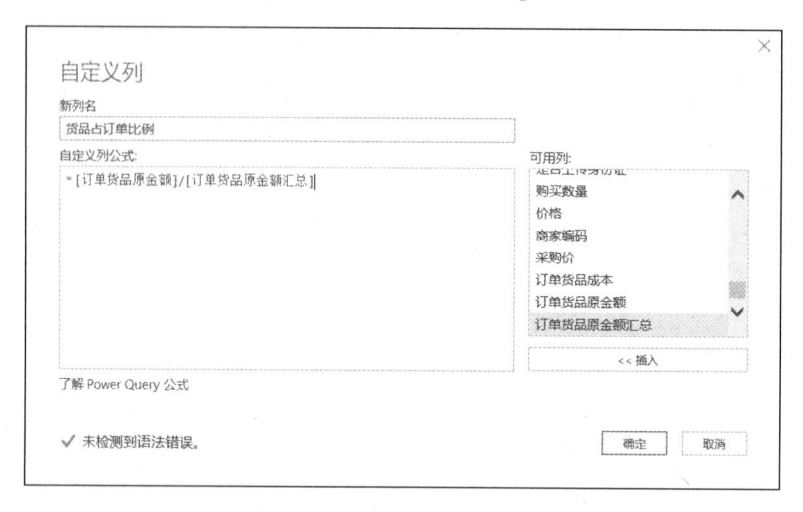

图 6-30

（18）如图 6-31 所示，将新添加的列【货品占订单比例】的数据类型设为【百分比】，如果没有百分比类型，则设置为小数。

图 6-31

（19）添加自定义列【产品毛利】，计算产品毛利，在【自定义列公式】中输入【=[买家实际支付金额]*[货品占订单比例]-[订单货品成本]】，如图 6-32 所示。买家实际支付金额就是订单的实际销售额，计算【买家实际支付金额】和【货品占订单比例】的乘积可以得到每个商品的实际销售额。最终结果如图 6-33 所示。

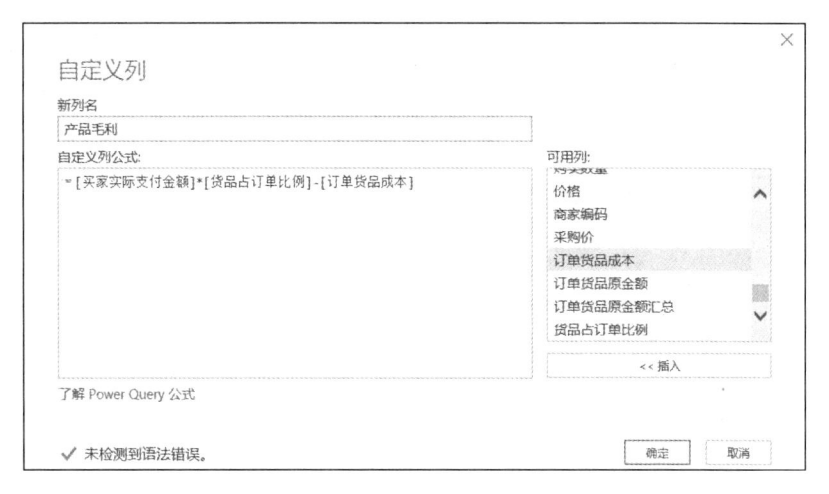

图 6-32

图 6-33

（20）在【主页】选项卡中，单击【分组依据】按钮，在弹出的【分组依据】对话框中，选择【商家编码】，如图 6-34 所示，添加 3 个聚合新列，分别是【价格】【销售额】【毛利润】，【操作】和【柱】根据图中设置，完成后单击【确定】按钮。

（21）分组后发现【毛利润】列的小数点位数不统一，单击【转换】选项卡中的【舍入】按钮选择【向上舍入】或【向下舍入】均可，将小数点去除或统一保留两位小数。处理后的数据如图 6-35 所示。

图 6-34

图 6-35

（22）由于中间过程的查询较多，许多查询都属于中间表，可以隐藏，因此不要直接关闭并上载，选择【开始】→【关闭并上载】→【关闭并上载至...】，在弹出的【导入数据】窗口中选择【仅创建连接】选项，单击【确定】按钮，如图 6-36 所示。

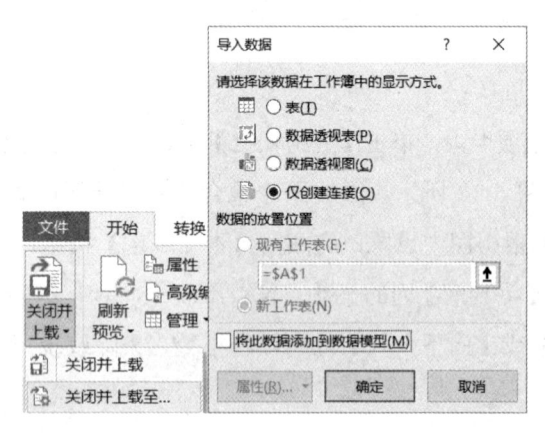

图 6-36

（23）在 Excel 中单击【数据】→【查询&连接】，选择最终的结果查询文件，单击鼠标右键，在弹出的菜单中选择【加载到...】，然后在弹出的【导入数据】窗口中选择【表】选项,如图 6-37 所示。

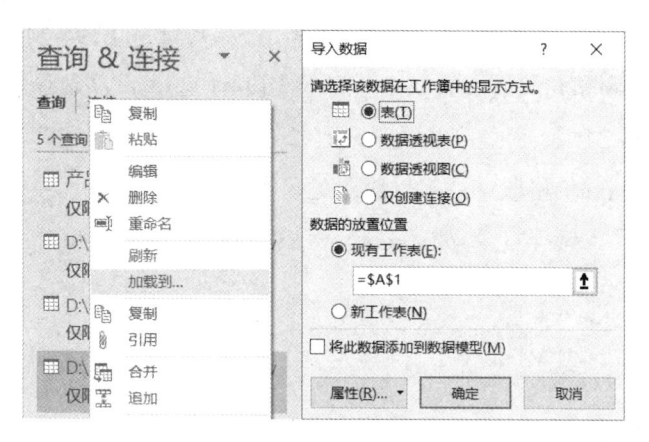

图 6-37

(24) 插入数据透视表,将【价格】字段拖到【行】区域,将【商家编码】【销售额】【毛利润】拖动到【值】区域,如图 6-38 所示,且【商家编码】的值汇总方式为【计数】。

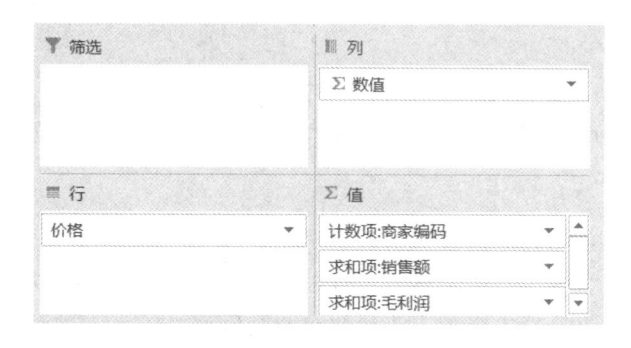

图 6-38

(25) 右击【行标签】列(价格),在弹出的菜单中选择【组合】,然后在弹出的【组合】对话框中将【步长】设置为【50】(单位:元),再单击【确定】按钮,如图 6-39 所示。

图 6-39

（26）产品价格区间的数据统计如图 6-40 所示，目前店铺的产品以【44-94】【94-144】【149-194】三个区间为主，共有 27 个产品数量，产品数量是【194-244】和【294-344】区间的 6 倍多，销售额和利润最大的价格区间是【144-194】，产品数量也最多，利润第二位的价格区间是【194-244】，但是产品数量只有 2 个，采购人员和运营人员可以考虑调整产品结构，多布局一些此价格段产品，以获取更多利润。

行标签	计数项:商家编码	求和项:销售额	求和项:毛利润
44-94	4	56063	20193
94-144	9	40074	9261
144-194	14	542468	118593
194-244	2	40924	21858
294-344	2	2549	1880
总计	31	682078	171785

图 6-40

任务 2　分析产品矩阵

分析产品矩阵

◎ 情景导入

电商企业要制定产品策略使企业利润最大化，需要对产品的定位进行分析。

◎ 解决思路

分析店铺的主体为淘宝网，下载商家后台的订单和商品报表作为数据源。

产品矩阵是用矩阵分析思维和方法帮助企业明确产品的定位，对于下一步的产品策略具有实际的指导意义。常用的产品矩阵是"增长率-相对市场份额"矩阵。

理论导读："增长率-相对市场份额"矩阵

"增长率-相对市场份额"矩阵又称波士顿矩阵，最早由美国波士顿公司提出并应用。顾名思义，增长率和相对市场份额是矩阵的两个指标。两个指标交叉，就会形成 4 个象限，如图 6-41 所示，分别对 4 个象限进行定义，然后观察观测值的落点并做出决策。通过这个象限图就能够直观地看出产品的分布。

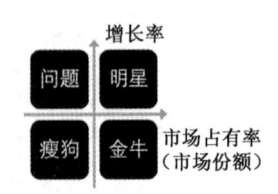

图 6-41

各个象限的定义如下。

- 明星（Stars）象限：处于高增长率、高市场占有率象限内的产品群，这类产品可能成为企业的现金流来源产品，需要加大投资以支持其迅速发展。对于这类产品可以采用的发展战略是：积极扩大经济规模和市场机会，以长远利益为目标，提高其在市场中的占有率，巩固其在市场中的地位。明星产品的发展战略以及管理组织最好采用事业部的形式，由对生产技术和销售两方面都很在行的经营者负责。

- 金牛（Cash Cow）象限：又被称为厚利产品，是指处于低增长率、高市场占有率象限内的产品群，并且已进入成熟期。此类产品的财务特点是销量大，产品利润率高，负债比率低，可以为企业回笼资金，而且由于此类产品增长率低，也无须加大投资力度。因而，此类产品成为企业回收资金、支持其他产品（尤其是明星产品投资）的后盾。对于这类产品采用的发展战略是把设备投资和其他投资尽量压缩，采用"榨油式"的方法，争取在短时间内获取更多利润，为其他产品提供资金。对于处于这一象限内销售增长率仍有所上升的产品，应进一步细分市场，维持其现有的市场增长率或延缓其下降速度。金牛产品适合用事业部形式进行管理，其经营者最好是市场营销型人物。

- 问题（Question Marks）象限：处于高增长率、低市场占有率象限内的产品群。前者说明此类产品市场机会大、前景好，而后者则说明此类产品在市场营销上存在问题。此类产品的财务特点是利润率较低，所需资金不足，负债比率高。例如在产品生命周期中处于引进期、因种种原因未能开拓市场局面的新产品均属此类问题产品。对于问题产品，应采取选择性投资战略，因此，对问题产品的改进与扶持方案一般均列入企业长期计划中。对问题产品的管理组织，最好是采取智囊团或项目组织等形式，选拔有规划能力、敢于冒风险、有才干的人负责。

- 瘦狗（Dogs）象限：也被称为衰退类产品。它是指处在低增长率、低市场占有率象限内的产品群。其财务特点是利润率低、处于保本或亏损状态，负债比率高，无法为企业带来收益。对于这类产品，应采用撤退战略：首先应减少批量，逐渐撤退，对那些销售增长率和市场占有率极低的产品应立即淘汰。其次是将剩余资源向其他产品转移。最后是整顿产品系列，最好将瘦狗产品与其他产品合并，进行统一管理。

综上，可以得出以下结论：

- 明星象限内的产品要增加投资力度，让其快速发展。
- 金牛象限内的产品是主要的盈利产品，要想办法让其创造更多的利润。
- 问题象限内的产品前景较好，但可能未受到市场认可或企业在策略上没有重视要调整策略，增大投资力度。
- 瘦狗象限内的产品一般是失败的爆款，也被称为"打酱油的产品"。

如果用多个月的数据进行分析，就会形成一个变化趋势。

- 成功产品的成长轨迹，是比较理想的产品成长路线。产品在高增长率的条件下，市场占有率会逐渐上升，最终落入金牛象限，如图 6-42 所示。

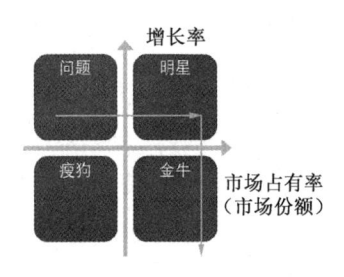

图 6-42

- 现金支持趋势，此产品可能是较早切入市场，占领了较高的市场份额，但没有足够的资金和营销策略的支持，可能会面临失败的危险。一旦有这种趋势就要引起警惕，要审视一下自己的产品定位有没有偏差、营销节奏有没有把控好等问题，如图 6-43 所示。

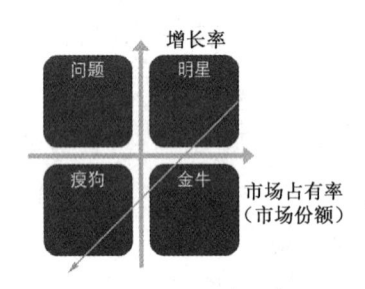

图 6-43

- 产品的灾难轨迹，有两条路线，一条是明星→问题→瘦狗，另一条是金牛→瘦狗，这两条轨迹就是产品在市场上逐渐萎缩的过程，如图 6-44 所示。

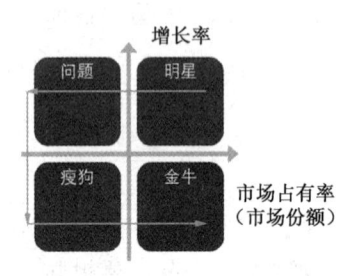

图 6-44

矩阵不能脱离商业理解，如果商品的销售增长速度降低了，市场份额也降低了，那么除竞争加大外，是否还有其他深层次的原因呢？其实，更多的是要思考消费者是否认同产品和服务，产品是否能吸引消费者，要站在消费者的角度来思考市场变化。

◎ **实施过程**

例 6-3：如图 6-45 所示，利用店铺 2021 年第二季度的产品相对市场份额和上一季度相比的增幅，使用波士顿矩阵分析店铺的产品。

	A	B	C
1	商家编码	2021年Q2	增幅
2	456026429338	22.49%	64%
3	490804934732	19.60%	-7%
4	495102240035	14.91%	-45%
5	25077178964	23.34%	12%
6	490804928347	16.28%	-16%
7	498704921251	11.58%	-43%
8	490804914233	16.80%	5%
9	74312149047	30.25%	121%
10	490804926704	31.01%	151%
11	490804934733	20.44%	41%

图 6-45

操作步骤如下：

（1）选中数据，在【插入】选项卡中单击【散点图】，在散点图列表中选择基本散点图，如图 6-46 所示。

（2）散点图创建成功后，分别单击横坐标和纵坐标轴，在弹出的菜单中选择【设置坐标轴格式】，如图 6-47 所示。

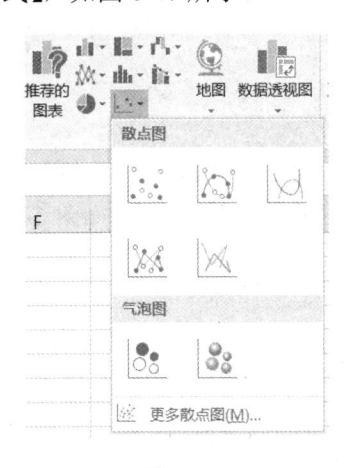

图 6-46 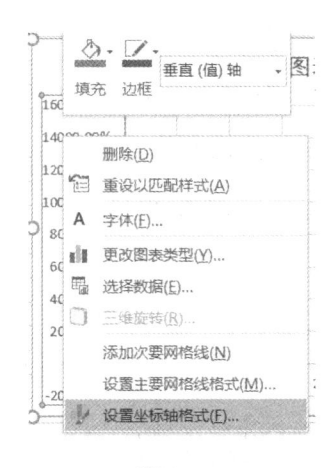　　　　图 6-47

（3）此时横坐标轴是市场份额，纵坐标轴是增幅。右击纵坐标轴，选择【设置坐标轴格式】，在弹出的【设置坐标轴格式】窗口中将【横坐标轴交叉】下的【坐标轴值】设为【0.31】，即增幅的均值,如图 6-48 所示。然后右击横坐标轴,将横坐标轴【横坐标轴交叉】下的【坐标轴值】设为【0.1994】,即市场份额均值,如图 6-49 所示。

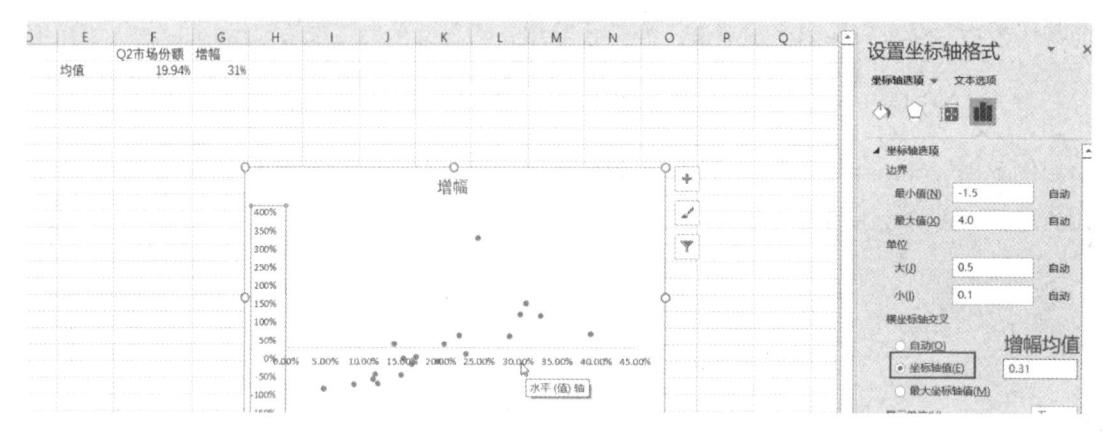

图 6-48

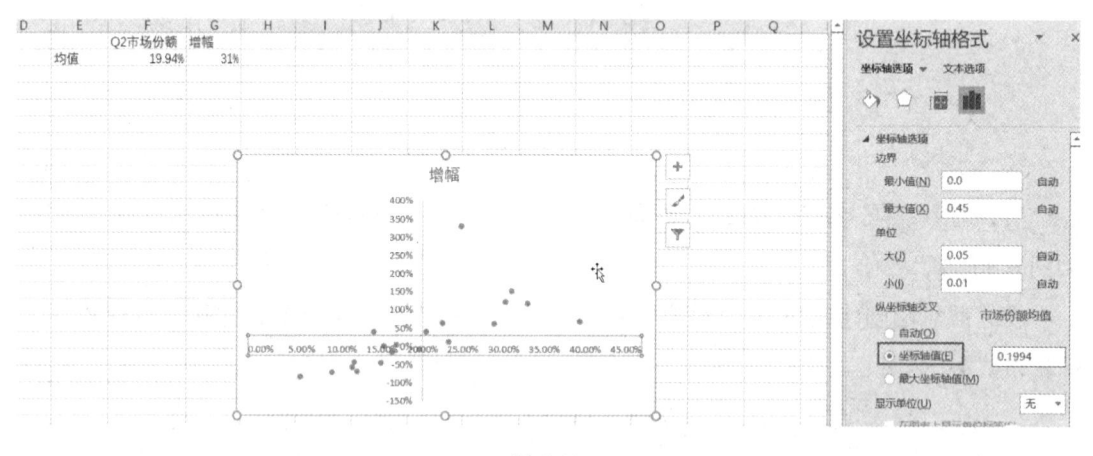

图 6-49

(4) 设置坐标轴的【标签位置】为【无】,即隐藏坐标轴标签,如图 6-50 所示。
(5) 鼠标右击散点图上的点,在弹出的菜单中选择【添加数据标签】,如图 6-51 所示。

图 6-50

图 6-51

(6) 右击添加的数据标签,在弹出的菜单中选择【设置数据标签格式】,如图 6-52 所示。

（7）在弹出的【标签选项】中勾选【单元格中的值】，如图 6-53 所示，然后对应选择 Excel 中的区域。

图 6-52

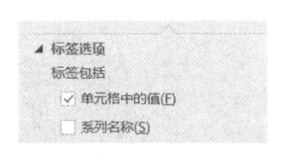

图 6-53　数据标签的设置界面

（8）设置好的波士顿矩阵如图 6-54 所示，可以看出，这家企业有 1 个金牛象限的产品和 1 个问题象限的产品，瘦狗产品较多。

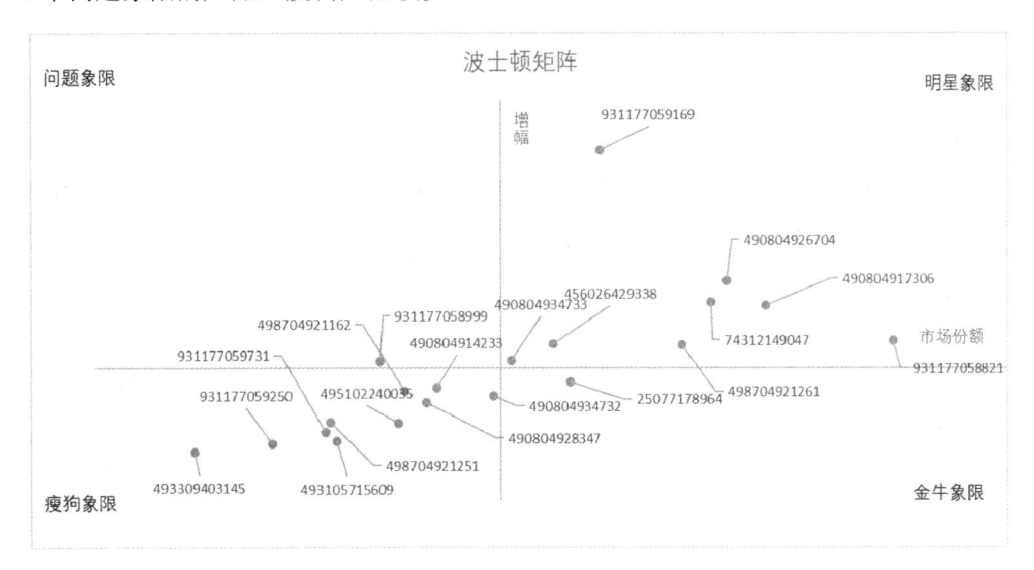

图 6-54

◎ 提升拓展

"销售额-转化率"矩阵是通过销售额和转化率两个指标建立的矩阵，一个真正的好产品，从数据角度反馈出来的是高销售额、高转化率。和波士顿矩阵一样，"销售额-转化率"矩阵也可分为金牛、明星、问题和瘦狗 4 个象限。

分析产品矩阵提升拓展

例 6-4：图 6-55 为某零食品牌的"销售额-转化率"矩阵，寻找 4 个象限中的产品。

	A	B	C	D
1	宝贝id	30天销售额	销售额占比	转化率
2	558100724511	16209598.9	9%	4%
3	558128868438	12587423	7%	4%
4	559077508298	5922352.8	3%	5%
5	20600624998	5122527.8	3%	5%
6	13060317764	4766750.1	3%	7%
7	12601223455	3094587.6	2%	7%
8	585368995268	2509444	1%	4%
9	580495485588	2487278.5	1%	5%
10	577458288808	2271529	1%	5%
11	39533771353	2020069.8	1%	5%
12	553758129422	2003343.3	1%	5%
13	560462726882	1717806.8	1%	4%
14	17475191368	1661404.5	1%	5%
15	16769812389	1656190.8	1%	5%
16	40372254105	1609173.7	1%	7%
17	560525718357	1598424.1	1%	5%
18	557314700687	1536498.9	1%	5%
19	535615570326	1535512	1%	7%
20	27461920544	1507929.3	1%	5%
21	585369959941	1446562	1%	6%

图 6-55

操作步骤如下：

（1）利用例 6-3 的方法，画出"销售额-转化率"矩阵，横坐标轴为销售额，纵坐标轴为转化率，如图 6-56 所示。可以看出，这家店的大部分商品位于瘦狗区，这种现象在电商行业中非常普遍。

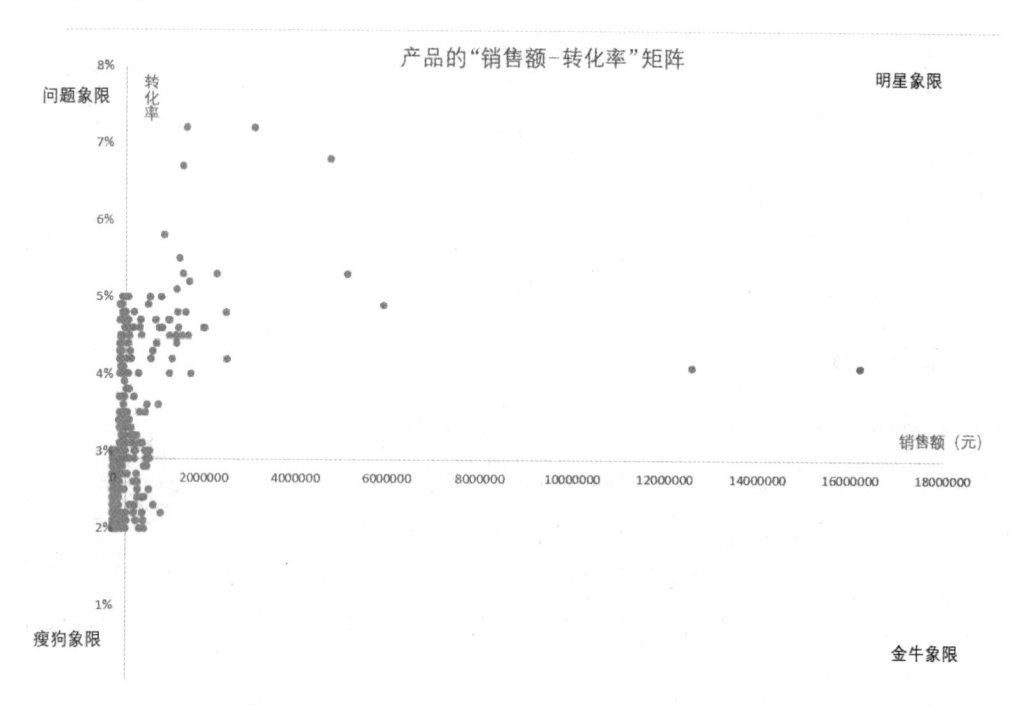

图 6-56

（2）筛选出销量前 20 的重点分析款，制作"销售额-转化率"矩阵图，如图 6-57 所示。可以看出，该品牌有 3 个金牛产品，2 个明星产品，7 个问题产品和 7 个瘦狗产品。对于不同象限的产品可以采用不同的营销手段促进销售。比如对于转化率高但销售额低的问题产品，可以尝试导入流量，产品本身具有高转化的特征，可以快速提升销量。

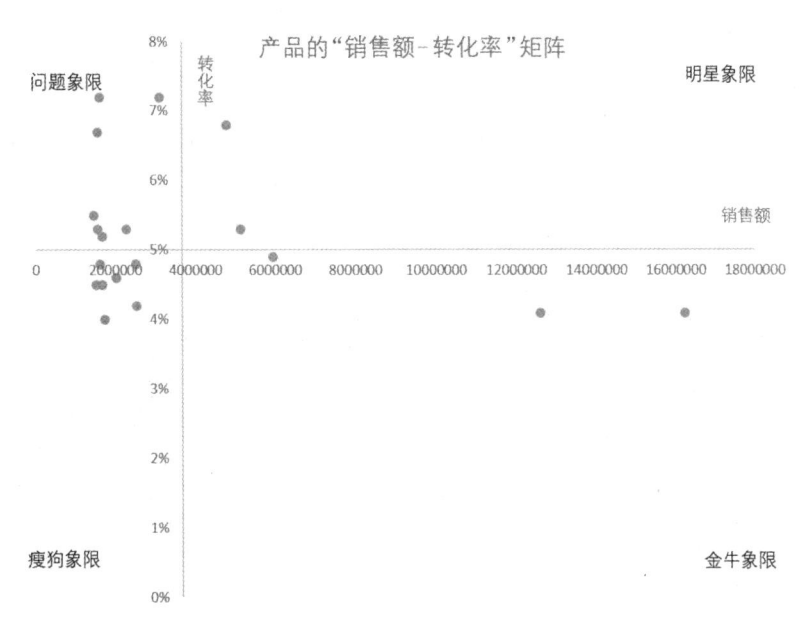

图 6-57

任务 3　分析产品生命周期

◎ 情景导入

电商企业在制定产品策略时，会遇到方案还没有执行完但市场需求点已经过去的情况，因此需要通过产品生命周期分析确定入场时间。

◎ 解决思路

分析店铺的主体为淘宝网，下载商家后台的订单和商品报表作为数据源。

不同的产品具有不同的生命周期，有些产品如同昙花一现，如平安果，只在平安夜前几天有市场需求。有些产品是爆款可以存活 3 年之久，如眼镜，款式变化慢且周期长。了解产品的生命周期，有利于企业在产品生命周期的不同阶段做出正确的决策。

理论导读：产品生命周期

产品生命周期（Product Life Cycle）是指产品从投入市场到更新换代再到退出市场所经

历的全过程，是产品在市场中的经济寿命，也是在市场流通过程中，由于消费者的需求变化及影响市场的其他因素所造成的产品由盛转衰的周期，主要是由消费者的消费方式、消费水平、消费结构和消费心理的变化所决定的。一般分为导入（进入）期、成长期、成熟期、饱和期、衰退（衰落）期五个阶段。

使用产品的销售数据进行分析，将产品的五个阶段划分出来，并根据不同的阶段制定不同的策略。

- 导入（进入）期：在这个时候进入市场，可以优先在销量增长期到来之前提高产品的基础销量和评价，从而快人一步抢占市场份额。
- 成长期：此时需求开始快速增长，销量也随之快速增长，在这个时候入市，竞争环境相对良好。
- 成熟期：进入成熟期以后，产品的销售量增长缓慢，逐步达到最高峰，然后缓慢下降；产品的销售利润也从成长期的最高点开始下降；市场竞争非常激烈，各种品牌、款式的同类产品不断出现。
- 饱和期：此时供需关系已经饱和，出现零增长甚至负增长，竞争环境迅速恶化。
- 衰退（衰落）期：此时需求开始下降，大多数买家已经买了，商家开始清库存，竞争环境恶劣。

◎ 实施过程

产品生命周期的表达方式一般使用曲线表示。

例 6-5：图 6-58 是某店铺所有产品对应每一周（7 天）的销售额数据，利用该数据提炼出店铺产品的生命周期规律。

	A	B	C
1	商家编码	一年的某一周	销售额
2	7A513131000	26	119
3	7A127237000	26	118
4	7A333411000-27	27	178
5	7A1207700	27	69
6	7A113411000	27	445

图 6-58

操作步骤如下：

（1）选中数据集并创建数据透视表，在【插入】选项卡中单击【数据透视表】，创建数据透视表时检查所选的区域是否正确，完成后单击【确定】按钮，如图 6-59 所示。

（2）创建好数据透视表后，设置数据透视表字段，将【一年的某一周】字段拖动到【行】区域，将【商家编码】字段拖动到【列】区域，将【销售额】拖动到【值】区域，如图 6-60

所示。

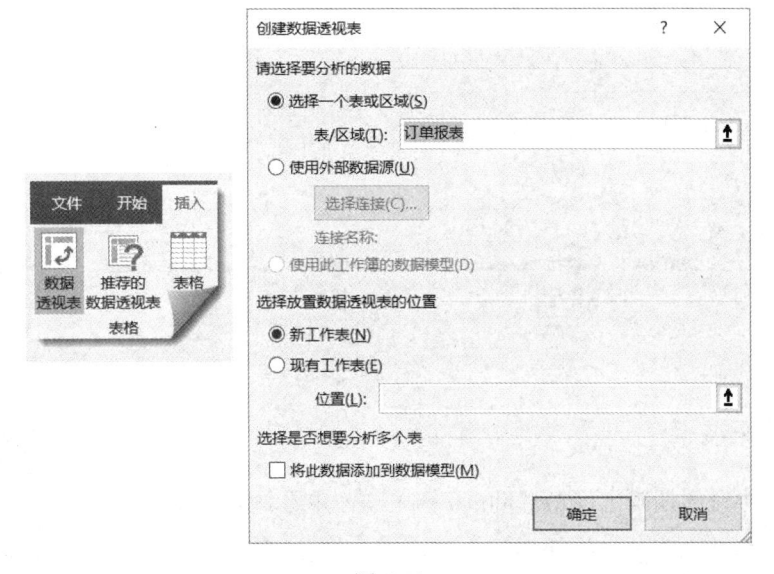

图 6-59

图 6-60

（3）选中数据透视表，在【插入】选项卡中单击【插入折线图或面积图】的图标，如图 6-61 所示。

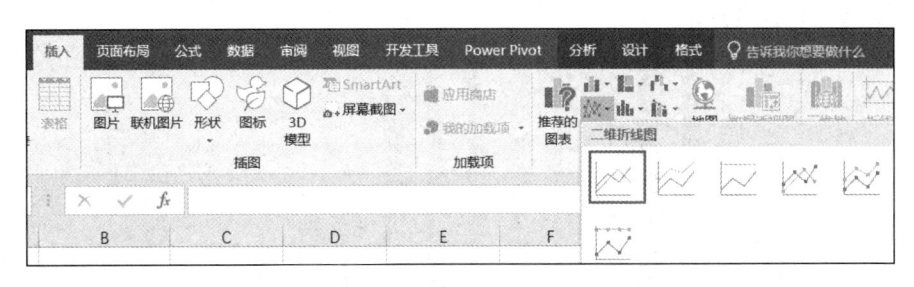

图 6-61

（4）通过折线图可以观察产品的生命周期，如图 6-62 所示，产品的生命周期曲线是抛物线的模型，从起来到退市约 12 周（3 个月）的时间。

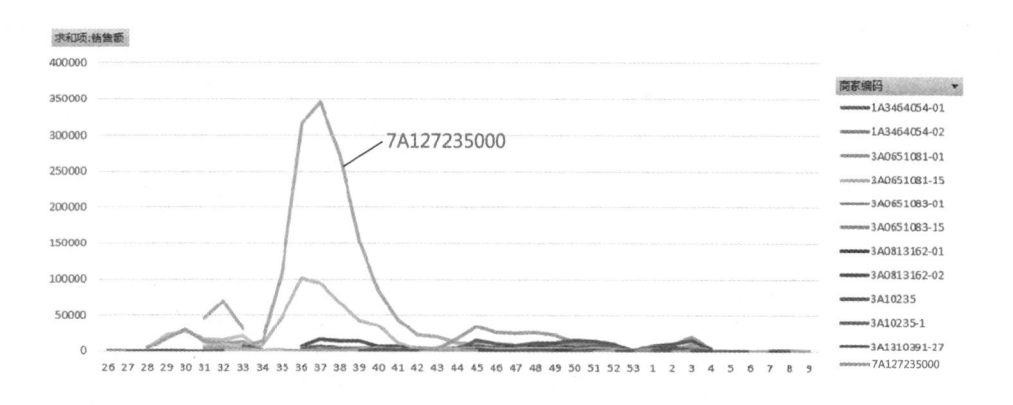

图 6-62

◎ 提升拓展

根据产品生命周期确定促销活动。商家采购一定数量的商品，在预计的销售周期内不能完全售完，会造成积压库存。如果在销售中期进行打折销售，会造成利润损失，但是能售出更多的产品。需要对比两者的利润损失确定是否打折，让折扣力度达到利益最大化。

分析产品生命周期提升拓展

例 6-6：如图 6-63 所示，某食品厂家销售一款产品，按正常的产品生命周期可卖 20 周，每周的销售额预计如图中所示。如果产品打 9 折，可以每周提升 10% 的销售额，比较两者的利润差别。已知该产品成本价为 15 元/个，吊牌价为 26 元/个。可以看出，打折后，虽然卖出了更多的产品，但到手的利润却变少了。

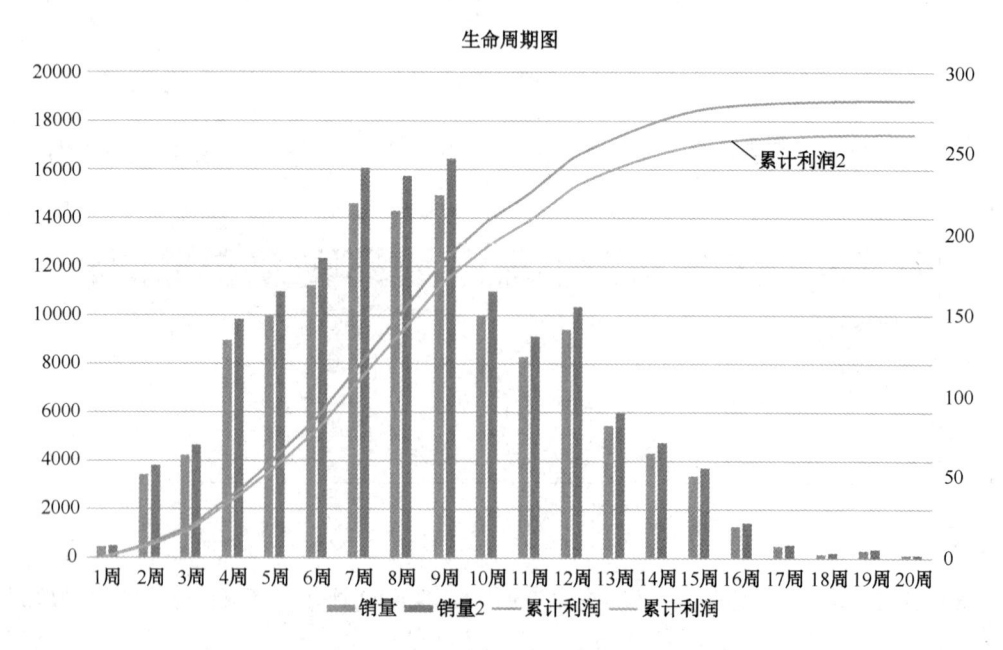

图 6-63

在实际销售中，也可能会选择牺牲利润提升销量的做法，因为未卖出的产品在生命周期结束后可能只能卖 5 元/个，对于食品来说，过期的价值就是 0 元，因此要考虑在产品的生命周期内能否将库存清空。

任务 4　分析产品销售分布

◎ **情景导入**

分析产品销售分布，是辅助产品销售的一个重要手段，通过销售分析，可以帮助运营人员了解产品的销售情况，帮助分析市场变化，提高对企业经营状况的掌控能力，培养运营人员对市场的预见性。

◎ **解决思路**

店铺的主体为淘宝网，下载商家后台的订单和商品报表作为数据源。对产品的数据进行统计分组分析。

分析产品销售分布可对产品的整体销售、竞品等情况进行对比分析，可以更清楚地知道自己产品的优劣势，从而在运营方法上做出针对性的策略。

分析产品销售分布一般从产品的销量趋势进行分析，对产品变化的趋势线做出合理的解释，出现任何的趋势变化要对其有合理的解释，发生了什么事情，什么原因导致了趋势线的变化。要对产品的核心指标做长期的跟踪记录，比如对流量、点击率、转化率、销售额等指标做出趋势图，对其变化的原因做出分析。趋势分析可以对指标进行环比、同比等分析，对产品指标的环比分析可以知道最近的变化趋势，由于可能存在异常情况，比如节假日或天气的变化，都会影响到环比结果，所以这个时候就需要对数据进行同比分析。

◎ **实施过程**

例 6-7：图 6-64 是某店铺根据订单报表和商品报表清洗出的数据，使用该数据集分析产品的销售额。

商家编码	订单付款时间	买家实际支付金额	收货地址
7A513131000	2020/7/1	119	广东省
7A127237000	2020/7/1	59	广东省
7A333411000-27	2020/7/2	89	福建省
7A1207700	2020/7/2	69	福建省
7A333411000-27	2020/7/3	89	福建省

图 6-64

操作步骤如下:

(1)选中数据集并插入数据透视表,在【插入】选项卡中单击【数据透视表】,创建数据透视表时检查所选的区域是否正确,最后单击【确定】按钮,如图 6-65 所示。

(2)创建好数据透视表后,设置数据透视表字段,将【商家编码】字段拖动到【行】区域,将【买家实际支付金额】字段拖动到【值】区域,如图 6-66 所示。

(3)设置好数据透视表字段后,单击【行标签】,对行进行排序,选择【其他排序选项】,如图 6-67 所示。

(4)在【排序(商家编码)】对话框中,选择【降序排序】,然后选择【求和项:买家实际支付金额】,最后单击【确定】按钮,如图 6-68 所示。

(5)排序后可以清晰地观察到产品之间的销售额差距,该店走的是爆款模式,店内的明星产品(爆款)与其他产品的销售额差距十分明显,如图 6-69 所示。

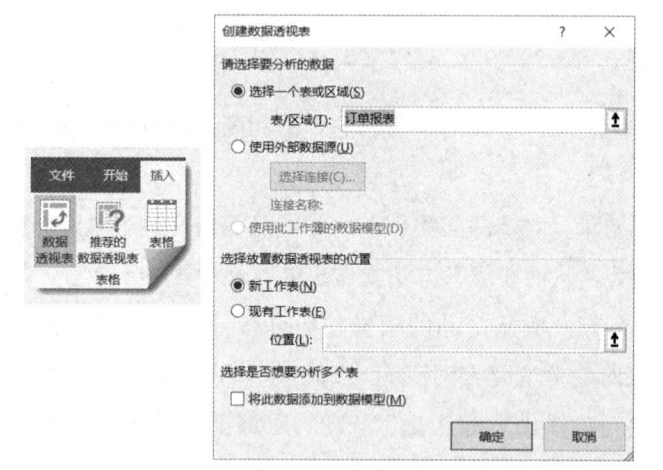

图 6-65

图 6-66

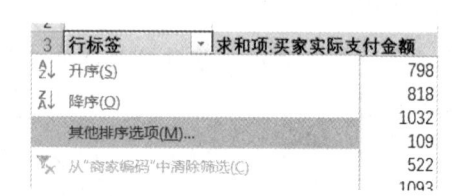

图 6-67

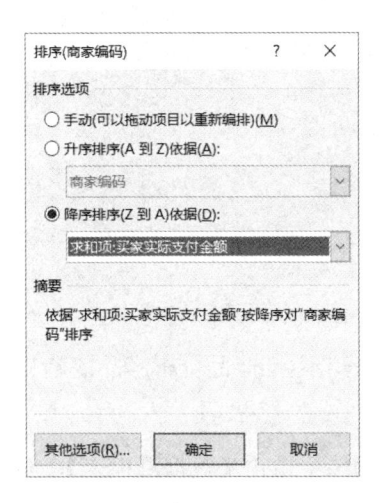

图 6-68　　　　　　　　　　　　　　　图 6-69

（6）为了更好地分析数据，在数据透视表中再次将【买家实际支付金额】字段拖动到【值】区域，如图 6-70 所示。

图 6-70

（7）在第二个【求和项:买家实际支付金额】字段的数值处单击鼠标右键，在弹出的菜单中选择【值显示方式】→【列汇总的百分比】，如图 6-71 所示。

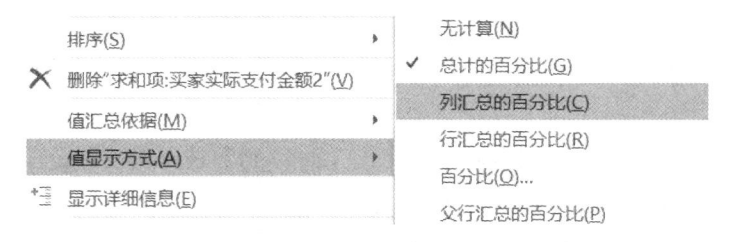

图 6-71

（8）设置好的数据透视表如图 6-72 所示，销售额前 5 名的产品已经占了全店销售额的 60% 以上，这种产品结构风险较大，销售额容易受产品的生命周期及不可控因素的影响。

197

行标签	求和项:买家实际支付金额	求和项:买家实际支付金额2
7A719424000-08	1415158	36.99%
7A719425000-08	422723	11.05%
QPL810118-A20	239313	6.25%
QPL810118-L20	148427	3.88%
7A513130000	147246	3.85%

图 6-72

例 6-8：从生意参谋取数模块下载店铺的产品详情数据，分析产品趋势。

先做产品对比观察，了解店铺里有哪些主推产品，基于主推产品分析产品的趋势。操作步骤如下：

（1）选中数据集并插入数据透视表，在【插入】选项卡中单击【数据透视表】，创建数据透视表时检查所选的区域是否正确，最后单击【确定】按钮，如图 6-73 所示。

（2）创建好数据透视表后，设置数据透视表字段，将【日期】字段拖动到【行】区域，将【支付金额】和【支付转化率】字段拖动到【值】区域，并设置值汇总方式为求和与平均值，将【商品 id】字段拖动到【筛选】区域，如图 6-74 所示。

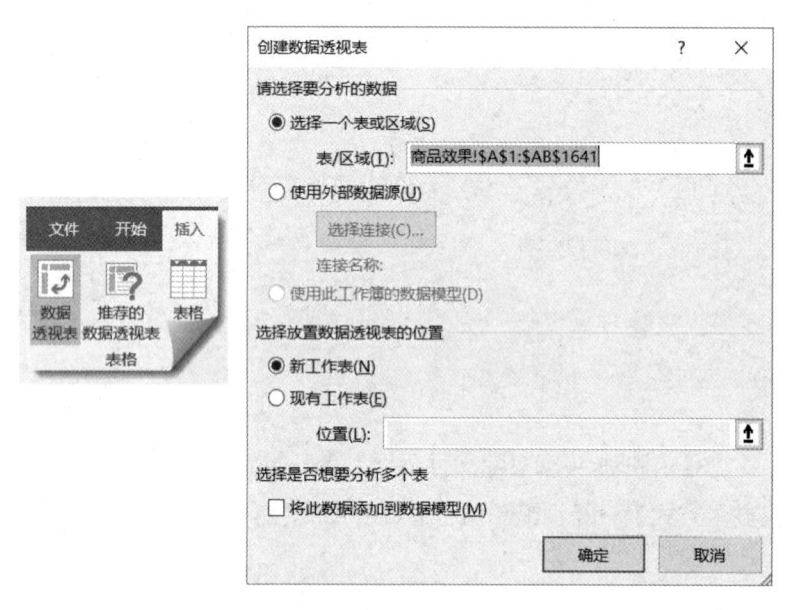

图 6-73

（3）此时由于产品较多，可以筛选指定的【商品 id】进行观察，否则会因为产品太多难以直接观察，如图 6-75 所示。

图 6-74

图 6-75

（4）选中数据透视表，在【插入】选项卡中单击【插入组合图】按钮，由于支付转化率和支付金额的量纲不同，选择【簇状柱形图-次坐标轴上的折线图】选项，将支付金额和支付转化率显示在纵坐标轴上，如图 6-76 所示。创建好的组合图如图 6-77 所示。

图 6-76

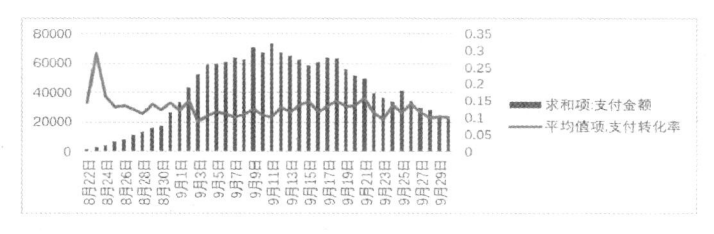

图 6-77

（5）添加图表标题、坐标轴标题，修正格式后如图 6-78 所示，产品的销售额经历了快速上升阶段后，震荡一段时间后会开始下坡，支付转化率在支付金额高峰期时要低于其他时期。

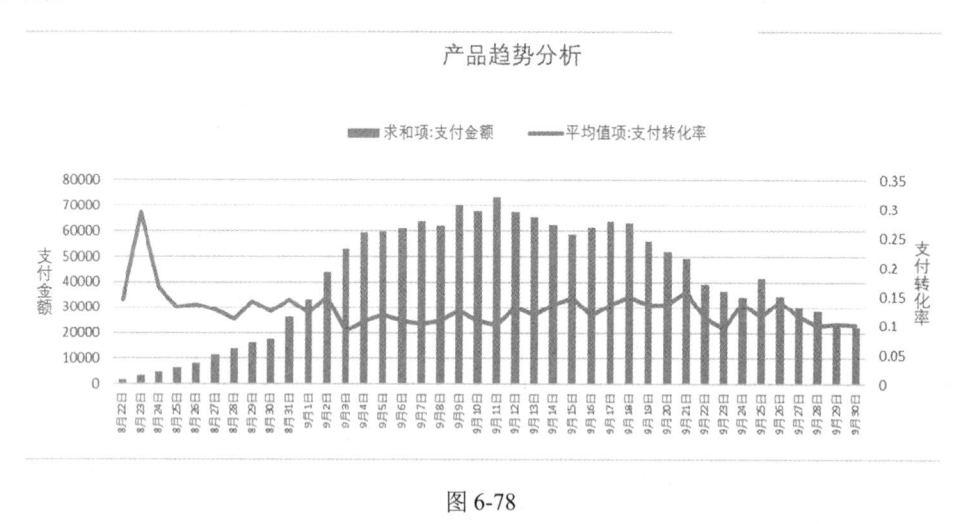

图 6-78

（6）将【支付金额】换成【访客数】后再进行观察，发现支付转化率在访客数高峰期会略低，近期的访客数和转化率都呈下降趋势，这个产品的生命周期可能已经接近尾声了，如图 6-79 所示。

图 6-79

◎ 提升拓展

销售的地域对产品的影响是比较大的，明确产品的销售地域可以避免不必要的推广投入，从而把资源用在合适的地域，提高投入产出比。

分析产品销售分布提升拓展

例 6-9：图 6-80 是店铺根据订单报表和商品报表清洗出的数据信息，使用该数据集分析产品的销售地域。

商家编码	订单付款时间	买家实际支付金额	收货地址
7A513131000	2020/7/1	119	广东省
7A127237000	2020/7/1	59	广东省
7A333411000-27	2020/7/2	89	福建省
7A1207700	2020/7/2	69	福建省
7A333411000-27	2020/7/3	89	福建省

图 6-80

操作步骤如下：

(1) 选中数据（确保数据已经是表格），在 Excel 的【插入】选项卡中单击【三维地图】按钮，创建三维地图，如图 6-81 所示。

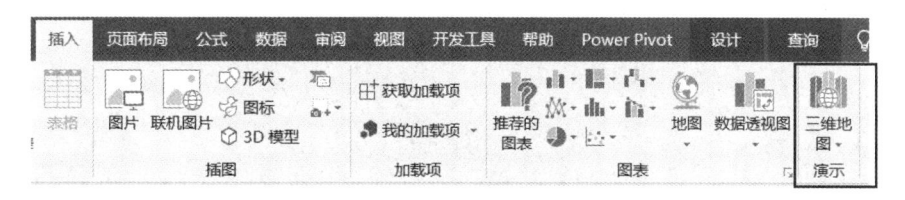

图 6-81

(2) 如图 6-82 所示，在右侧的【图层 1】窗口中设置图层，将【位置】设置为【收货地址】，【值】设置为【买家实际支付金额（求和）】，【时间】设置为【订单付款时间（无）】。

图 6-82

（3）设置完成后可单击【播放】按钮对地图进行播放，播放按钮如图 6-83 所示。

图 6-83

（4）除了使用地图，也可使用数据透视表进行排序分析，分析后的结果如图 6-84 所示。

行标签	求和项:买家实际支付金额
河南省	461779
广东省	345903
浙江省	327023
湖北省	275808
山东省	275604
江西省	268179
江苏省	263261
湖南省	216198

图 6-84

素养园地

品牌不仅是企业的立身之本，也是衡量一个国家经济实力的重要标志。没有民族企业和民族品牌的崛起，何谈国家的经济实力。打造国产品牌，首先要为国产品牌营造健康的成长环境，找准市场定位，树立鲜明的品牌形象，形成保护国产品牌的意识；其次，选择正确的品牌宣传手段和方式，营造良性竞争环境，赢得市场份额；最后，企业自身要提升品牌价值，加强内部管理，注重产品质量保证，提升企业品牌信誉和社会影响力。

2023 抖音电商国货发展年度报告

近年来，电商微商、直播带货等业态蓬勃发展，网络购物已成为居民消费的重要渠道，但一些不法分子利用网络店铺和直播平台等生产销售假冒伪劣商品的情况也时有发生，严重侵犯了消费者和品牌厂商的合法权益，扰乱了市场公平秩序。公安机关对此高度重视，集中打掉一批利用"直播带货""海淘代购"等网购新模式进行欺诈式售假的犯罪团伙，铲除一批互联网领域盗版犯罪产业链条，切实保障广大消费者的合法权益，全力维护公平竞争的市场秩序，努力为各类市场主体发展壮大创造安全稳定的社会环境。

互联网侵权假冒犯罪典型案例

实训项目

实训 6.1

背景：你是企业商品部的商品管理员，由于下一个季度的备货期即将到来，老板需要制定新的备货策略，请你做一份企业产品的分析报告。

目标：用 PPT 做一份报告并进行汇报

数据：练习数据 6.1

要求：

- PPT 不低于 10 页内容（不含标题页和目录页）
- 要有图形展示（折线图、柱形图或饼图等）
- 要有明确的结论（可设置结论页）

项目 7

活动分析

电商平台一般都离不开活动,特别是在新项目启动的时候,几乎每天都会有活动,活动分为 S 类、A 类、B 类、C 类 4 个营销等级,不同等级的活动有不同程度的资源导入支撑。

学习目标

知识目标:
- 理解预测分析的使用场景

能力目标:
- 掌握活动销量预测的方法
- 掌握活动效果分析的方法

素养目标:
- 培养以商务决策为导向的数据收集意识,培养学生对数据的敏感度
- 培养在加工处理数据时一丝不苟、精益求精、严谨认真的工匠精神和科学态度
- 引导学生面对困难和挑战的时候,能正确认识事物发展客观规律,运用科学的思维方法思考、分析、解决问题
- 树立诚信经营意识和理性消费理念,提高学生的维权意识

项目导图

本项目的项目导图如图 7-1 所示。

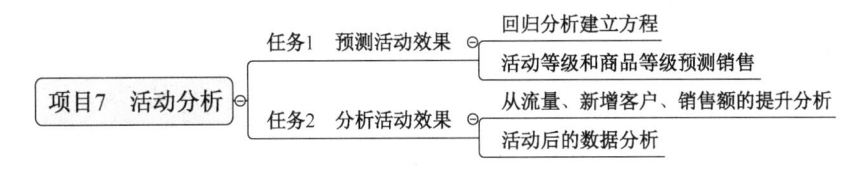

```
                              ┌─ 任务1  预测活动效果 ─┬─ 回归分析建立方程
项目7  活动分析 ─┤                                    └─ 活动等级和商品等级预测销售
                              └─ 任务2  分析活动效果 ─┬─ 从流量、新增客户、销售额的提升分析
                                                      └─ 活动后的数据分析
```

图 7-1

任务1 预测活动效果

◎ 情景导入

预测活动效果

电商企业报名聚划算活动时需要备货，企业搞不清楚要备多少货才合理。需要确定每一类货品的备货量以满足活动时的销售量，且不希望留下过多库存。

◎ 解决思路

采集聚划算活动的产品价格和销量数据，使用预测法预测对应价格可能的销量。

理论导读：预测

预测是指在现有信息的基础上，依照一定的方法和规律对未来的事情进行测算，预先了解事情发展的过程与结果。企业应努力探索如何能够准确预测市场趋势，因为企业的利润是从信息差中产生的。

根据市场角色可将信息差划分为企业和消费者之间的信息差、企业和企业之间的信息差。企业和消费者之间的信息差一定程度上决定了产品的售价，例如，消费者通过企业购买一件产品的价格为 100 元，但消费者并不知道企业的成本只需要 18 元，因为消费者和企业之间存在较大的信息差，因此企业可以将产品以更高的价格卖给消费者以赚取利润。如果一个行业的价格透明，就意味着消费者了解产品的大概成本，此时消费者和企业之间的信息差就变小了。

企业和企业的信息差体现在企业的战略和战术上，例如，1972 年，法国人皮埃尔·瓦克预测了次年的石油危机，让壳牌成为唯一一家能够抵挡这次危机的大石油公司。从此，壳牌从一个不起眼的公司，一跃成为世界第二大石油公司。壳牌就是在其他企业没有准备的前提下，优先调整了市场战略和战术，利用信息差打了一场漂亮的逆袭战。

◎ 实施过程

淘宝常见的活动有聚划算、淘抢购、天天特价等常规活动，还有"双十一""双十二"这些大型活动。活动前要准备好库存、客服人手等问题，这个时候就需要提前对活动的效果进行预测，以防措手不及。

例 7-1：店铺采集了一份坚果品牌的聚划算源数据，如图 7-2 所示，筛选出类似的商品作为数据集，预测 129 元的产品参加活动的效果。数据中有两个变量，【价格】是自变量，【销量】是因变量。价格在第二列，销量在第三列。

商品	价格	销量
A	68	6710
B	78	5770
C	78	5716
D	79	5945
E	79	6065
F	89	4908
G	99	6245
H	149	2732
I	179	2526
J	189	2123
K	199	1903

图 7-2

操作步骤如下：

（1）在 Excel 中选中数据，单击【插入】→【插入散点图（X、Y）或气泡图】→【散点图】，创建完成后如图 7-3 所示。

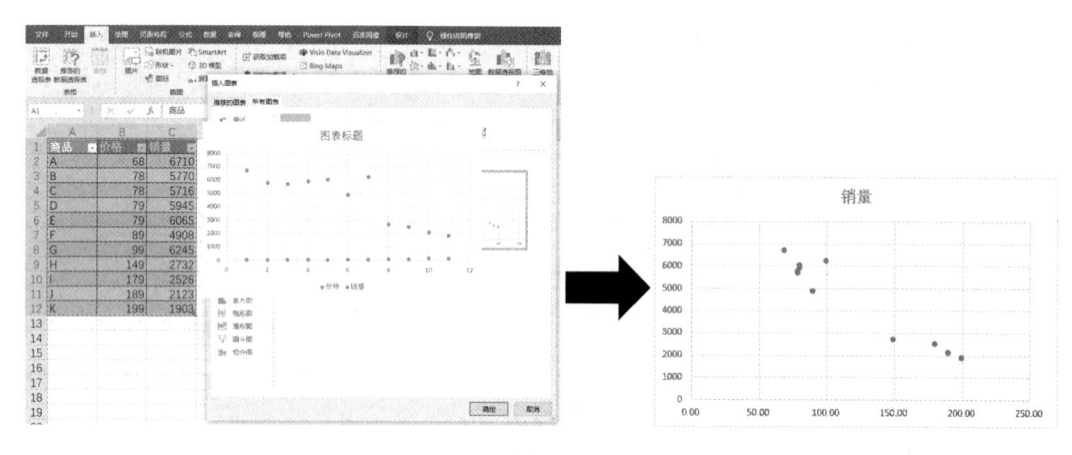

图 7-3

（2）绘制好散点图后，选中散点图，在右上角的【图表元素】快捷菜单中，选择【趋势线】→【指数】选项（可任意选择一种算法，本次选择【指数】趋势线），如图 7-4 所示。

（3）选中并右击趋势线，在弹出的【设置趋势线格式】窗口中勾选【显示公式】和【显示 R 平方值】复选框，如图 7-5 所示。

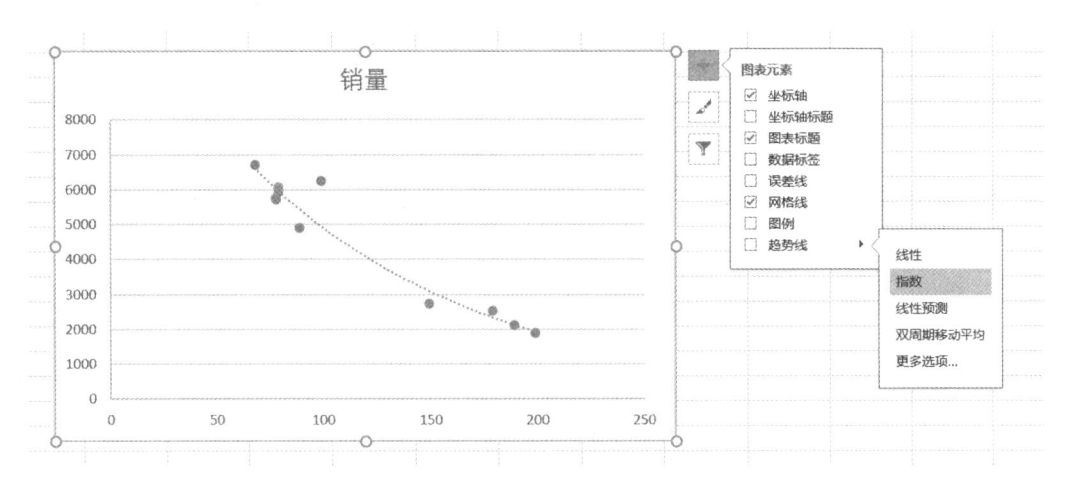

图 7-4

图 7-5

公式是回归方程，R^2 为决定系数，其值代表解释的程度。当 R^2 的值越接近 1，拟合度就越高，说明这个方程的预测结果越精准。在实际操作中，R^2 的值要大于 0.6，拟合效果才好。

对比不同算法的 R^2 值，如图 7-6 所示，此时 R^2 的值是 0.9616，采用指数趋势线进行预测拟合的效果较好。

销量

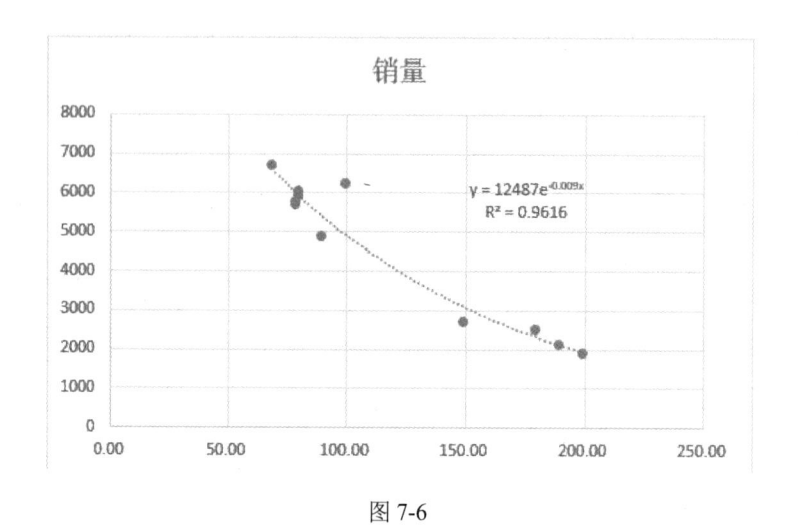

$y = 12487e^{-0.009x}$
$R^2 = 0.9616$

图 7-6

用此方程式计算出 129 元价格的产品，预测聚划算活动的销量为 3910 件，一般预测的误差在 ±10% 以内都是正常的。如图 7-7 所示，根据回归方程，在单元格中编辑公式【=12487*EXP(-0.009*B13)】，得到预测结果，根据这个值就可以提前安排客服、仓库、快递等事项。

商品	价格/元	销量/件	品名
A	68	6710	山核桃
B	78	5770	山核桃
C	78	5716	银杏果
D	79	5945	碧根果
E	79	6065	银杏果
F	89	4908	碧根果
G	99	6245	传统糕点
H	149	2732	山核桃
I	179	2526	碧根果
J	189	2123	零食大礼包
K	199	1903	银杏果
L	129	=12487*EXP(-0.009*B13)	零食大礼包

图 7-7

◎ 提升拓展

例 7-2：按活动等级和商品等级预测销售量。

商品的销售量通常还可以通过活动和商品的等级进行预测。常用方法是通过相同等级活动的历史数据，预测本次活动的销售额。通过商品等级销售预测，一般用于重点款的销售预测。

根据历史数据整理出的活动销售数据如图 7-8 所示，分别为不同活动的销售额和活动前的平日销售额。

预测活动效果

A	B	C	D
活动名称	活动等级	平日销售额/元	活动销售额/元
聚划算4	C	6523	30071.03
品牌日6	B	5900	43247
聚划算1	C	5816	24427.2
品牌日3	B	5525	38951.25
三八女王节	B	5460	38766
聚划算2	C	5435	24457.5
聚划算7	C	5354	22540.34
聚划算9	C	5354	24414.24
聚划算6	C	4586	19949.1
品牌日2	B	4521	32777.25
情人节	B	4093	29510.53
品牌日5	B	4003	29061.78
年货不打烊	B	3908	29544.48
品牌日4	B	3649	26199.82
大牌日2	B	3567	26003.43
品牌日	B	3564	26730
新风尚	B	3354	26429.52
聚划算8	C	2946	12078.6
大牌日	B	2697	18825.06
聚划算3	C	2345	9145.5
聚划算5	C	2254	8655.36

图 7-8

首先画散点图看一下数据情况，散点图如图 7-9 所示，可以看出有两个不同的模型，分别为 B 类活动和 C 类活动。

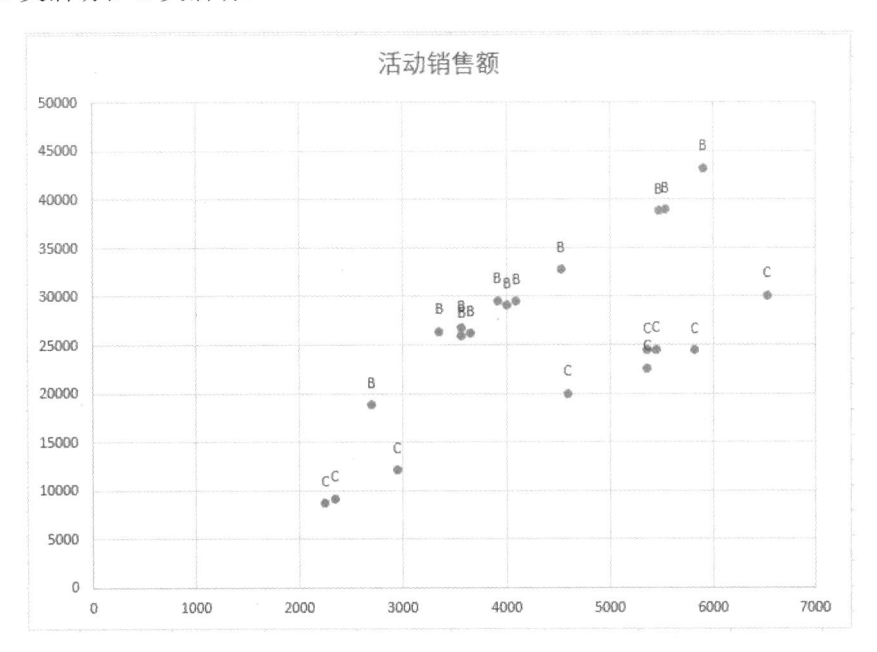

图 7-9

B 类活动的爆发高度和 C 类活动的爆发高度不同，所以将两类活动分开计算。首先计算 C 类活动模型，筛选出 C 类活动的数据，根据任务 1 的方法画出散点图，并拟合公式。拟合结果是一个线性方程，R^2 值为 0.9901，如图 7-10 所示。

图 7-10

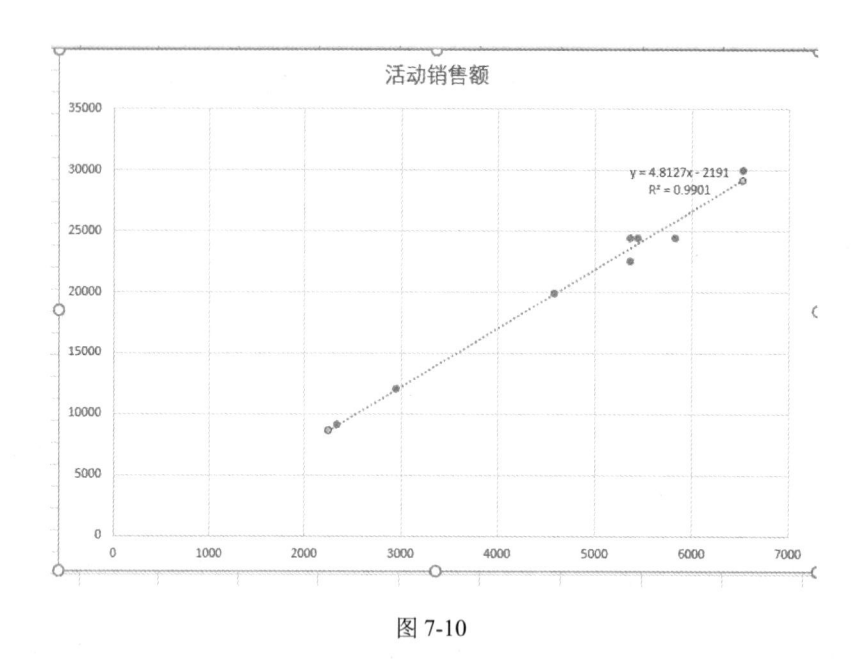

C 类活动的计算公式为 $Y=4.8127X-2191$，假设参加某 C 类活动的产品平日销售额为 3500 元，根据计算公式可得这次活动的预计销售额为 3500×4.8127-2191=14653.45 元。

用同样的方法计算 B 类活动模型，得到结果如图 7-11 所示。

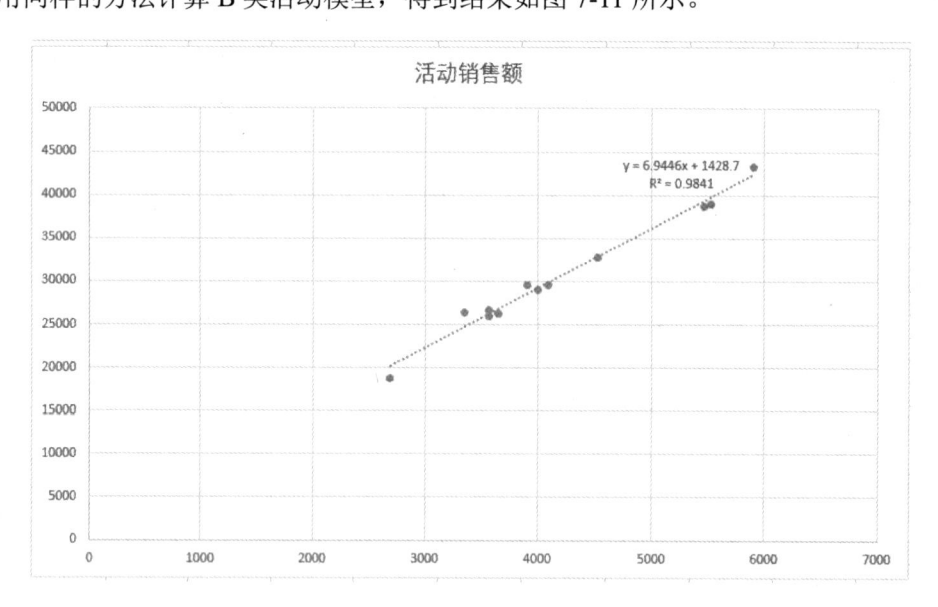

图 7-11

任务2 分析活动效果

◎ 情景导入

电商企业报名了平台的活动,企业主虽然知道活动销量和平日销量有区别,但是搞不清楚具体有什么区别,活动的效果如何,是否应该促进平日销量。

◎ 解决思路

分析店铺的主体为淘宝网,可以选择阿里巴巴提供的生意参谋作为数据源。以天为颗粒度,采集11月、12月的数据。

分析活动效果必须单独采集活动数据并分析、对比不同活动之间、活动销售额和平日销售额之间的区别。

分析活动效果

◎ 实施过程

分析活动效果是活动的总结和效果对比,从流量、新增客户数和销售额等方面和平日销量做对比,或者和其他同类活动做对比,了解活动效果,调整经营策略。

例7-3:从生意参谋的取数模块中取出店铺数据,如图7-12所示为部分数据展示,分析"双十一""双十二"活动分别和11月、12月平日销量的区别。

	A	B	C	D	E	F	G
1	统计日期	访客数/人	支付金额/元	支付买家数/人	支付老买家数/人	支付商品数/件	客单价/元
2	2020/11/1	900	10754	63	6	7	170.7
3	2020/11/2	929	9864	61	0	10	161.7
4	2020/11/3	973	10105	64	1	9	157.89
5	2020/11/4	1230	10480	65	1	13	161.23
6	2020/11/5	1531	11086	64	3	7	173.22

图7-12

操作步骤如下:

(1)将"双十一"和"双十二"的数据单独提取出来,如图7-13所示。

统计日期	访客数	支付金额	支付买家数	支付老买家数	支付商品数	客单价
2020/11/11	6349	114334.23	570	26	29	200.59
2020/12/12	2225	35783	159	8	19	225.05

图7-13

(2)计算活动拉新的实际效果(也就是买家数),新增一列【支付新买家数】,该列值的计算公式为"支付买家数-支付老买家数",计算结果如图7-14所示。

统计日期	访客数	支付金额	支付买家数	支付老买家数	支付商品数	客单价	支付新买家数
2020/11/11	6349	114334.23	570	26	29	200.59	544
2020/12/12	2225	35783	159	8	19	225.05	151

图 7-14

（3）通过数据透视表过滤"双十一"和"双十二"的数据并进行汇总，结果如图 7-15 所示。所有指标都采用平均值算法。

行标签	平均值项:访客数	平均值项:支付金额	平均值项:支付买家数	平均值项:支付老买家数	平均值项:支付商品数	平均值项:客单价
⊞11月	1469.79	11027.69	57.93	3.79	7.00	190.34
⊞12月	1483.57	12767.80	59.43	6.10	7.40	216.13

图 7-15

（4）将数据整理在一张表格上进行分析，如图 7-16 所示。"双十一"活动当天的支付金额、支付买家数和支付新买家数是平日的 10 倍左右，支付商品数是平日的 4 倍左右，说明活动对于拉新和动销而言有实质性的促进作用。活动当天的客单价都高于日销，这可能是消费者的凑单行为引起的数据变化。同理，"双十二"活动当天的数据与平日相比也有显著增长。

统计日期	访客数	支付金额	支付买家数	支付老买家数	支付商品数	客单价	支付新买家数
双十一当天	6349	114334	570	26	29	200.59	544
11月日销平均	1470	11028	58	4	7	190.34	54
双十二当天	2225	35783	159	8	19	225.05	151
12月日销平均	1484	12768	59	6	7	216.13	53

图 7-16

◎ 提升拓展

通常看活动效果不仅看活动当天的情况，还要看活动后一段时间的关键指标变化。通常情况下，活动后期有三种情况，如图 7-17 所示。有些活动期间做得很好，但是活动后期销售额一直走低或跟活动前差不多，累积的销量并没有起到提升销售额的效果，那这次活动可以认为是无效的，图 7-17 中的 A 类、B 类就是这种情况。如果活动期间销售很好，活动后期销售额也有明显提升，那么这次活动就是成功的，如图 7-17 中的 C 类。

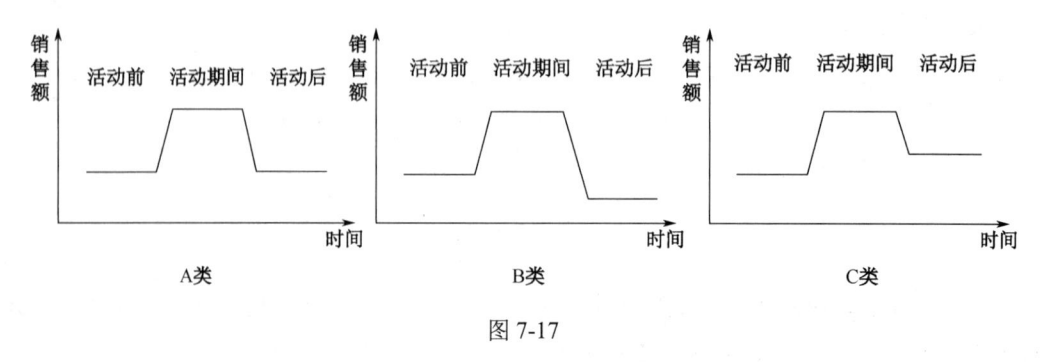

图 7-17

素养园地

市场监管总局向全国互联网平台企业和各地市场监管部门下发《关于规范"双十一"网络促销经营活动的工作提示》，旨在规范促销经营行为，切实维护网络交易市场秩序，保护消费者的合法权益。市场监管部门提示，广大消费者应当理性消费，同时提高维权意识，遇到侵权行为应当及时向平台企业或市场监管部门投诉举报，运用法律武器维护自身合法权益。

"双十一"先提价后打折？市场监管总局出手！

双十一"刷单"屡禁不止为哪般？

实训项目

实训 7.1

背景：店铺报名聚划算活动，产品比较多，老板让你提交具体每个产品的备货计划

目标：用 PPT 做一份报告进行汇报

数据：练习数据 7.1

要求：

- PPT 不低于 6 页内容（不含标题页和目录页）
- 要有图形展示（折线图、柱形图或饼图等）
- 要结合产品原有的收藏量、销售量进行估算
- 要有明确的结论（可设置结论页）

项目 8
广告分析

互联网时代推广营销越来越重要，不懂得营销，再好的产品也难销售出去。广告就是营销重要的载体。

学习目标

知识目标：
- 了解淘宝店铺常见的付费推广方式、使用场景

能力目标：
- 掌握直通车关键词效果分析的方法
- 掌握直通车广告效果分析的方法

素养目标：
- 培养以商务决策为导向的数据收集意识，培养学生对数据的敏感度
- 培养加工处理数据时一丝不苟、精益求精、严谨认真的工匠精神和科学态度
- 引导学生树立创新思维，从实际出发，实事求是，正确对待和处理问题
- 了解相关法律法规，培养法治思维，养成遵纪守法、诚实守信、热情服务的良好行为习惯

项目导图

本项目的项目导图如图 8-1 所示。

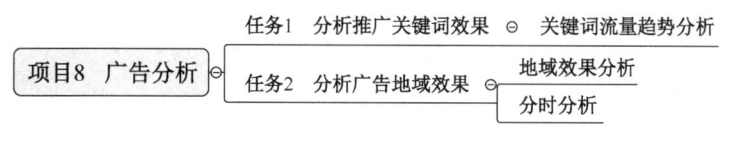

```
项目8 广告分析 ─┬─ 任务1 分析推广关键词效果 ─── 关键词流量趋势分析
              └─ 任务2 分析广告地域效果 ─┬─ 地域效果分析
                                      └─ 分时分析
```

图 8-1

任务1 分析推广关键词效果

分析关键词效果

◎ 情景导入

电商企业在做广告推广时，不知道如何优化关键词，哪些关键词有效，哪些关键词浪费了广告资源，希望通过数据分析，找到有效的关键词，提高投入产出比。

◎ 解决思路

采集直通车的关键词数据，对直通车数据进行汇总分析，确定哪些词是有效的推广词，不断替换、优化关键词。

◎ 实施过程

关键词推广是直通车推广中的重点模式之一，关键词的效果分析是推广的核心工作之一。

例 8-1：采集直通车某个产品推广单元的关键词数据，如图 8-2 所示，对直通车近期的关键词数据进行分析，并提出调整方向。

终端	日期	关键词	点击量	点击率	总花费	平均排名	总成交金额	总收藏数	总购物车数	综合质量得分
Mobile	2018/6/1	山核桃仁	1	5	1.38	5		1		9
Mobile	2018/6/1	山核桃仁散装	6	7.59	7.19	8				10
Mobile	2018/6/1	山核桃仁小包装 袋装	0	0		1				9
Mobile	2018/6/1	山核桃仁碎 散装	0	0		9				10
Mobile	2018/6/1	临安山核桃 散装	30	6.24	37.69	8	295.63	2		9
Mobile	2018/6/1	山核桃 散装 5斤	1	2.86	0.83	5				10
Mobile	2018/6/1	临安小山碎核桃仁肉 散装	2	6	1.5	3		1		9
Mobile	2018/6/1	野生山核桃仁 散装	20	5.25	30.12	7	158.2	2		9

图 8-2

操作步骤如下：

（1）选中数据集并插入数据透视表，单击【插入】选项卡中的【数据透视表】，创建数据透视表时检查所选的区域是否正确，如图8-3所示。

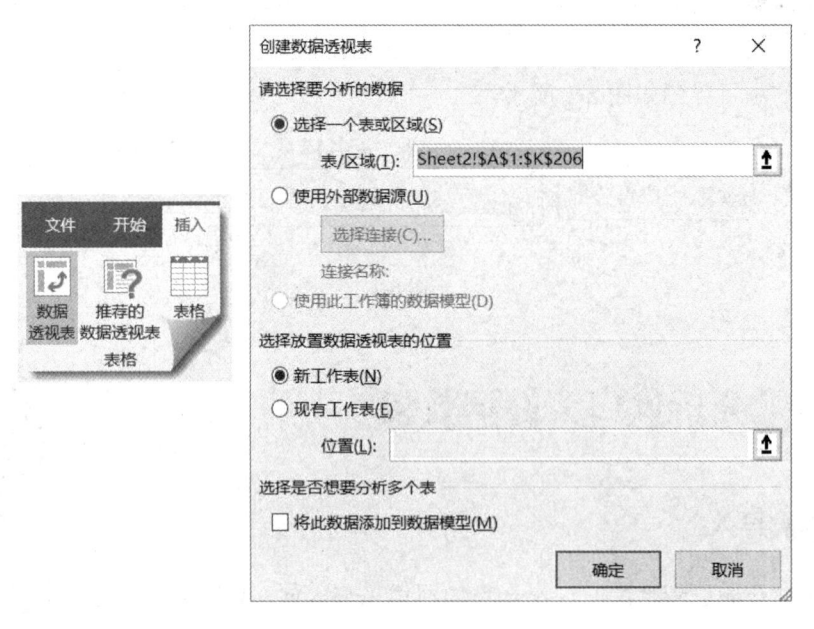

图8-3

（2）创建好数据透视表后，设置数据透视表字段，将【日期】拖到【行】区域，将【点击量】拖到【值】区域，如图8-4所示。

（3）选中数据透视表，在【插入】选项卡中单击【二维柱形图】的第一个图标选项，如图8-5所示，创建柱形图。

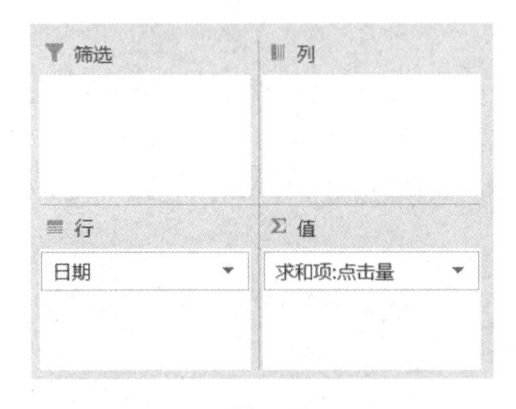

图8-4

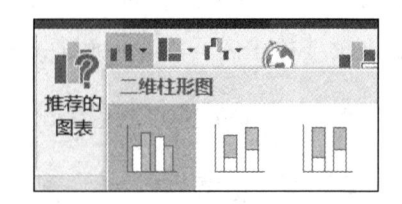

图8-5

（4）选中柱形图，在【分析】选项卡中单击【插入切片器】，如图8-6所示。

（5）在弹出的【插入切片器】对话框中，勾选【关键词】前的复选框，如图8-7所示。

图 8-6　　　　　　　　　　　　　　　　　图 8-7

（6）通过切片器加柱形图的方式观察关键词的指标趋势，从图 8-8 中，发现关键词的点击量波动较大，主推关键词有明显的下降趋势，应通过调整预算等方式保持直通车点击量的稳定或增长。

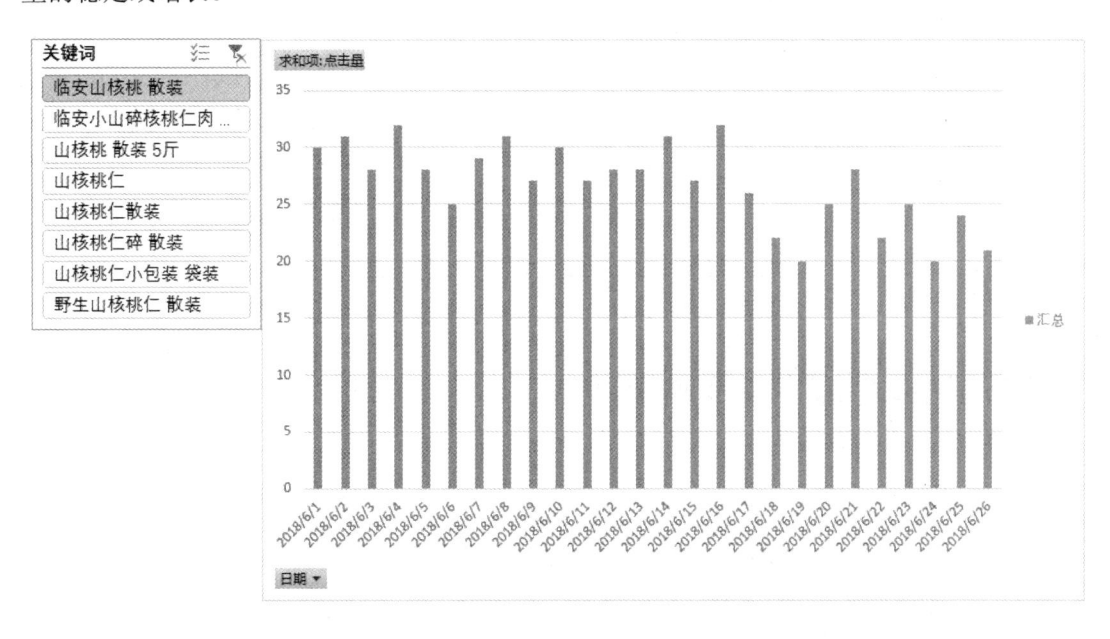

图 8-8

◎ 提升拓展

除了直通车，还有其他的广告方式，可以根据店铺的实际需求进行选择，现将大部分广告方式在表 8-1 中加以说明。

表 8-1 不同的广告方式比较

广告方式	功能介绍	付费方式	适合店铺
直通车	为淘宝、天猫商家定制的搜索推广营销工具，通过对关键词进行竞价排名，获得更多的展现机会和更好的人群流量	只有当用户单击了商品时才需付费，系统智能过滤无效单击	所有店铺
品销宝	品销宝是钻展推广的一种，即以前的明星店铺，如果店铺有一定知名度或品牌影响力，就可以申请成为明星店铺，也就是现在的品销宝	按照展现收费，钻展有两种收费方式，可以选择按展现收费，也可以选择按点击量收费	天猫旗舰店或专卖店
淘宝客	淘宝客是一种按成交付费的广告形式。淘宝客只需将推广代码放到网站、博客、论坛或其他地方，有买家通过此链接完成交易，淘宝客就能拿到 0.5%~50%的佣金	委托人应在签定协议后三天内为产品、店铺设定服务费率（淘宝客专区也称佣金比率），其比例最低不得低于 0.5%，最高不得高于 50%	所有店铺
引力魔方（超级推荐的升级版本）	覆盖淘宝首页"猜你喜欢"、淘宝焦点图等各类优质精准流量。消费者从入淘浏览、单击收藏、加购到订单成交后，引力魔方流量资源场景均有覆盖，全面解决了商家生意投放的流量瓶颈 引力魔方具有更畅快的人群组合投放能力，即搭载全新人群方舟的人群运营计划。引力魔方可以帮助自由投放各类定向组合人群，相似商品人群、相似店铺人群、行业特色人群、跨类目拉新人群等	引力魔方有 CPC（按点击量收费）和 CPM（按展现收费）两种收费模式，要看商家具体设置何种收费方式	所有店铺
其他	淘宝直播、小红书、抖音等内容营销	自己店铺的内容营销账号不收费，如果是请网红账号代运营需要向对方支付佣金	所有店铺

任务 2　分析广告地域效果

◎ 情景导入

该电商企业在优化直通车投放时，需要调整投放地域，通过了解各地区的投放表现，提高投放精准性。

分析广告地域效果

◎ 解决思路

下载直通车地域报表，进行分组汇总。了解每一个地域的投放情况，可帮助营销人员调整投放设置，从而提高广告投放的效果。

◎ 实施过程

直通车可以设置地域投放，因此分析广告地域的效果可以作为广告投放的参考依据。

例8-2：直通车的地域报表如图8-9所示。

日期	省市	展现量	点击量	花费	平均点击花费	总成交	投入产	总成交	总购物	总收藏
2020/6/26	北京	70	7	8.35	1.19	0	0	0	0	0
2020/6/26	福建	24	1	0.67	0.67	0	0	0	0	0
2020/6/26	甘肃	14	5	6.82	1.36	0	0	0	0	1
2020/6/26	广东	78	2	2.59	1.29	0	0	0	0	0
2020/6/26	海南	5	0	0	0	0	0	0	0	0

图8-9

操作步骤如下：

（1）选中数据集并插入数据透视表，单击【插入】选项卡中的【数据透视表】按钮，创建数据透视表时检查所选的区域是否正确，最后单击【确定】按钮，如图8-10所示。

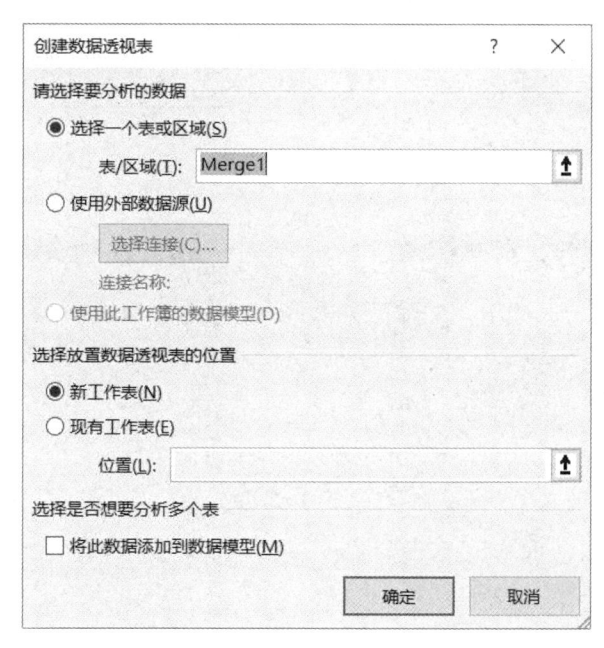

图8-10

（2）创建好数据透视表后，设置数据透视表字段，将【省市】拖到【行】区域，将【点击量】拖到【值】区域，如图8-11所示。

（3）右击【点击量】，在弹出的菜单中选择【排序】→【降序】，如图8-12所示。

（4）排序后可知浙江省是直通车投放点击效果最好的一个省份，如图8-13所示。

（5）添加字段，将【花费】和【总成交金额】拖动到【行】区域，生成的数据透视表如图 8-14 所示，进一步分析投放广告效果进行，一般以基础权重分为主的操作方式不会太介意 ROI（Return On Investment，投入产出比，即成交金额和花费的比值），也就是是否产生成交金额并不是重点分析的方向，重点是点击量的稳定或增长。如果是以 ROI 为主的操作方式，则要计算 ROI 的值，没有产出的地区或关键词可以关停，重点优化 ROI 高的地区或关键词。如图 8-14 所示，山西省的花费仅为 45.7 元，产生的总成交金额为 506 元，ROI 在 10 以上。如果 ROI 稳定，广告投放预算不需要上限，因为只要能投大概率是赚钱的。但此时考虑到数据基数较小，还需要增加数据量进行测试，测试出 ROI 的波动范围，再重点加大投放力度。

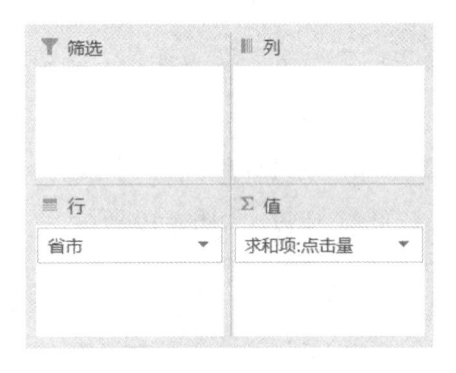

图 8-11

图 8-12

行标签	求和项:点击量
浙江	102
上海	96
北京	91
广东	85
山东	66
江苏	64
辽宁	63
河北	50
四川	43
福建	36
山西	35
陕西	34
天津	27
黑龙江	27
吉林	25
宁夏	22
甘肃	21
湖南	21
湖北	19
青海	16
重庆	14
海南	3
总计	960

图 8-13

行标签	求和项:点击量	求和项:花费	求和项:总成交金额
浙江	102	141.44	0
上海	96	130.26	0
北京	91	122.4	358
广东	85	116	299
山东	66	91.84	296
江苏	64	81.96	0
辽宁	63	83.91	0
河北	50	63.87	485
四川	43	53.48	0
福建	36	50.75	0
山西	35	45.7	506
陕西	34	45.85	0
天津	27	38.28	0
黑龙江	27	36.2	0
吉林	25	35.17	0
宁夏	22	25.35	0
甘肃	21	31.72	0
湖南	21	31.48	0
湖北	19	25.68	0
青海	16	21.82	0
重庆	14	17.56	0
海南	3	3.74	0
总计	960	1294.46	1944

图 8-14

◎ 提升拓展

直通车效果分析还可以分时进行。一天内进店人数不是平均分布的，通常 7:00~9:00 和 21:00~23:00 是访客的高峰期，可以按成交时间优化直通车效果。以办公室零食类目为例，通常 15:00~17:00 转化效果比较好，因为这个时间段，上班族们会有点饿了，很多人会在淘宝上搜索零食，进而下单。

所以可以按照一天内的点击量、总成交金额、投入产出比、总购物车数等指标来分析不同时间段的直通车效果。

实时的指标数据不能直接下载，但可以手动记录下来，如图 8-15 所示。

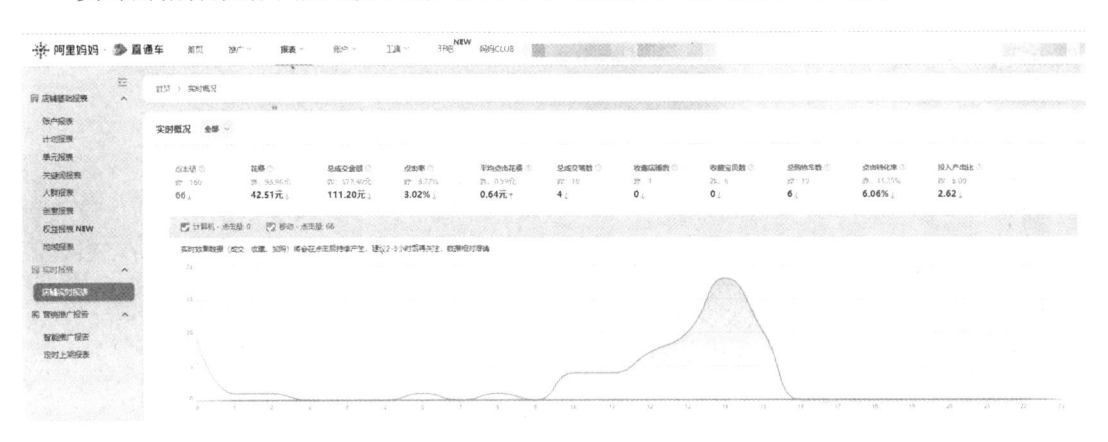

图 8-15

持续收集一段时间的数据，根据任务 2 学习的知识计算出每小时的 ROI，设置不同时段的折扣投入。

素养园地

> 广告应当真实、合法，以健康的表现形式表达广告内容，符合社会主义精神文明建设和弘扬中华民族优秀传统文化的要求。广告不得含有虚假或使人误解的内容，不得欺骗、误导消费者。广告主应当对广告内容的真实性负责。广告主、广告经营者、广告发布者从事广告活动，应当遵守法律、法规，诚实守信，公平竞争。

《中华人民共和国广告法》

中共中央办公厅、国务院办公厅印发了《关于推进社会信用体系建设高质量发展促进形成新发展格局的意见》，提出打造诚信消费投资环境，明确运用信用手段释放消费潜力，加强法治政府、诚信政府建设，加强司法公信，筑牢市场诚信基石，进一步规范市场秩序，优化营商环境，激发市场活力。

2021年"诚信兴商十大案例"

实训项目

实训8.1

背景：你是店铺的推广专员，老板想了解店铺广告的投放效果，让你做一份广告投放效果的报告

目标：用PPT做一份报告并进行汇报

数据：练习数据8.1

要求：

- PPT不低于6页内容（不含标题页和目录页）
- 要有图形展示（折线图、柱形图或饼图等）
- 要有明确的结论（可设置结论页）

项目 9 客户分析

现阶段电商企业获取客户的成本极高,一个新客户的成本甚至要达到数百元,提高客户价值和预防客户流失对电商企业来讲非常重要。

学习目标

知识目标:
- 了解客户分布和行为习惯等基本概念
- 掌握 RFM 模型的概念

能力目标:
- 掌握 RFM 模型的思路和方法
- 掌握复购分析的思路和方法
- 掌握舆情分析的思路和方法

素养目标:
- 培养以商务决策为导向的数据收集意识,培养学生对数据的敏感度
- 培养学生加工处理数据时一丝不苟、精益求精、严谨认真的工匠精神和科学态度
- 引导学生遵守相关法律法规及商业道德规范,履行维护数据安全的义务,强化底线思维,坚守网络安全底线

项目导图

本项目的项目导图如图 9-1 所示。

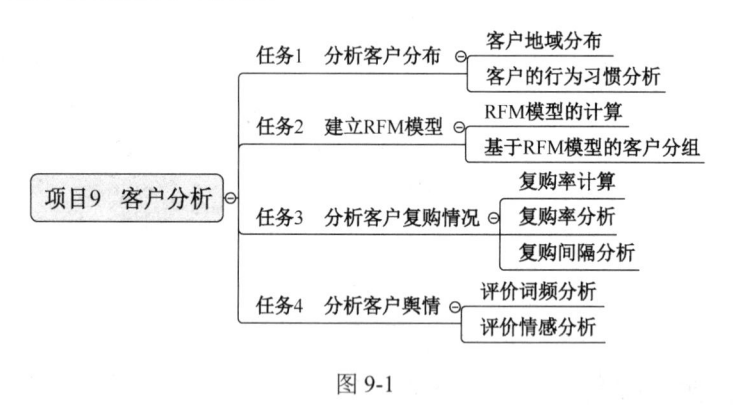

```
                         ┌── 任务1  分析客户分布 ──┬── 客户地域分布
                         │                          └── 客户的行为习惯分析
                         │
                         ├── 任务2  建立RFM模型 ──┬── RFM模型的计算
                         │                          └── 基于RFM模型的客户分组
项目9  客户分析 ──────────┤
                         │                          ┌── 复购率计算
                         ├── 任务3  分析客户复购情况 ─┼── 复购率分析
                         │                          └── 复购间隔分析
                         │
                         └── 任务4  分析客户舆情 ──┬── 评价词频分析
                                                    └── 评价情感分析
```

图 9-1

任务 1　分析客户分布

分析客户分布

◎ 情景导入

通过对客户的价值分析和打标,提高企业对客户的运营能力。

◎ 解决思路

下载淘宝卖家后台的订单报表数据,分析客户地域分布和下单的行为习惯。

客户地域分布数据可基于订单报表进行整理,该数据可以指导品牌商或大型的电商企业进行线下门店布局。客户分布是基本分析项,了解客户的分布有助于经营者制定运营策略。

客户行为习惯可基于下单的时间特征进行分析,可以以星期、日为单位,也可以以时、分为单位。

◎ 实施过程

例 9-1:下载订单报表数据,分析客户的地域分布情况。

操作步骤如下:

(1)下载文件应是 xlsx 格式,将文件导入 Power Query 中进行清洗。打开 Excel,在【数据】选项卡中单击【来自表格/区域】,如图 9-2 所示。

图 9-2

（2）进入 Power Query 编辑器后，对【订单状态】进行【筛选】，过滤掉状态为【交易关闭】和【等待买家付款】的选项，如图 9-3 所示。

（3）选中收货地址，在【添加列】选项卡中依次单击【提取】→【分隔符之前的文本】，如图 9-4 所示；弹出【分隔符之前的文本】对话框，在【分隔符】文本框中输入一个英文输入法状态下的空格符号，然后单击【确定】按钮，如图 9-5 所示。

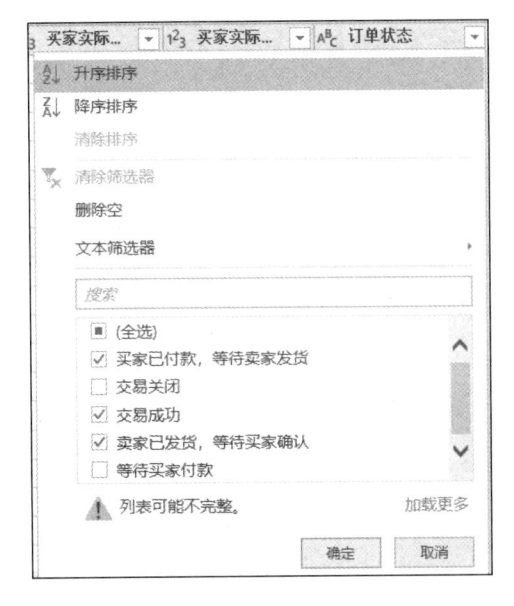

图 9-3　　　　　　　　　　　　　　图 9-4

图 9-5

（4）修改【收货地址】字段名称为【省份】，可以提取出每笔订单的收货省份，如图

9-6 所示。

（5）在【主页】选项卡中单击【分组依据】按钮，如图 9-7 所示。

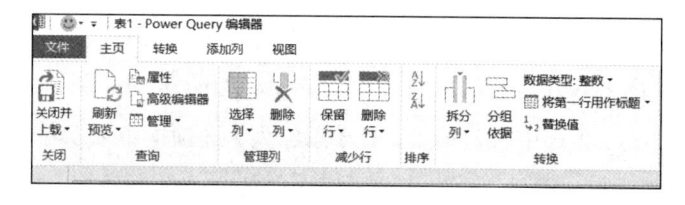

图 9-6

图 9-7

（6）在【分组依据】对话框中，选择基于【买家会员名】和【省份】分组，如图 9-8 所示，然后单击【确定】按钮。

图 9-8

（7）由于订单信息中会有同一客户多次下单的情况，因此通过买家会员名和省份分组的操作可将会员合并，减少重复计数。即便这样也可能还会有重复，因为有小部分客户多次下单时收货地址不一致，也可能会有跨省份的订单，这种情况可以忽略不计，默认一个客户存在多个省份。如果要精准判断，只有根据下单地址的频次选择频次高的，但会出现部分地址的频次相同的情况，就无法判断了。分组后的数据如图 9-9 所示。

买家会...	省份	计数
tb1	广东省	10
tb9	广东省	8
amy	广东省	7
tb4	广东省	7
yan	广东省	7
tb5	广东省	7
lin	广东省	6
tb4	江苏省	6
hua	广东省	6
tb8	广东省	6
cie	江西省	6
tb2	四川省	6
陈小姐	山东省	6

图 9-9

（8）再一次进行分组，具体设置如图 9-10 所示。分组结果如图 9-11 所示。

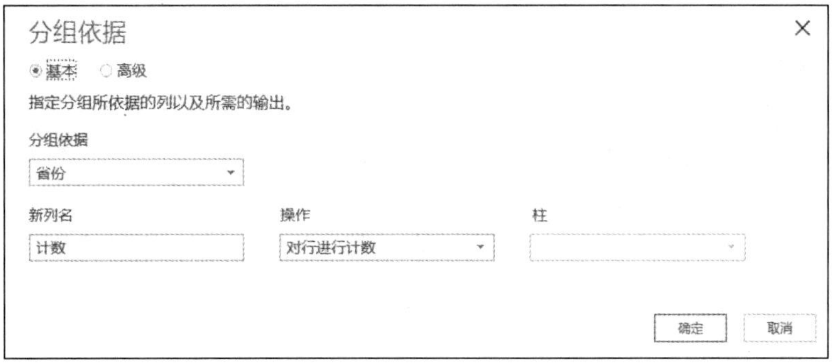

图 9-10

	省份	计数
1	广东省	593
2	上海市	277
3	江苏省	250
4	浙江省	249
5	北京市	190
6	山东省	151
7	四川省	147
8	湖北省	131
9	重庆市	128
10	河北省	109
11	安徽省	104
12	广西壮族自...	96
13	江西省	93
14	湖南省	93

图 9-11

（9）单击【开始】选项卡中的【关闭并上载】按钮，将数据导入 Excel 中保存。

（10）在 Excel 中，选中数据并单击【插入】选项卡中的【数据透视表】。

（11）在数据透视表字段设置中，将【省份】拖到【行】区域，将【计数】拖到【值】区域。

（12）右击【点击量】，在弹出的菜单中选择【降序】排序。

（13）插入排列图后可以更直观地分析客户的地域分布，如图 9-12 所示。其中，广东省、上海市和江苏省是主要的客户集中地，推广策略可以偏向这三个省份。

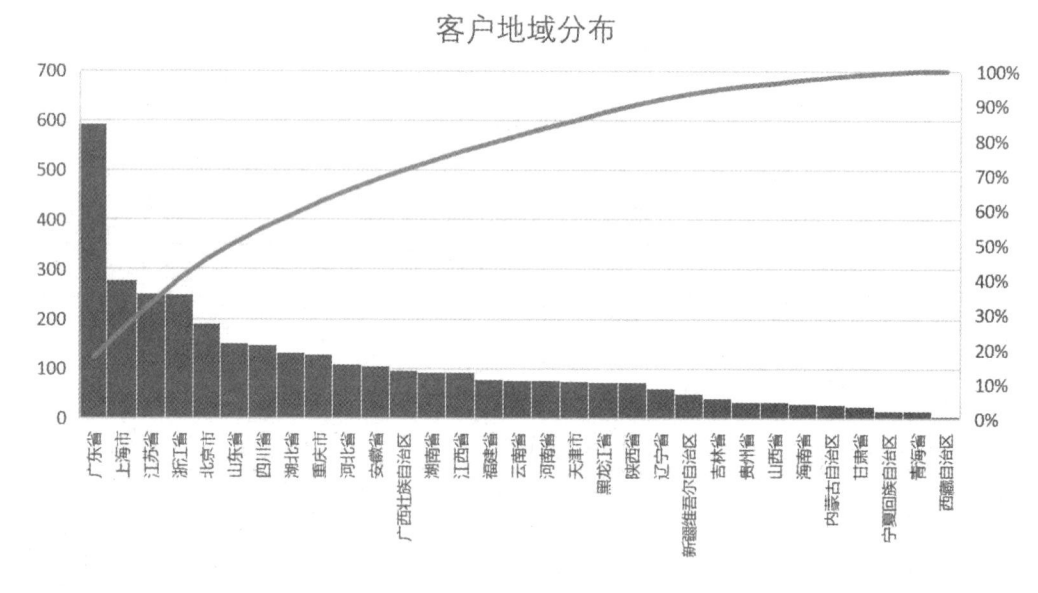

图 9-12

例 9-2：下载订单报表数据，分析客户下单的行为习惯。

将下载下来的文件导入 Power Query 中进行清洗，操作步骤如下：

分析客户下单习惯

（1）打开 Excel，在【数据】选项卡中单击【来自表格/区域】。

（2）进入 Power Query 编辑器后，对订单状态进行筛选，过滤掉状态为【交易关闭】和【等待买家付款】的选项。

（3）勾选【订单付款时间】复选框，在【添加列】选项卡中依次单击【日期】→【天】→【星期几】，创建新列，如图 9-13 所示。

（4）勾选【订单付款时间】，在【添加列】选项卡依次单击【时间】→【小时】→【小时】，创建新列，如图 9-14 所示。

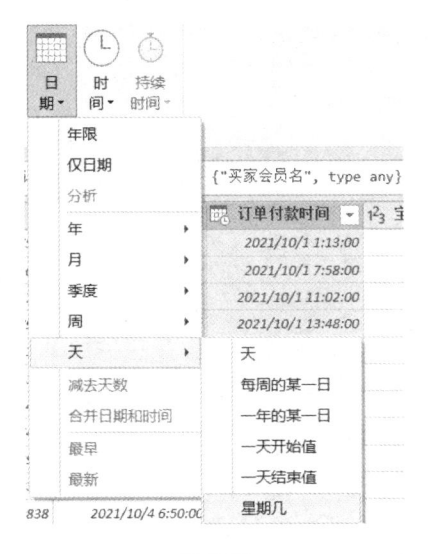

图 9-13   图 9-14

（5）修改对应的字段名称，如图 9-15 所示。

（6）单击【开始】选项卡中的【关闭并上载】按钮，将数据保存至 Excel 中。

（7）在 Excel 中，选中数据并单击【插入】选项卡中的【数据透视表】按钮。

（8）设置数据透视表字段时，将【星期几】拖到【行】区域，将【买家会员名】和【买家实际支付金额】拖到【值】区域。

（9）创建好的数据透视表如图 9-16 所示。可以看出，星期六的支付金额最高，星期五的支付金额最低，其他日期差别不大。

星期几	小时
星期五	1
星期五	7
星期五	11
星期五	13
星期五	15
星期六	8
星期六	9
星期六	18
星期日	20
星期日	4

图 9-15

行标签	计数项:买家会员名	求和项:买家实际支付金额
星期一	467	94958
星期二	501	97745
星期三	494	95027
星期四	495	102719
星期五	447	89973
星期六	512	102739
星期日	482	92534
总计	3398	675695

图 9-16

（10）再创建一个数据透视表，在数据透视表字段设置中，将【小时】拖到【行】区域，将【买家会员名】和【买家实际支付金额】拖到【值】区域。创建好的数据透视表如图 9-17 所示。可以看出，早上 7:00 客户陆续开始购物，14:00 之后进入购物高峰期，01:00 客户开始陆续休息。基于这个数据可调整客服排班和轮岗交接时间。

行标签	计数项:买家会员名	求和项:买家实际支付金额
0	109	21496
1	35	7040
2	22	4289
3	13	2867
4	7	1098
5	9	3716
6	13	4107
7	51	10400
8	111	24011
9	151	32578
10	244	43886
11	173	36392
12	195	33516
13	189	36732
14	228	45669
15	275	52802
16	186	44849
17	140	34638
18	169	30477
19	179	32075
20	205	37493
21	213	45415
22	230	45601
23	251	44548
总计	3398	675695

图 9-17

（11）插入组合图展示，效果更加直观，如图 9-18 和图 9-19 所示，可在撰写客户报告时使用。

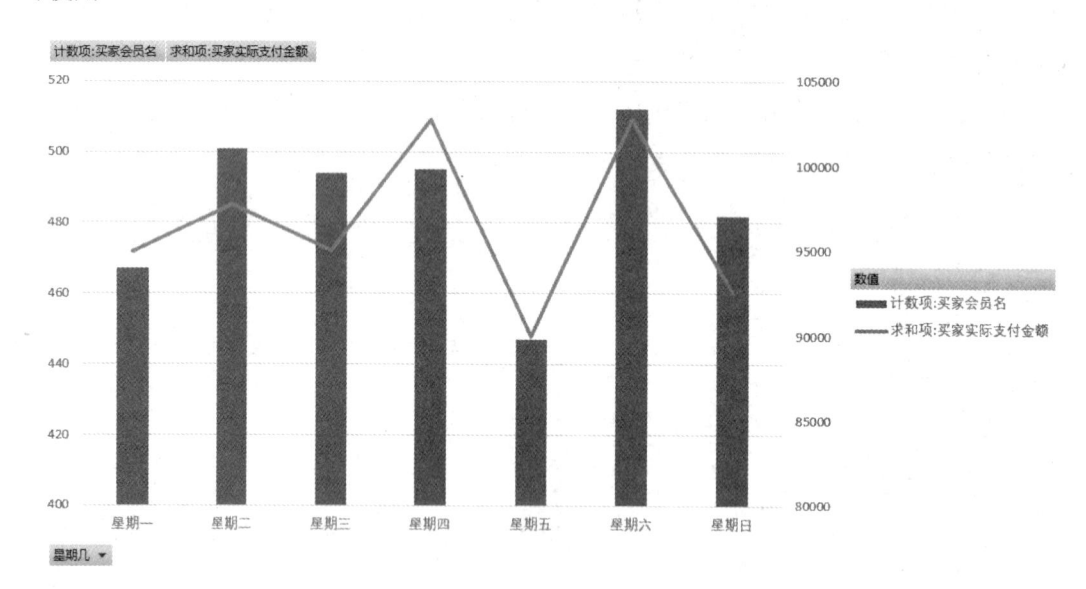

图 9-18

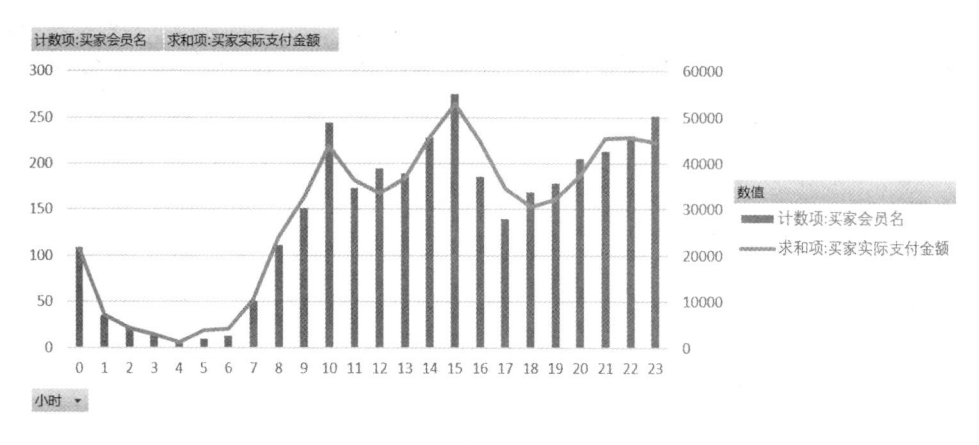

图 9-19

◎ 提升拓展

在展示客户分布地域的时候，可以用 Excel 中的三维地图展示功能，使得分析结果在地图上可视化。原始数据如表 9-1 所示。

分析客户分布拓展提升

表 9-1 地域客户分布表

省份	省会	买家数/人
北京市	北京	5500
上海市	上海	12511
天津市	天津	7650
重庆市	重庆	1572
黑龙江省	哈尔滨	200
内蒙古自治区	呼和浩特	2160
山东省	济南	2564
安徽省	合肥	1564
江苏省	南京	6652
四川省	成都	5654
浙江省	杭州	8952
广东省	广州	2102

操作步骤如下：

（1）依次单击【插入】→【三维地图】，如图 9-20 所示。

（2）在【数据】选项中选择【热力图】，在【位置】选项中选择【省份】，在【值】选项中选择【买家数】，如图 9-21 所示，设置完成后即可生成客户分布区域的三维地图。

图 9-20

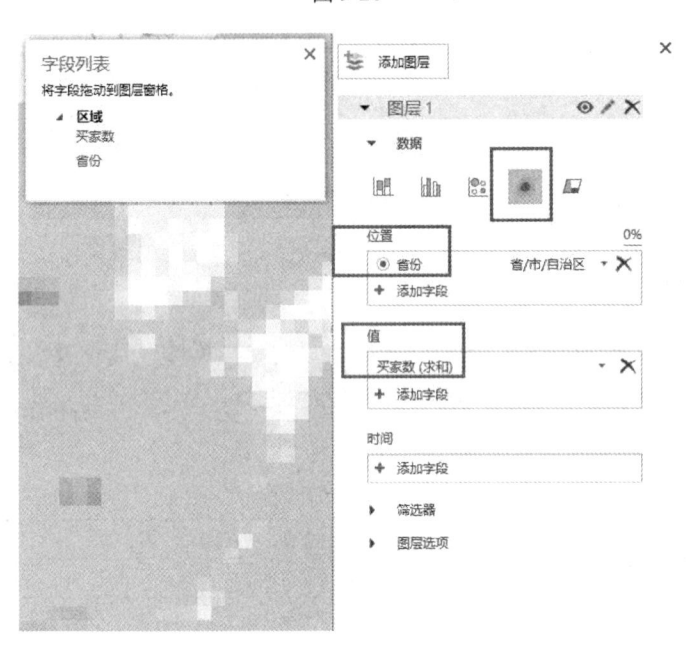

图 9-21

任务 2　建立 RFM 模型

◎ 情景导入

RFM 模型是衡量客户价值和客户创利能力的重要工具和手段。在众多的客户关系管理（CRM）分析模式中，RFM 模型被广泛提到。该模型通过一个客户的近期购买时间、购买的总体频率及总购买金额 3 项指标来描述该客户的价值状况。

◎ 解决思路

下载淘宝卖家后台的订单报表数据，建立 RFM 模型。

理论导读：RFM 模型

RFM 模型是客户管理领域里的一种客户消费行为分析模型。

R 是近度（Recency），代表最近购买时间，指上次购买至现在的时间间隔；R 值越大表示店铺与客户发生交易的时间越久，反之与客户发生交易的时间越近。理论上 R 值越小（最近有购买行为）的客户是复购可能性越高的有价值客户。

F 是频度（Frequency），代表购买频率，指的是某一时期内购买的次数。F 值越大代表该段时间内客户的购买频率越高，存在极大的复购可能性；反之 F 值越小，则客户活跃度越低，相应的价值越低。

M 是额度（Monetary），代表总购买金额，指的是某一时期内购买商品的总金额。M 值越大表示该客户对本店铺（产品）的购买意愿转化为购买行为的可能性越大，该客户的价值越应受到关注。

RFM 模型动态展示了现有客户在店铺的购物信息，对店铺营销决策的制定提供了依据，便于店铺对现有客户的分类与管理。

1. 计算 R

R 值的计算方法是计算现在与最近一次购买日期之间的间隔天数。

2. 计算 F

F 值的计算方法是对客户的订单数进行统计。

3. 计算 M

M 值的计算方法是将客户的消费金额进行汇总。

为客户分组，即将三个指标分别分为"高"和"低"两种情况，设定高于均值的为"高"，低于均值的为"低"。

R 值"高""低"的判定步骤：分别求出客户每个订单的购买日期与现今时间间隔 R；计算时间间隔 R 的均值；将每位客户的最小时间间隔与 R 均值进行比较，小于均值即为低，大于均值即为高。R 值越低表示客户最近一次的购买日期越接近现今时间。

F 值"高""低"判定步骤：计算每位客户某时间段内的购买次数之和；计算频率 F 的均值；将每位客户的 F 值与 F 均值进行比较，小于均值即为低，大于均值即为高。

M 值"高""低"判定步骤：计算每位客户某时间段内的购买金额和 M；计算频率 M 的均值；将每位客户的 M 值与 M 均值进行比较，小于均值即为低，大于均值即为高。

以此为标准将客户分为八大类，如表 9-2 所示。

表 9-2　RFM 模型分组表

R 值	F 值	M 值	客户类型
低	高	高	高价值客户
高	高	高	重点保持客户
低	低	高	重点发展客户

续表

R 值	F 值	M 值	客户类型
高	低	高	重点挽留客户
低	高	低	一般价值客户
高	高	低	一般保持客户
低	低	低	一般发展客户
高	低	低	潜在客户

◎ 实施过程

例 9-3：现有某淘宝店铺 2021 年 1 月至 12 月顾客购买情况数据（截图如图 9-22 所示）。为了实现精准化客户营销，降低推广成本，现需要将客户进行分类。使用 Power Query 进行客户分类。

建立 RFM 模型

订单编号	买家会员名	买家实际支付金额	订单付款时间
242120107254	北风归	308	2021/1/1 8:10
240269154311	tb2	199	2021/1/1 14:08
260940363136	肥屁1	159	2021/1/2 12:03
257216102723	因为他很好	0	2021/1/2 14:58
239235716415	听风轻雨柔	154	2021/1/2 15:08
228359912729	李毛5	208	2021/1/3 10:01
237651920003	ima	159	2021/1/3 20:13
236734754246	its	159	2021/1/4 15:41
253592786850	its	159	2021/1/4 15:41

图 9-22

操作步骤如下：

1. 将 Excel 数据加载至 Power Query

打开 Excel，在【数据】选项卡中单击【从表格】，如图 9-23 所示，即可将购买情况数据加载至 Power Query，结果如图 9-24 所示。

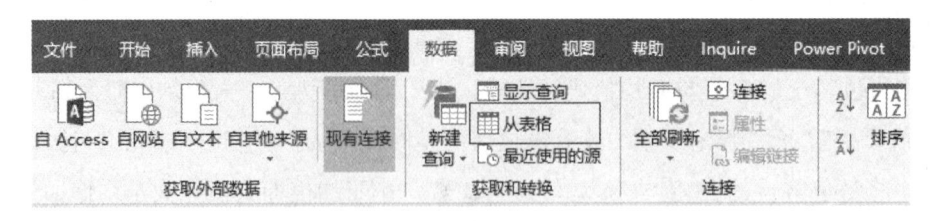

图 9-23

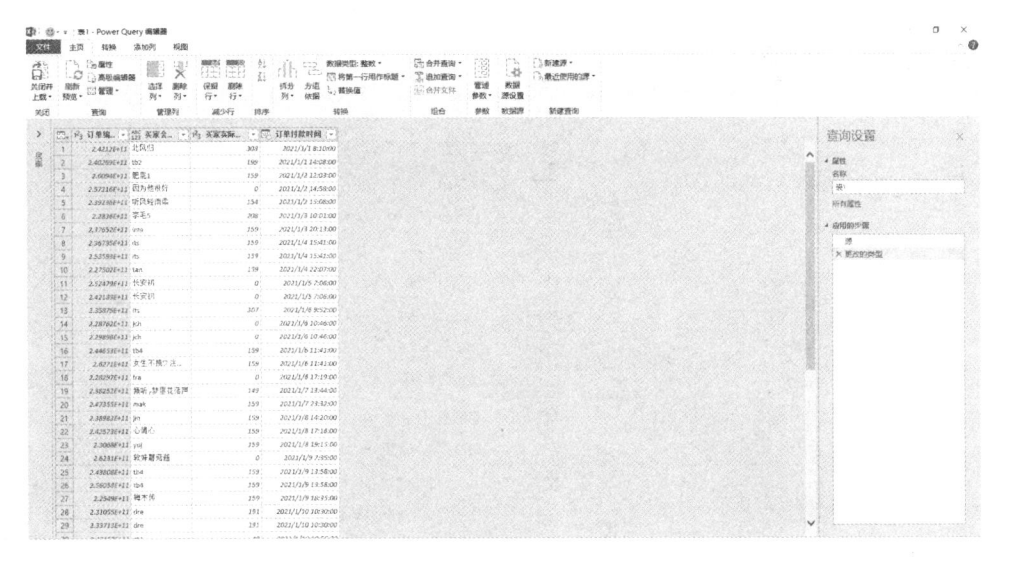

图 9-24

2. 计算时间间隔 R

（1）插入【今日日期】字段，在【添加列】选项卡单击【自定义列】。

（2）打开【自定义列】对话框，在【新列名】区域输入【今日日期】，在【自定义列公式】区域输入日期公式【=DateTime.Date(#datetime(2022, 2, 14, 0, 0, 0))】，然后单击【确定】按钮，如图 9-25 所示。成功插入【今日日期】列，如图 9-26 所示。

图 9-25

买家会...	总金额	订单付款时间	今日日...
苏颜3	90	2021/10/1 1:13:00	2022/2/14
las	159	2021/10/1 7:58:00	2022/2/14
夏天的	440	2021/10/1 11:02:00	2022/2/14
tb7	159	2021/10/1 13:48:00	2022/2/14
che	303	2021/10/1 15:51:00	2022/2/14
159	308	2021/10/2 8:50:00	2022/2/14
张紫雨	159	2021/10/2 9:38:00	2022/2/14
菜菜菜	159	2021/10/2 18:13:00	2022/2/14
李玉h	159	2021/10/3 20:57:00	2022/2/14
asd	159	2021/10/3 4:42:00	2022/2/14
崔鑫鑫	319	2021/10/4 6:50:00	2022/2/14
透风的	489	2021/10/4 10:38:00	2022/2/14
李毛5	139	2021/10/3 14:05:00	2022/2/14
潜移默	159	2021/10/3 16:23:00	2022/2/14
小天h	159	2021/10/4 15:43:00	2022/2/14
忘忧草	159	2021/10/5 8:37:00	2022/2/14
bel	159	2021/10/4 12:03:00	2022/2/14

图 9-26

（3）将【今日日期】列的类型与【订单付款时间】列进行统一。选中【今日日期】列，在【开始】选项卡，单击【数据类型】，选择【日期/时间】。操作完成后数据呈现如图 9-27 所示。

买家会...	总金额	订单付款时间	今日日...
苏颜3	90	2021/10/1 1:13:00	2022/2/14 0:00...
las	159	2021/10/1 7:58:00	2022/2/14 0:00...
夏天的	440	2021/10/1 11:02:00	2022/2/14 0:00...
tb7	159	2021/10/1 13:48:00	2022/2/14 0:00...
che	303	2021/10/1 15:51:00	2022/2/14 0:00...
159	308	2021/10/2 8:50:00	2022/2/14 0:00...
张紫雨	159	2021/10/2 9:38:00	2022/2/14 0:00...
菜菜菜	159	2021/10/2 18:13:00	2022/2/14 0:00...
李玉h	159	2021/10/3 20:57:00	2022/2/14 0:00...
asd	159	2021/10/3 4:42:00	2022/2/14 0:00...
崔鑫鑫	319	2021/10/4 6:50:00	2022/2/14 0:00...
透风的	489	2021/10/4 10:38:00	2022/2/14 0:00...
李毛5	139	2021/10/3 14:05:00	2022/2/14 0:00...
潜移默	159	2021/10/3 16:23:00	2022/2/14 0:00...
小天h	159	2021/10/4 15:43:00	2022/2/14 0:00...

图 9-27

（4）新建一列，计算【今日日期】与【订单付款日期】的时间差。在【添加列】选项卡中单击【自定义列】，弹出【自定义列】对话框，在【新列名】区域输入【R】，在【自定义列公式】区域输入【=[今日日期]-[订单付款时间]】，如图 9-28 所示，然后单击【确定】按钮。

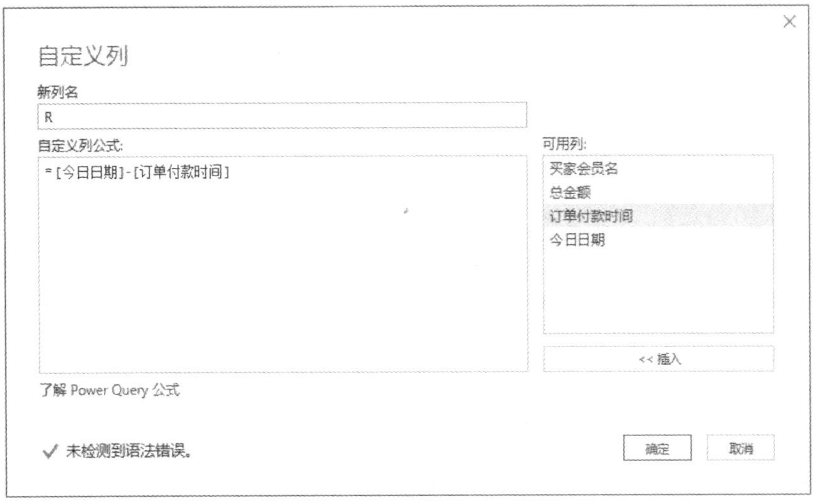

图 9-28

（5）删除【订单付款时间】与【今日日期】列，并将【R】列的数据类型改为整数型，结果如图 9-29 所示。

	买家会...	总金额	R
1	苏颜3	90	136
2	las	159	136
3	夏天的	440	136
4	tb7	159	135
5	che	303	135
6	159	308	135
7	张紫雨	159	135
8	菜菜菜	159	134
9	李玉h	159	133
10	asd	159	134
11	崔鑫鑫	319	133
12	透风的	489	133
13	李毛5	139	133
14	潜移默	159	133
15	小天h	159	132

图 9-29

3. 进行数据分组，得到每位客户的 RFM 数据

将数据进行分组，在【开始】选项卡中单击【分组依据】，具体设置如图 9-30 所示。

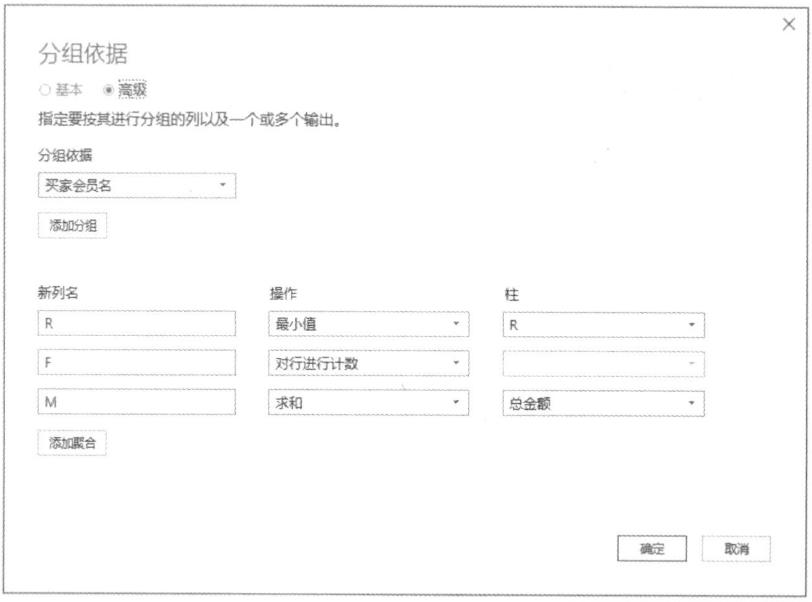

图 9-30

完成后得到如图 9-31 所示的数据。

买家会...	R	F	M
苏颜3	136	4	567
las	136	1	159
夏天的	136	1	440
tb7	135	11	1898
che	119	5	1517
159	135	4	795
张紫雨	135	3	477
菜菜菜	134	1	159
李玉h	133	4	526
asd	134	7	988
崔鑫鑫	133	3	797
透风的	133	6	1774
李毛5	133	9	1480
潜移默	133	2	318
小天h	107	10	1510
忘忧草	132	5	795

图 9-31

4. 客户归类

通过自己写函数建立逻辑判断，归类客户等级。

（1）在【主页】选项卡中，单击【高级编辑器】按钮，进入【高级编辑器】页面，如图 9-32 所示。

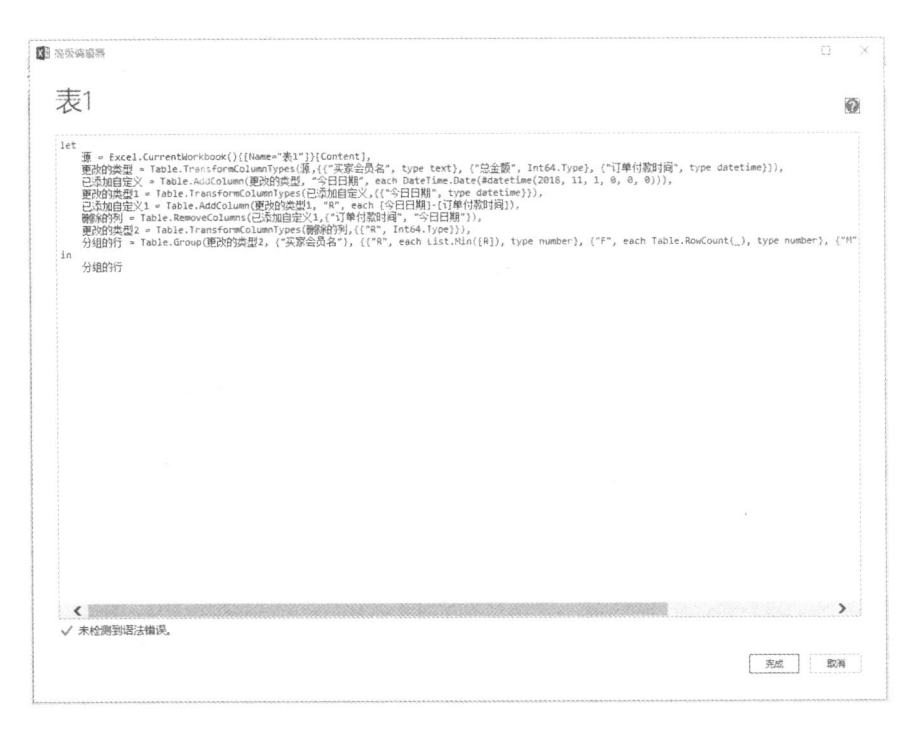

图 9-32

（2）在【高级编辑器】输入区域中的代码【in】之前录入关于客户等级判断的条件语句：

AR= List.Average(分组的行[R]),
AM= List.Average(分组的行[M]),
AF= List.Average(分组的行[F]),
已添加条件列 = Table.AddColumn(分组的行, "客户等级", each if ([R] < AR) and ([M] > AM) and ([F] > AF) then "高价值客户" else if ([R] > AR) and ([M] > AM) and ([F] > AF) then "重点保持客户"
　　　　else if ([R] < AR) and ([M] > AM) and ([F] < AF) then "重点发展客户" else if ([R] > AR) and ([M] > AM) and ([F] < AF) then "重点挽留客户"
　　　　else if ([R] < AR) and ([M] < AM) and ([F] > AF) then "一般价值客户" else if ([R] > AR) and ([M] < AM) and ([F] > AF) then "一般保持客户"
　　　　else if ([R] < AR) and ([M] < AM) and ([F] < AF) then "一般发展客户" else "潜在客户"

将图 9-32 中倒数第一行和倒数第三行代码中出现的【分组的行】均改为【已添加条件列】。改完后代码如图 9-33 所示。AR 是 R 的平均值，AF 是 F 的平均值，AM 是 M 的平均值。

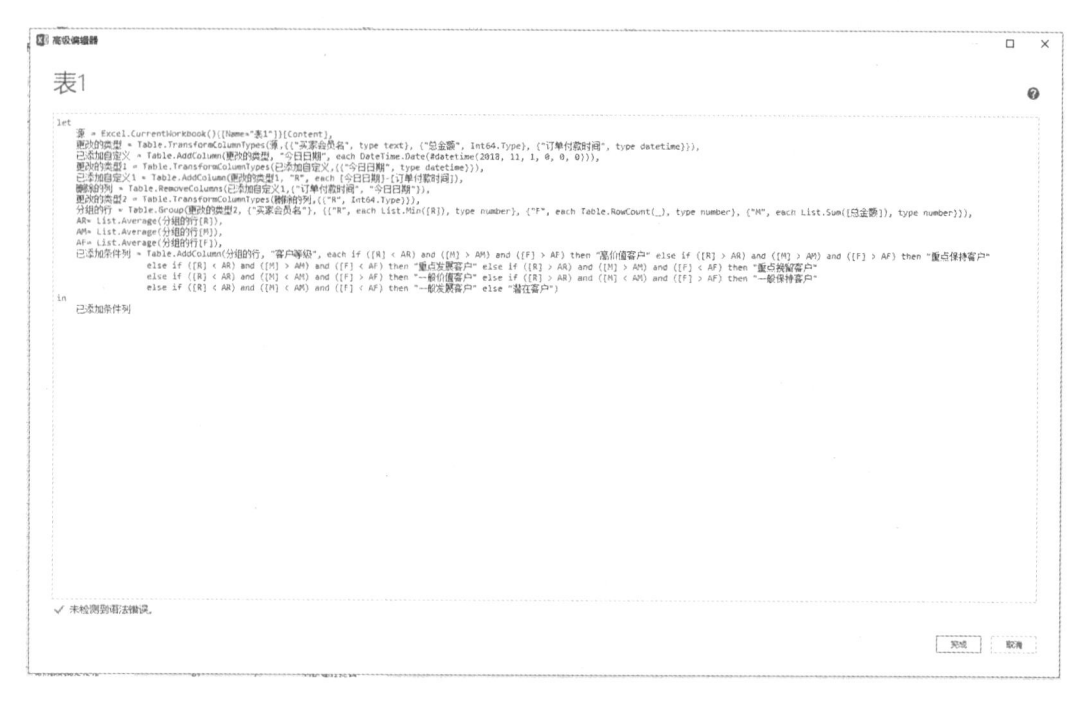

图 9-33

（3）运行即可得到完整的客户归类数据，如图 9-34 所示。

买家会…	R	F	M	客户等…
苏颜3	136	4	567	一般价值客户
las	136	1	159	一般发展客户
夏天的	136	1	440	一般发展客户
tb7	135	11	1898	高价值客户
che	119	5	1517	高价值客户
159	135	4	795	高价值客户
张紫雨	135	3	477	一般发展客户
菜菜菜	134	1	159	一般发展客户
李玉h	133	4	526	一般价值客户
asd	134	7	514	一般价值客户
崔鑫鑫	133	3	797	重点发展客户
透风的	133	6	1774	高价值客户
李毛5	133	9	1006	高价值客户
潜移默	133	2	318	一般发展客户
小天h	107	10	1510	高价值客户

图 9-34

◎ 提升拓展

将客户用 RFM 模型分类后，可以针对不同的客户类型做相应的业务决策，典型的业务决策如表 9-3 所示。

表 9-3 不同客户类型的典型业务决策

客户类型	典型业务决策
高价值客户	DM 营销，提供有用的资源，通过更新的产品赢回客户
重点保持客户	倾斜更多资源，个性化服务，增加销售，提升客户满意度
重点发展客户	重点联系和回访，提高留存率
重点挽留客户	交叉销售，提供会员/忠诚计划，推荐其他产品
一般价值客户	可以通过折扣推荐热销产品，重新建立联系
一般保持客户	销售价值更高的产品，用评论和品质感吸引客户
一般发展客户	恢复客户兴趣，或者暂时放弃无价值
潜在客户	提供免费使用机会，提高客户兴趣

除了 RFM 模型，还有其他的变体模型，感兴趣的读者可以进一步了解。

RFD（近度 Recency，频度 Frequency，持续时间 Duration）模型——此处 D 是花费的时间。在分析观众、读者、冲浪导向产品的消费者行为时特别有用。

RFE（近度 Recency，频度 Frequency，参与度 Engagements）模型——参与度 E 可以根据不同企业的交互情况而定，例如可以将其定义为页面浏览量、下载量、视频播放量等，对于在线业务特别有用。

任务 3 分析客户复购情况

◎ 情景导入

复购是指某时间段内客户的回购情况，回购次数多说明客户的忠诚度高，反之则说明产品或服务的客户黏性低。

企业获得新客户的成本是维护老客户的 5~10 倍；一个对产品满意的客户会带来 8 笔潜在生意，一个对产品不满意的客户可能会影响 25 个人的购买意愿。

这些数据表明，关注老客户的复购情况，提升老客户的复购率可以降低企业的运营成本，在一定程度上提高店铺的销售额。

◎ 解决思路

通过计算客户的复购率和复购间隔天数来确定客户复购的情况。复购率的评判需要参考行业或竞争对手，但这个数据并不是开放数据，一般与同行交流才可以获取信息。

理论导读：复购率计算

复购率可以分为"用户复购率"和"订单复购率"。

用户复购率=单位时间段内购买两次及以上的用户数/有购买行为的总用户数

如单位时间段内，回头客购买人数/总购买人数，计算出来的比例即为用户复购率。例如在一个月内，有 100 个客户成交，其中有 20 个是回头客，则用户复购率为 20%。

订单复购率=单位时间段内第二次及以上购买的订单个数/总订单数

如在某个季度中，一共产生了 100 笔交易，其中有 20 个人有了二次购买，这 20 个人中的 10 个人又有了三次购买，则重复购买次数为 30 次，订单重复购率为 30%。

理论导读：复购间隔天数

复购间隔天数，即顾客复购的时间间隔，数据中可能会出现一个用户复购多次（用户复购次数大于或等于 3）的情况，此处把它定义为客户距今最近的两次购买时间的差值。依据复购时间间隔的长短，将顾客分为四个等级，如表 9-4 所示。

表 9-4 不同复购间隔的客户等级

复购间隔	顾客等级
小于 30 天	活跃客户
30～90 天	可激活客户
90～180 天	预流失客户
180 天以上无复购	流失客户

根据复购时间间隔安排唤醒客户的活动和时间，提高唤醒老客户的效果，也可进行一系列活动操作增加新客户粘度。

◎ **实施过程**

例 9-4：某店铺运营人员现有该店铺 2021 年 1 月至 2021 年 12 月的销售数据（部分截图如图 9-35 所示），计算客户复购率。

分析客户复购情况

图 9-35

操作步骤如下：

（1）在【数据】选项卡中单击【从表格】按钮，将数据加载至 Power Query 环境下。

（2）将【订单付款时间】列的数据类型改为【日期】，选中【订单付款时间】列，单击【主页】选项卡中的【数据类型】按钮，并选择【日期】选项。

（3）将同一天购买两次的客户去重，选中全字段，在【主页】选项卡中，单击【删除行】按钮，并选择【删除重复项】选项。

（4）统计每个顾客在 2021 年 1 月至 12 月的购买次数，将数据进行分组。在【开始】选项卡中，单击【分组依据】按钮，设置信息如图 9-36 所示，操作结果如图 9-37 所示。

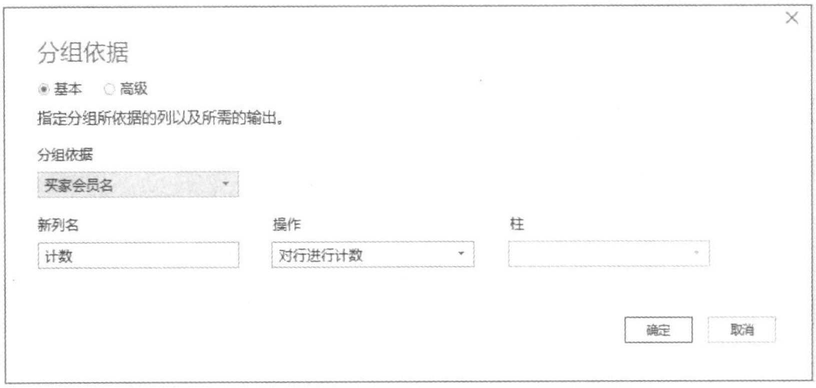

图 9-36

买家会...	计数
苏颜3	4
las	1
夏天的	1
tb7	11
che	5
159	4
张紫雨	3
菜菜菜	1
李玉h	4
asd	4
崔鑫鑫	3
透风的	6
李毛5	6
潜移默	2

图 9-37

（5）筛选计数结果，留下计数结果大于 1 的行，如图 9-38 所示。

（6）单击【开始】选项卡中的【关闭并上载】按钮，将数据加载至 Excel 表中。在 Excel 表中对计数列进行降序排列，结果如图 9-39 所示。

图 9-38　　　　　　　　　　　　　　　图 9-39

（7）统计留下的买家客户名个数，即 12 个月内复购的买家数。

此处得到的复购买家数为 741，用复购买家数除以总买家数为统计时段内的复购率，即：

$$复购率 = \frac{复购买家数}{总买家数} \times 100\% = \frac{741}{1143} \times 100\% = 64.83\%$$

例 9-5：某店铺运营人员现有该店铺 2021 年 1 月至 12 月的销售数据，与例 9-4 数据相同，请将客户按复购的时间间隔进行归类。

操作步骤如下：

（1）将例 9-4 中的数据导入 Power Query 中，将【订单付款时间】列设置为日期类型，并进行客户的去重操作。

分析客户复购时间间隔

（2）将每位客户的订单付款时间以列表形式进行分组。在函数编辑栏中输入"Table. Group(更改的类型, {"买家客户名"}, {{"购买日期列表", each ([订单付款时间]), type list}})"，即可得到按照买家会员名分组的购买日期列表，每位客户购买日期列表都是 List 类型，包含了该客户的所有购买时间，如图 9-40 所示。

图 9-40

> **知识加油站**：M 函数 Table.Group( )
>
> M 函数 Table.Group( )的主要作用是按照指定关键字对表进行分组并对列值进行聚合运算。函数语法如下：
>
> Table.Group(table as table, key as any, aggregatedColumns as list, optional groupKind as nullable number, optional comparer as nullable function) as table
>
> 此函数共有 5 个主要参数，其中前 3 个是必填参数。
>
> 第一个参数"table"表示对哪个表进行操作。
>
> 第二个参数"key"表示根据哪列数据进行分组。
>
> 第三个参数"aggregatedColumns"表示怎样进行分组。该参数必须是一个 List 类型，其书写格式有以下几种情况：
>
> ={{新标题}, each 函数,type 类型}
>
> ={{"新标题 1",each 函数},{"新标题 2", each 函数}}
>
> ={{"新标题 1", each 函数, type 类型},{"新标题 2",each 函数, type 类型}}
>
> ={{"求和", each List.Sum([成绩]), type number},{"计数", each List.Count([学科]), type number}}
>
> 第四个参数"optional groupKind"是可选参数，为 1 时表示全局分组，为 0 时表示局部分组。
>
> 第五个"optional comparer"也是可选参数，具有比较功能，是对关键字进行逻辑判断后再分组的一个参数，可扩展性非常强。
>
> 根据以上函数解释不难发现，第一个参数要分组的表是"更改的类型"；第二个参数要分组的列是"买家会员名"；第三个参数生成的 List 列的新标题是"购买日期列表"，"each ([订单付款时间])"表示要把每个买家会员名对应的订单付款时间合并成一个列表类型 List。

（3）计算每位客户的最近两个购买时间，插入新列。在【添加列】选项卡中单击【自定义列】。在【自定义列】对话框中的【新列名】区域输入【距今最近两个购买日期】，在【自定义列公式】区域中输入【=List.MaxN（[购买日期列表],2)】，如图 9-41 所示，运行结果如图 9-42 所示。距今最近的两个购买日期也是一个 List 类型的数据。

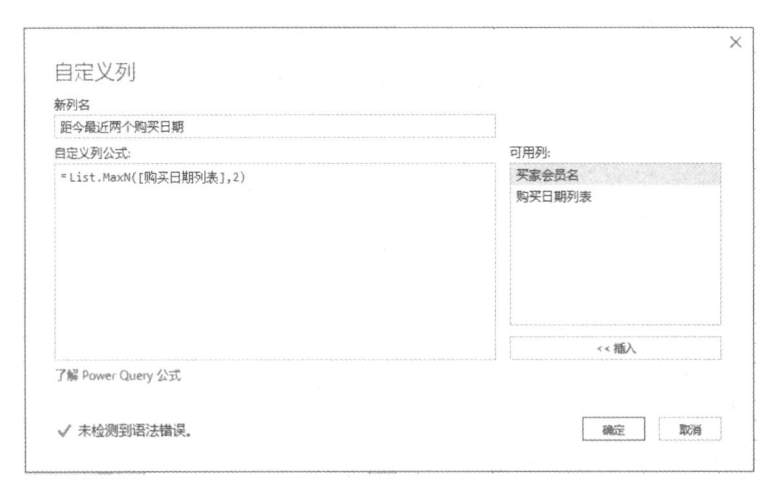

图 9-41

图 9-42

（4）将最近两个购买日期作差计算复购时间间隔。在【添加列】选项卡中单击【自定义列】；在【新列名】区域输入【购买时间间隔】，在【自定义列公式】区域输入【=Duration.Days(List.Max([距今最近两个购买日期])-List.Min([距今最近两个购买日期]))】，如图 9-43 所示。

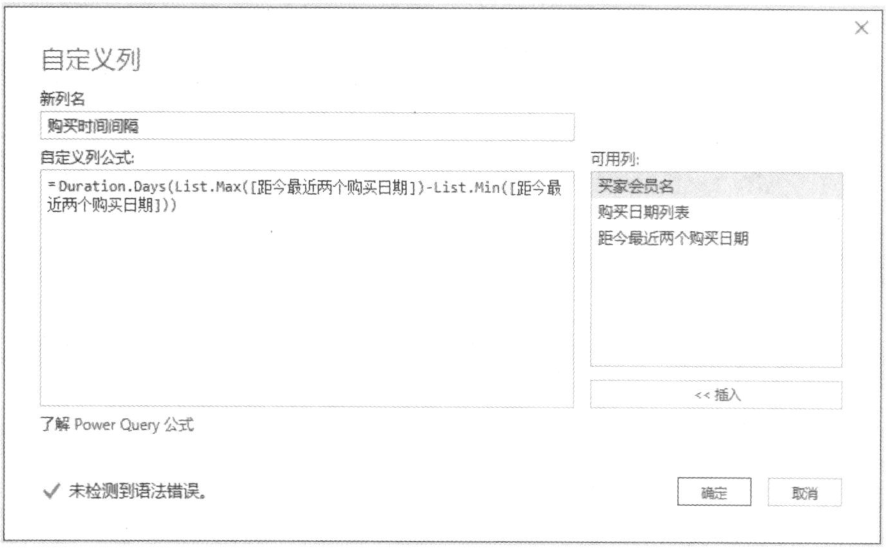

图 9-43

运行结果如图 9-44 所示，间隔时间为 0 表示没有复购。

图 9-44

（5）筛选数据，留下购买时间间隔大于 0 的整数行，如图 9-45 所示，然后将数据加载至工作表。

（6）绘制"复购时间间隔和复购人数分析"数据透视图，结果如图 9-46 所示。

①复购的客户中，83.72%的人会在 100 天内进行复购，如果未在 210 天内进行复购，则该客户复购的概率就微乎其微了。

	买家会...	购买日期	距今最近两...	购买时间
1	苏颜3	List	List	7
2	tb7	List	List	6
3	che	List	List	11
4	159	List	List	121
5	张紫雨	List	List	84
6	李玉h	List	List	118
7	asd	List	List	30
8	崔鑫鑫	List	List	84
9	透风的	List	List	90
10	李毛5	List	List	38
11	潜移默	List	List	90
12	小天h	List	List	24
13	忘忧草	List	List	60
14	bel	List	List	4
15	cha	List	List	4
16	开心果	List	List	24
17	朴俊旭	List	List	60

图 9-45

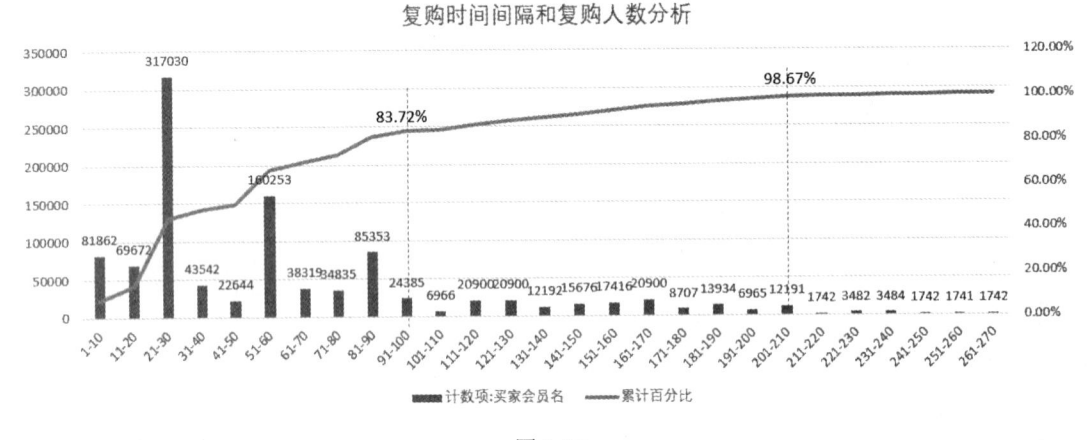

图 9-46

② 从图 9-46 中可以看出，12 个月内复购客户中的活跃客户有 877895 人（购买时间间隔小于等于 100 天），可激活客户有 156747 人（购买时间间隔为 101～210 天），预流失客户有 13933 人（购买时间间隔为 211～270 天）。针对可激活客户和预流失客户，可以采取以下 3 种方法激活：

- 提升店铺的体验度：通过私信等方式将老客户引导到最需要的本店铺淘宝页面。
- 在首页设置淘宝店铺优惠券，以及老客户回馈等活动。
- 合理布局标签和分类，让客户有需要的时候能够快速找到自己的目标。

◎ 提升拓展

通过产品使用周期可以提高产品的复购率，店铺应预测产品的使用时间，及时唤醒客户记忆，避免被竞品挖墙脚。

例 9-6：某首饰企业通过分析，了解客户的流失时间为 180 天（半年），因此筛选出最后一次购买距离现在 150 天的客户，安排客服通过电话回访的方式，提示顾客的首饰可以免费保养，并且还带来一项会员福利，可到店领取优惠券，以这种方式有效减少了客户的流失情况。

任务 4　分析客户舆情

◎ 情景导入

统计、分析客户在线上留下的文字（聊天记录、评论等），了解客户对品牌、产品的看法及其需求和情感上的喜恶，这对品牌、产品的战略定位起到了非常重要的作用，让运营者做出正确的决策。

◎ 解决思路

从网页上采集商品的买家评价，利用词频分析找到评论的关键词，可以用 Power Query 工具调取接口实现。对词频高的文本进行观察，了解大部分买家的反馈情况。

理论导读：词频与分词

词频是将文本进行分词后统计特征词的出现次数。

分词是将文本分出具有动词及形容词二者特征的词的过程。

◎ 实施过程

词频分析是文本分析的基础，基于词频可以了解大量的文本信息讲的是什么内容，既可以分析自己的产品也可以分析竞品。

分析客户舆情

例 9-7：采集某竞品的客户评价，局部截图如图 9-47 所示，分析评价的词频。

操作步骤如下：

（1）选中数据，在【数据】选项卡中单击【自表格/区域】，将评价数据导入 Power Query 中。

（2）在 Power Query 中进行筛选，搜索【此用户】，将无效的评价【此用户没有填写评价】过滤掉。

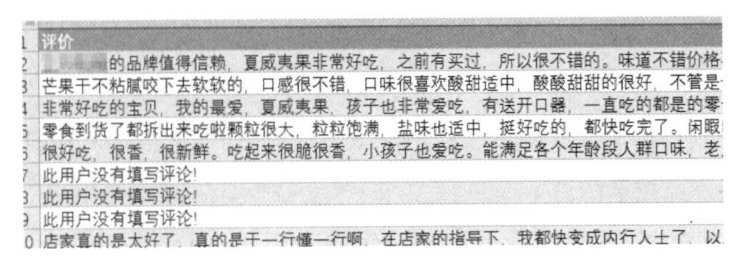

图 9-47

（3）在【添加列】功能区中，单击【添加自定义列】，输入公式【=Csv.Document(Web.Contents("http://api.pullword.com/get.php?source="& Uri.EscapeDataString([评价])&"&param1=0.8&param2=0"))】，如图 9-48 所示。

以上公式涉及函数嵌套和开源分词接口，基本步骤是：先将当前单元格中的评价内容导入到互联网开源分词接口中，使用分词接口完成分词，接下来使用 Web.Contents()函数读出分词内容，并保存为二进制文件，最后使用 Csv.Document()函数将二进制文件转换成.csv 格式的表格。

图 9-48

函数嵌套涉及 Power Query M 公式语言，Power Query 提供了包含许多功能的强大数据导入体验，适用于 Analysis Services、Excel 和 Power BI 工作簿。其核心功能是筛选和合并，即从支持的数据源的一个或多个丰富集合中混合数据。任何此类数据混合都使用 Power Query M 公式语言来表示。它是类似于 F# 的区分大小写的函数语言（具体可以参考微软中国学习网站）。

Power Query M 函数分为：数据访问函数、二进制函数、合并器函数、比较器函数、日期函数、日期/时间函数、日期/时间/时区函数、持续时间函数、错误处理、表达式函数、函数值、列表函数、行函数、

评价分词的重要函数

逻辑函数、数字函数、记录函数、替换器函数、拆分器函数、表函数、文本函数、时间函数、类型函数、Uri 函数、值函数（详细了解函数及其在表达式中的使用，请参阅微软中国学习网站）。

了解具体原理后，可以参考图 9-49 中的设置，将评价内容使用分词接口进行分词。

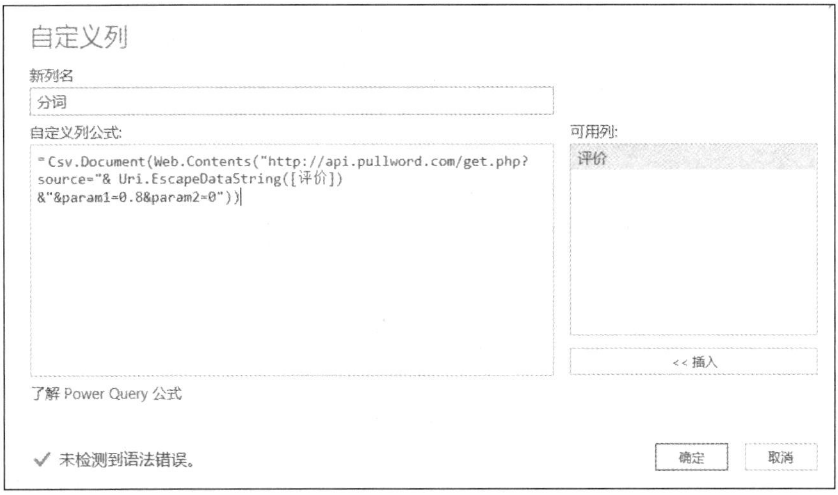

图 9-49

由于访问互联网数据需要设置隐私级别，为了方便练习，可直接勾选【忽略此文件的隐私级别检查。忽略隐私级别可能会向未经授权的用户公开敏感数据或机密数据。】复选框，再单击【保存】按钮即可，如图 9-50 所示。

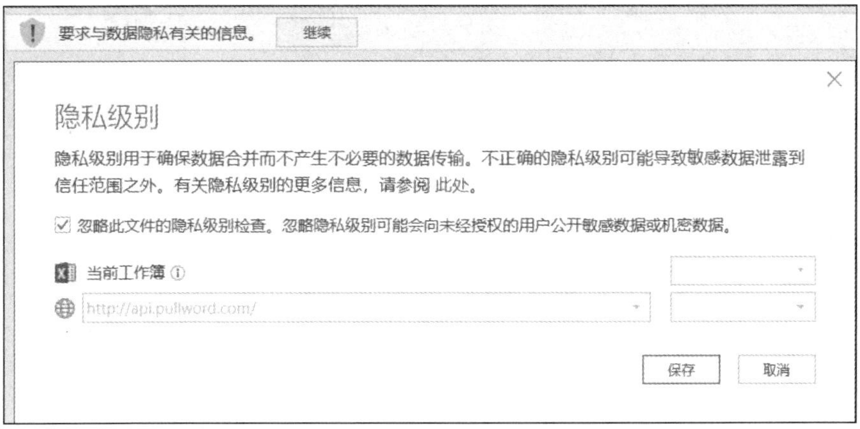

图 9-50

使用分词接口分词的结果如图 9-51 所示，每行评价分词的结果都保存在一个 Table 中。

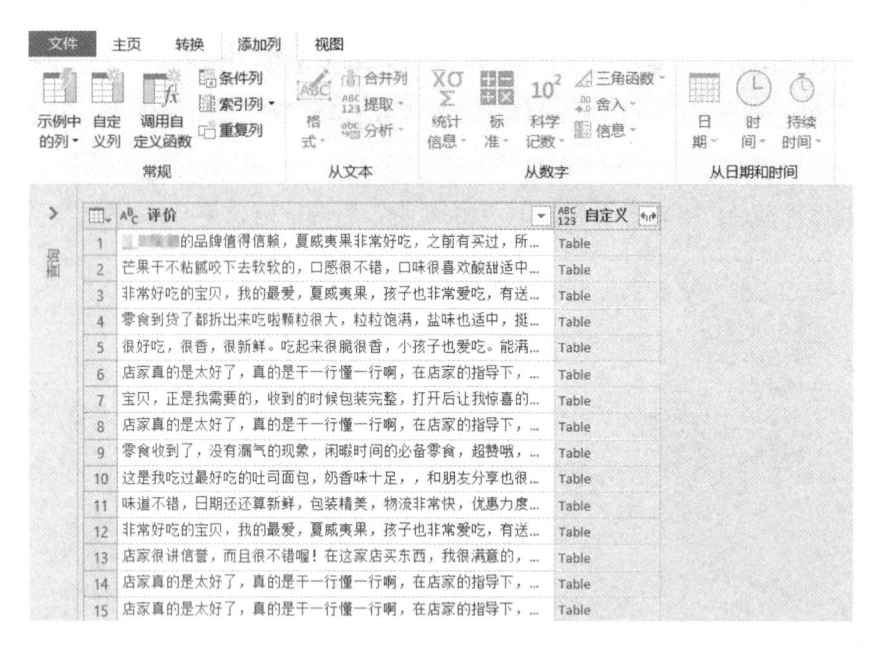

图 9-51

（4）单击【自定义】列右边的按钮展开数据，如图 9-52 所示，勾选【Column1】复选框，单击【确定】按钮，评价的分词结果如图 9-53 所示。

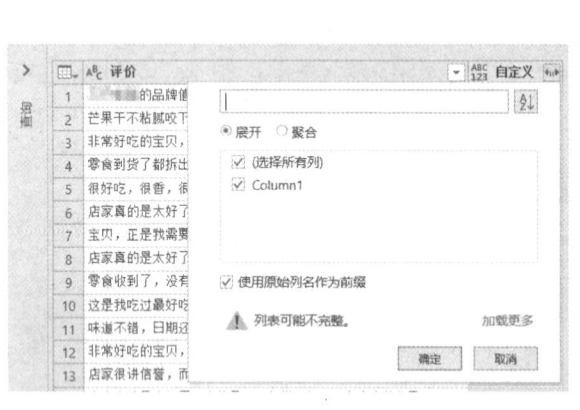

图 9-52 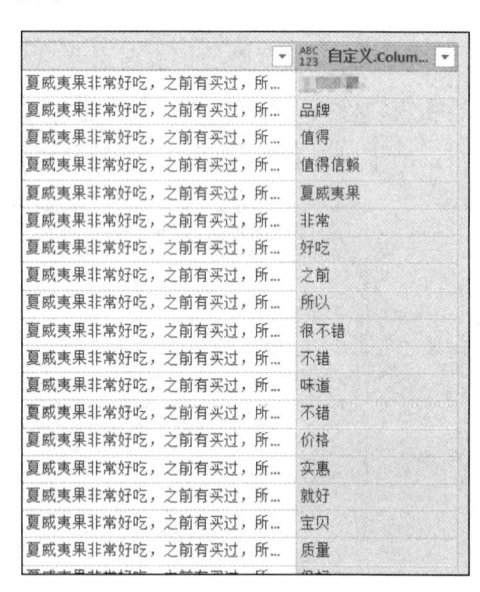　　　　　　　　　　　　　　图 9-53

（5）单击【自定义】列右边的按钮，去掉空白行，如图 9-54 所示。

（6）鼠标右击【自定义 Column1】，在弹出的菜单项中选择【重命名】，如图 9-55 所示，将此列重命名为【分词】。

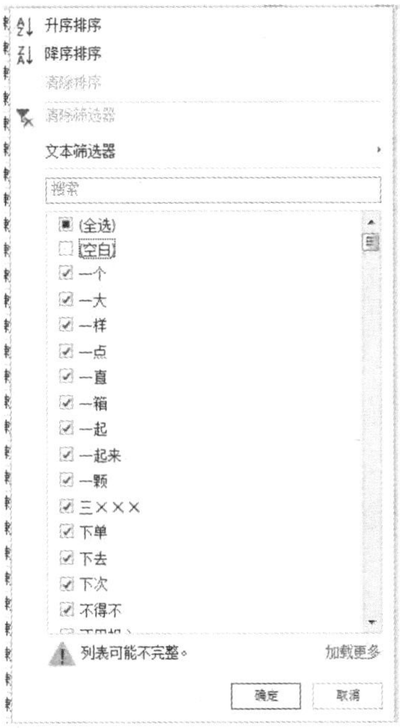

图 9-54

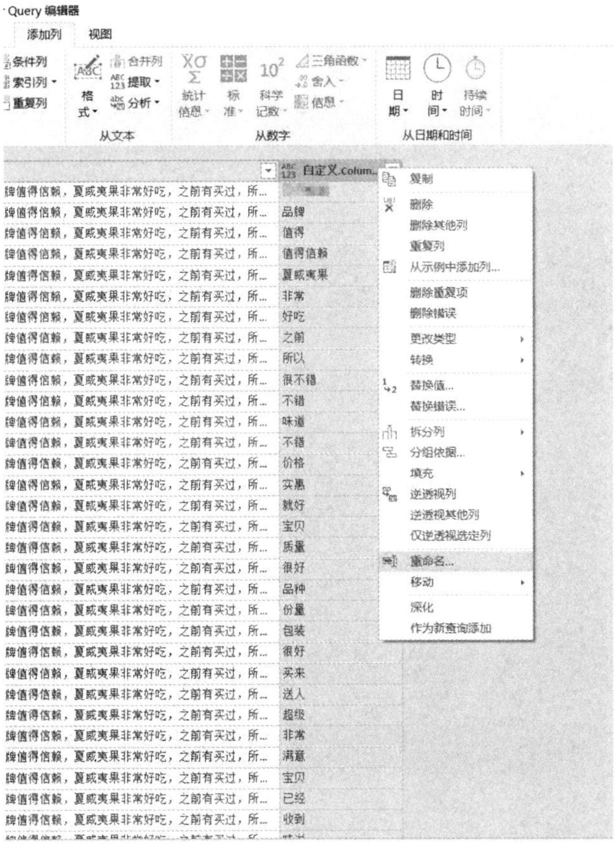

图 9-55

（7）在【主页】选项卡中单击【分组依据】按钮，基于【分词】进行分组，如图 9-56 所示。分组结果如图 9-57 所示。

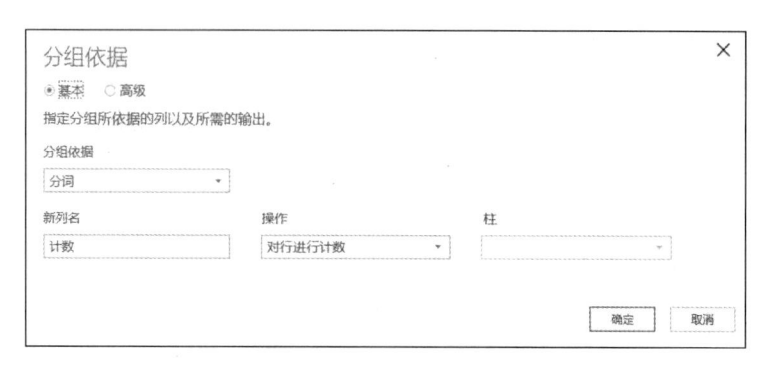

图 9-56

（8）单击【主页】选项卡中的【关闭并上载】按钮，将数据导入 Excel 中。

（9）按【计数】进行降序排列，如图 9-58 所示，可以观察客户对这款产品的评价关键词，通过观察可以发现对这款产品满意的客户占比较大，说明这款产品的效果不错。

图 9-57

图 9-58

◎ 提升拓展

评价情感分析是判断文本的情感得分，正面得分越高表示客户对产品或服务越满意，负面得分越高表示客户对产品或服务越不满意。

例 9-8：使用接口分析评价情感得分。

操作步骤如下：

（1）选中数据，在【数据】选项卡中单击【自表格/区域】，将评价导入 Power Query 中。

评价情感分析

（2）由于接口的次数限制，在 Power Query 中进行筛选，只保留前 5 条，每次只消耗 5 次 API 调用次数。在【开始】选项卡中依次选择【保留行】→【保留最前面几行】选项，【行数】区域填入【5】，如图 9-59 所示，指定保留 5 行。

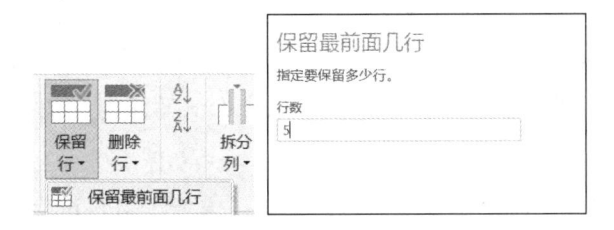

图 9-59

（3）在【添加列】选项卡中单击【添加自定义列】按钮，输入函数【=Json.Document（" Web.Contents（"http://api.bosonnlp.com/sentiment/analysis",[Headers=[#"Content-Type"="application/json",#"Accept"="application/json",#"X-Token"="XIzr_9ss.33966.-hwUmtyT7BB5"],Content=Text.ToBinary（"["""&[评价]&"""]"）])】，如图 9-60 所示。

图 9-60

函数说明：

Json.Document 是将二进制文件以 Json 格式解析成表格。

Web.Contents 是将网页以二进制文件的格式下载下来。

Post 方法是添加表头和请求正文。

Web.Contents（网址，表头，正文）

表头的格式：[Headers=[#"表头 1"="参数",#"表头 2"="参数", ……]]

本例由于只有一个必要表头参数，因此格式为：[Headers=[#"X-Token"="API 密钥"]]，其中#号是声明参数字段的作用，在"X-Token"前加上#号，表示这是个参数字段。

正文的格式：Content=Text.ToBinary("请求正文")

本例接口要求"请求正文"是一个字典格式的文本，因此格式为：Content=Text.ToBinary(" ["""& [评价内容] & """]")，其中双引号中的两个连续的双引号起到转义的作用，表示一个双引号，&号是连接两端文本的胶水符号，如果文本是"清华大学是一所好学校"，括号中的文本内容为：["清华大学是一所好学校"]，导入公式写法为：" ["""& "清华大学是一所好学校" & """]"。

由于访问互联网数据需要设置隐私级别，为了方便练习，可直接勾选【忽略此文件的隐私级别检查。忽略隐私级别可能会向未经授权的用户公开敏感数据或机密数据。】复选框，若没有这个选项，则选择【公共权限】。

（4）如图 9-61 所示，添加一个【自定义.1】列，把自定义列转为二进制编码，代码为【=Text.FromBinary([自定义])】。

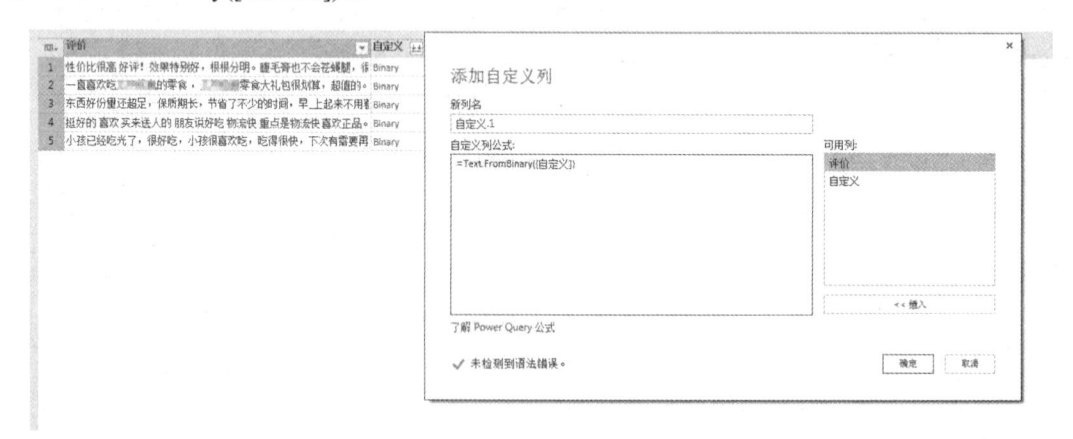

图 9-61　添加自定义列编辑界面

（5）展开后会有两个数字，逗号前是正面得分，逗号后是负面得分，结果如图 9-62 所示。

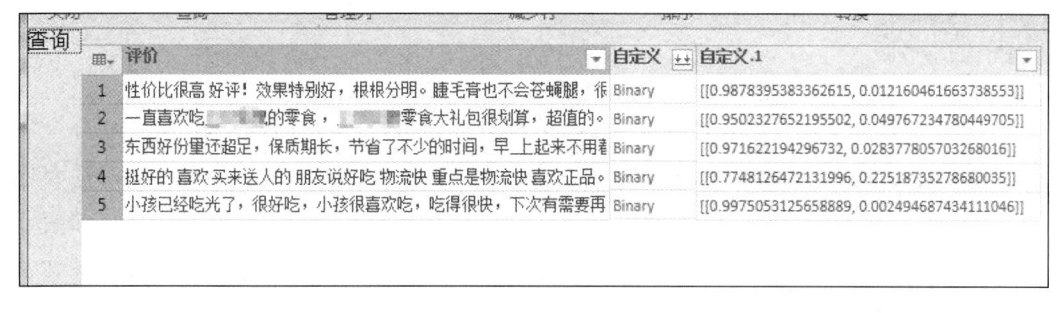

图 9-62

（6）选中【自定义.1】列（情感得分），在【开始】选项卡中单击【拆分列】→【按分隔符】，设置分隔符为【逗号】，如图 9-63、图 9-64 所示。

修改数据类型和字段名，如图 9-65 所示，后续可以结合词频分析、了解客户的正面评价在讲什么，一般负面评价数量较少可以单独筛选出来一条一条分析，除非负面评价数量太大才结合词频分析。

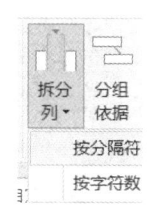

图 9-63

图 9-64

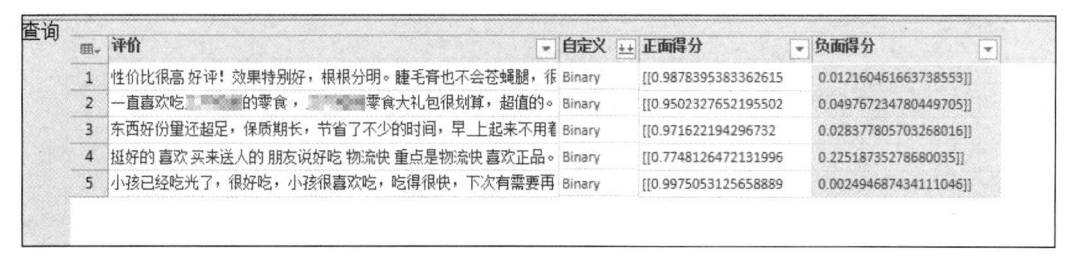

图 9-65

素养园地

《中华人民共和国个人信息保护法》是从维护个人在数字化时代的人格尊严和公平实践的角度制定的，旨在确立和保护自然人对于个人信息的尊严、安全和公平使用的合理要求。它对自然人关于个人信息的权利、个人信息处理者对于个人信息的义务、相关部门对于个人信息的保护职责、个人信息处理具体要求、个人信息跨境、法律责任等做出了明确和可操作的规定。可以认为，该法为中国个人信息保护完成了顺应时代的系统设计，也为世界提供了一个具有借鉴价值的中国方案。

| 《中华人民共和国个人信息保护法》 | 泄露客户信息需要承担什么责任 | 大数据杀熟 | 近12亿条用户信息被泄露：数据爬取需规范，平台担何责？ |

很多公司把"客户第一"的原则写入企业文化，客户无疑是企业的生存之本。拥有客户就意味着企业拥有了市场中的生存空间，而想办法留住客户是企业获得可持续发展的动力源泉。这要求企业在广泛关注所处竞争环境的同时，必须加大客户的关注力度，采用先进的手段处理好企业和客户的关系。

阿里巴巴全员公开信："客户第一"的初心不改

实训项目

实训 9.1

背景：你是企业的客户运营人员，老板想了解现有客户的具体情况，请你做一份客户分析报告

目标：用 PPT 做一份报告并进行汇报

数据：练习数据 9.1

要求：

- PPT 不低于 10 页内容（不含标题页和目录页）
- 要有图形展示（折线图、柱形图或饼图等）
- 要有明确的结论（可设置结论页）

项目 10 库存分析

库存分析是对企业的库存绩效进行分析的过程,包括库存预警和补货数量的分析,帮助企业提升仓库管理能力,提高库存绩效,降低不良库存量。

学习目标

知识目标:
- 了解库存周转率、售罄率、产品动销率的概念

能力目标:
- 能正确计算周转率、售罄率、产品动销率
- 掌握分析库存绩效分析的模型和方法
- 掌握在 Excel 中使用 Power Pivot 工具创建补货模型的方法,能够根据模型数据合理安排库存,保证库存的健康度

素养目标:
- 培养以商务决策为导向的数据收集意识,培养学生对数据的敏感度
- 培养学生的战略思维和忧患意识,树立科学发展观,用可持续发展的眼光看待事物

项目导图

本项目的项目导图如图 10-1 所示。

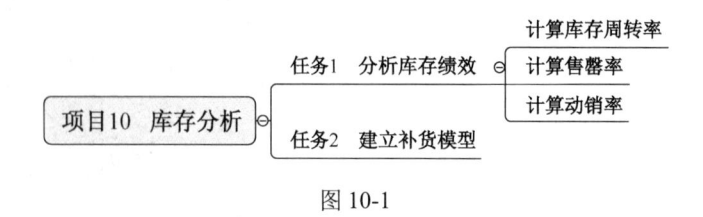

```
项目10  库存分析 ──┬── 任务1  分析库存绩效 ──┬── 计算库存周转率
                  │                        ├── 计算售罄率
                  │                        └── 计算动销率
                  └── 任务2  建立补货模型
```

图 10-1

任务 1　分析库存绩效

分析库存绩效

◎ **情景导入**

许多企业忙碌一年最后赚到一堆库存，因此企业都希望减少库存量，提高资金周转率，从而用最少的钱产出最大的利益。

◎ **解决思路**

库存绩效通过以下关键指标进行评估：库存周转率、售罄率和动销率。

理论导读：库存周转率、售罄率和动销率

库存周转率是在某一时间段内库存货物周转的次数，是反映库存周转快慢程度的指标。周转率越大说明销售情况越好，在商品保质期及资金允许的条件下，可以适当增加其库存量控制，以保证持续的合理库存。反之，则可以适当减少其库存控制目标天数。

计算公式如下：

$$库存周转率 = \frac{360}{库存周转天数} \times 100\%$$

$$库存周转天数 = \frac{时间段天数 \times (期初库存数量 + 期末库存数量)}{2 \times 时间段销售量}$$

库存周转速度越快，库存占用水平越低，流动性越强，存货转化为现金或应收账款的速度就越快，这样会增强企业的短期偿债能力及获利能力。以上计算公式将一年视为 360 天，也可以使用 365 天，实际工作过程中可以视情况而定。减少库存周转天数可以提高库存周转率，从实际运营来分析，需要减少存货在库时间。

售罄率是指一定时间段内某种产品的销售量占总进货量的比例，是某一批产品销售多

少比例才能收回销售成本和费用的一个考核指标，便于确定产品销售到何种程度才可以进行折扣销售、清仓处理，其计算公式为：

$$售罄率 = \frac{实际累积销售数量}{总进货数量} \times 100\%$$

或：

$$售罄率 = \frac{实际销售货品成本}{总进货成本} \times 100\%$$

售罄率计算周期通常为一周、一个月或一个季度。

动销率是某一时期企业产生销售货品的占比，反映了企业的产品运营能力，是考核采销部门和运营部门的核心指标之一。

产品动销率计算公式为：

$$产品动销率 = \frac{动销品种数}{仓库总品种数} \times 100\%$$

产品动销率有别于电商的店铺动销率，电商的店铺动销率只考虑在线销售的品种数，不考虑仓库中的品种数，仓库的品种数往往要大于在线销售的品种数。

因此，电商的店铺动销率计算公式为：

$$动销率 = \frac{有销量的品种数}{在线销售的品种数} \times 100\%$$

◎ **实施过程**

1. 库存周转率的计算

例 10-1：某企业在 2020 年第一季度的期初库存量为 32149 件，期末库存量为 23910 件，销售量为 8374 件，请计算该企业在 2020 年第一季度的库存周转天数和库存周转率。

2020 年第一季度可以按 90 天计，代入公式计算如下：

$$库存周转天数 = \frac{90 \times (32149 + 23910)}{2 \times 8374} = 301（天）$$

$$库存周转率 = \frac{360}{301} \times 100\% = 119\%$$

2. 售罄率的计算

例 10-2：2020 年第一季度，某企业某产品的总进货数量是 3 万，实际销售数量是 2.4 万，计算该企业该产品的售罄率。

代入公式计算如下：

$$售罄率 = \frac{2.4}{3} \times 100\% = 80\%$$

淘宝店铺的产品售罄率一般是越高越好。淘宝运营人员在审核企业活动报名时，除了参考商品价格、销量等因素，售罄率也是关键因素之一。对企业而言，提高产品的售罄率，降低库存风险，减少过度压货是日常经营活动中需要慎重考虑的问题。一般而言，售罄率低于 40%，说明库存积压严重；售罄率大于 80%且小于等于 100%的为备货命中。企业要根据售罄率酌情增减库存。

3. 动销率的计算

例 10-3：2020 年 1 月，某企业仓库中产品的总品种数为 131 种，其中有 98 个品种在期间产生了销量，计算该企业产品的动销率。

$$产品动销率 = \frac{98}{131} \times 100\% = 74.8\%$$

◎ 提升拓展

除以上关键指标外，还有一些常用的库存分析维度。

- 有效库存和无效库存。要判断店铺的库存质量，不能单看库存数量，还要看质量。例如，A 店铺库存有 2 000 件，B 店铺库存只有 1 500 件，但并不能说明 A 店铺的货品比 B 店铺充足，还要看库存的质量。如果 A 店铺 2 000 件库存中有一半是过季滞销的产品，而 B 店铺所有的库存都是当季热销款，这种情况下 A 店铺能买的货比 B 店铺少，B 店铺的有效库存多于 A 店铺。因此有效库存占比也是一个常用的评价指标。

- 库存的齐码率。断码的产品即使某个尺码数量充足，也可能难以销售，尤其在服装行业。一些女装品牌店铺会把断码的款式撤架放进仓库，或者集中到某几家店铺，减少店铺的断码率。对于电商企业来说，如果预售产品，尽量齐码预售，这样能够提升客户的购买体验。

任务 2　建立补货模型

◎ 情景导入

哪个 SKU 需要补货，需要补多少货，是运营或采购中经常遇到的场景。本任务讲述该场景的业务建模，提高采购的工作效率和补货数量命中率（误差率在 15%内为命中）。

◎ 解决思路

补货要考虑现有库存量、未来可能产生的销量、安全库存量和供应链的补货周期，在下单时现有的库存量能够支撑等待补货的时

建立补货模型

间。比如补货周期为 14 天，要提前预留超过 14 天的库存，在剩余 14 天的库存量时就要给工厂下单。

◎ 实施过程

例 10-4：已知某店铺 2019 年 1 月份的订单报表、商品报表、库存统计表数据，构建店铺补货模型，求出店铺 1 月底的补货数据，包含店铺近 7 天销量、多少天后补货、最小补货量、最近一周的备货量等指标。

操作步骤如下：

（1）在商家中心生成【订单报告】和【宝贝报表】。

（2）从淘宝网卖家中心后台的交易管理模块中下载【订单报表】和【宝贝报表】，时间间隔设置为 2019 年 1 月 1 日到 2019 年 1 月 28 日。

（3）另外建立一张【库存统计表】，记录当下的库存量和补货周期，其中【商家编码】对应【宝贝报表】中的【商家编码】，【补货周期】指补货所需的天数，如图 10-2 所示。

图 10-2

（4）在【Power Pivot】选项卡中单击【管理】按钮，进入 Power Pivot 界面，如图 10-3 所示。

图 10-3

（5）在【主页】选项卡中单击【从其他源】，进入【表导入向导】对话框，选择【Excel 文件】选项，然后单击【下一步】按钮，如图 10-4 所示。

（6）在【表导入向导】对话框中先单击【浏览】按钮选择文件路径，然后勾选【使用第一行作为列标题】，最后单击【下一步】按钮，如图 10-5 所示。

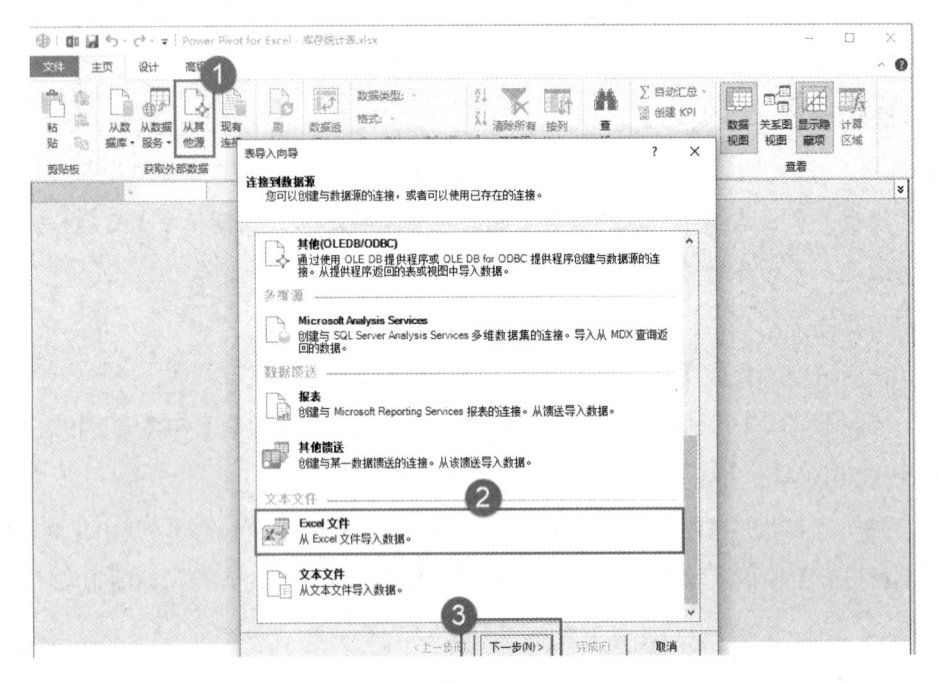

图 10-4

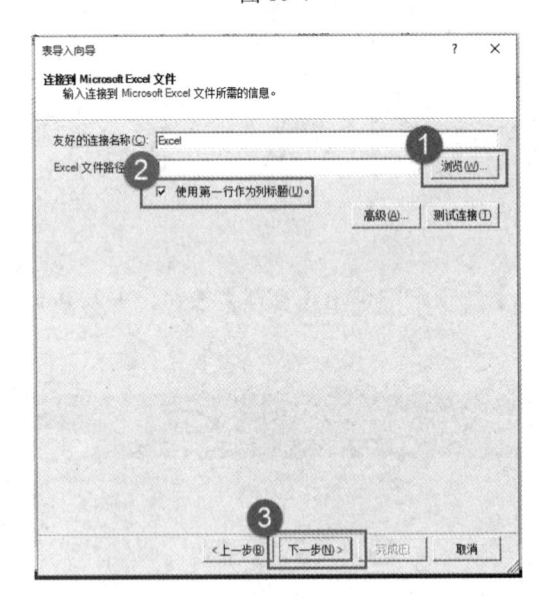

图 10-5

注：操作中已经把原来下载好的表格从.csv 格式改为 Excel 适合打开的格式。

（7）在【宝贝报表】中新建汇总的度量值，选中【购买数量】列，单击【开始】选项卡中的【自动汇总】按钮，生成的度量值【购买数量的总和】用于后面的运算，如图 10-6 所示。

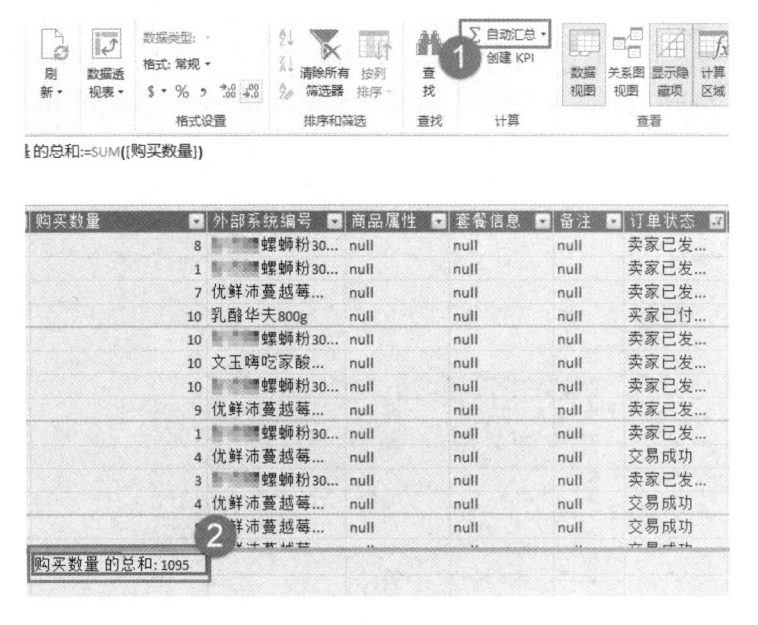

图 10-6

（8）在【主页】选项卡中单击【关系图视图】按钮，进行建模操作。将【订单报表】的【订单编号】字段连接到【宝贝报表】的【订单编号】，将【宝贝报表】的【商家编码】字段连接到【库存统计表】的【商家编码】字段，如图 10-7 所示。

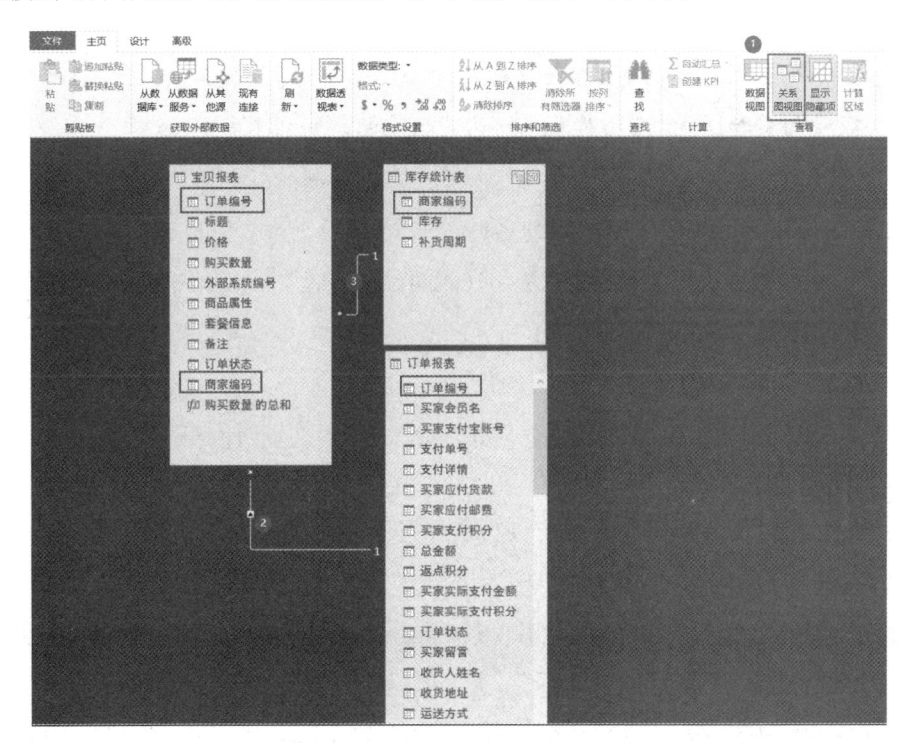

图 10-7

（9）回到【库存报表】，在【近 N 天销量】列的第一个单元格的函数编辑栏中输入公式【=SUMX(FILTER('宝贝报表','宝贝报表'[商家编码]='库存统计表'[商家编码]&&DATEDIFF(RELATED('订单报表'[订单付款时间]),DATE(2019,1,30),day)<='库存统计表'[补货周期]),[购买数量的总和])】，如图 10-8 所示。求出近 N 天的销量，该值是基于补货周期的天数计算的销量。

商家...	库存	补货周期	近N天...
1 蔓...	30	7	57
2 螺...	30	7	38
3	42	7	27
4 福事多坚...	39	7	14
5 嗨吃...	20	7	10
6 螺...	50	7	10
7 乳酪华夫80...	50	7	10

图 10-8

> **知识加油站**：上面公式的执行分为两步，第一步先执行函数 "FILTER('宝贝报表','宝贝报表'[商家编码]='库存统计表'[商家编码]&&DATEDIFF(RELATED('订单报表'[订单付款时间]),DATE(2019,1,30),DAY)<='库存统计表'[补货周期])"，在商品报表中筛选商家编码与库存统计表中的商家编码一致，并且订单付款时间与月底的时间之差小于或等于库存统计表中的补货周期(7 天)的数据行，这些数据行实际上是个临时表。第二步执行函数"SUMX(临时表,[购买数量的总和])"，在临时表中对购买数量的总和列求和。
>
> 函数说明如下：
>
> ① RELATED 函数：RELATED (列名)
>
> 功能：返回与当前表相关列的值，应用在表间已经创建关系，从关系表中查找相关数据。
>
> ② DATE 函数：DATE(<年>，<月>，<日>)
>
> 功能：以日期或时间格式返回指定的日期。
>
> ③ DATEDIFF 函数：DATEDIFF (起始时间，结束时间，时间单位)
>
> 功能：返回两个日期的单位间隔（可指定单位）。
>
> ④ SUMX 函数：SUMX (<表名>，<表达式>)
>
> 功能：返回为表中每一行计算的表达式之和。
>
> 其中表名就是要操作的表，表达式可以是表中的一列或几列之间的运算表达式。

（10）在【多少天后要补货】列的第一个单元格的函数编辑栏中输入公式【=IF(CEILING(DIVIDE([库存],[近 N 天销量]),1)-1<0,0,CEILING(DIVIDE([库存],[近 N 天销量]),1)-1)*[补货

周期]】，如图 10-9 所示，计算现有的库存可以销售多少天，即多少天后需要补货。

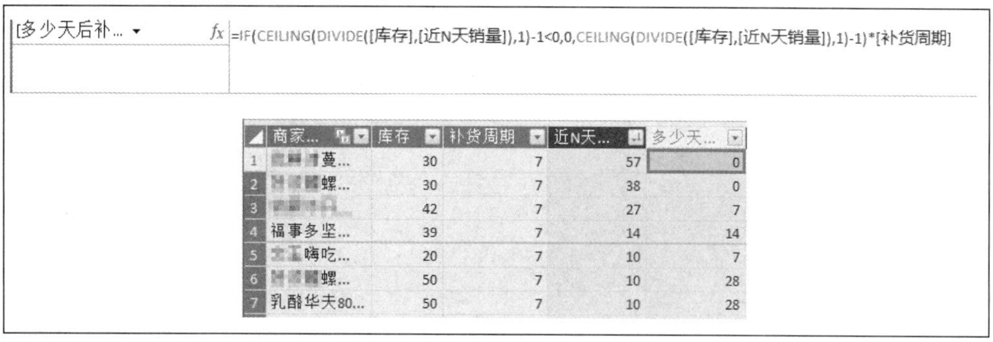

	商家...	库存	补货周期	近N天...	多少天...
1	蔓...	30	7	57	0
2	螺...	30	7	38	0
3		42	7	27	7
4	福事多坚...	39	7	14	14
5	嗨吃...	20	7	10	7
6	螺...	50	7	10	28
7	乳酪华夫80...	50	7	10	28

图 10-9

知识加油站： IF 函数在执行过程中，先计算条件表达式 CEILING(DIVIDE([库存],[近 N 天销量]),1)-1<0，如果成立则返回 0，不成立则现有库存可以销售的天数是 CEILING(DIVIDE([库存],[近 N 天销量]),1)-1)*[补货周期]。

函数说明如下：

① DIVIDE 函数：DIVIDE(分子,分母)

功能：自动处理除数为零的情况，如果无替代结果传入且分母为零或 BLANK，此函数返回 BLANK。如果已有替代结果传入，则函数会返回替代结果而不是 BLANK。

② CEILING 函数：CEILING (数值,基数)

功能：将数字向上舍入到最接近的整数或基数的最接近倍数。

（11）将光标定位在【最小补货量】列的第一个单元格，在函数编辑栏中输入公式【=IF([多少天后要补货]=0,[近 N 天销量]-[库存],0)】，如图 10-10 所示，计算出最小补货量。最小补货量是指可以灵活调配的补货量。

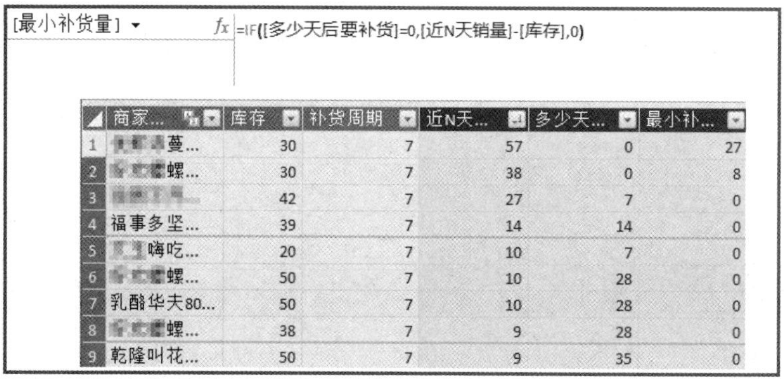

	商家...	库存	补货周期	近N天...	多少天...	最小补...
1	蔓...	30	7	57	0	27
2	螺...	30	7	38	0	8
3		42	7	27	7	0
4	福事多坚...	39	7	14	14	0
5	嗨吃...	20	7	10	7	0
6	螺...	50	7	10	28	0
7	乳酪华夫80...	50	7	10	28	0
8	螺...	38	7	9	28	0
9	乾隆叫花...	50	7	9	35	0

图 10-10

（12）将光标定位在【最近一周备货量】列的第一个单元格，在函数编辑栏中输入公式【=IF([多少天后要补货]=0,[最小补货量]+[近N天销量],0)】，如图10-11所示，计算库存一周期的备货量，至少保留一个备货周期的库存。

图10-11

（13）在【主页】选项卡中单击【数据透视表】按钮，在弹出的对话框中选择【新工作表】，然后单击【确认】按钮，如图10-12所示。

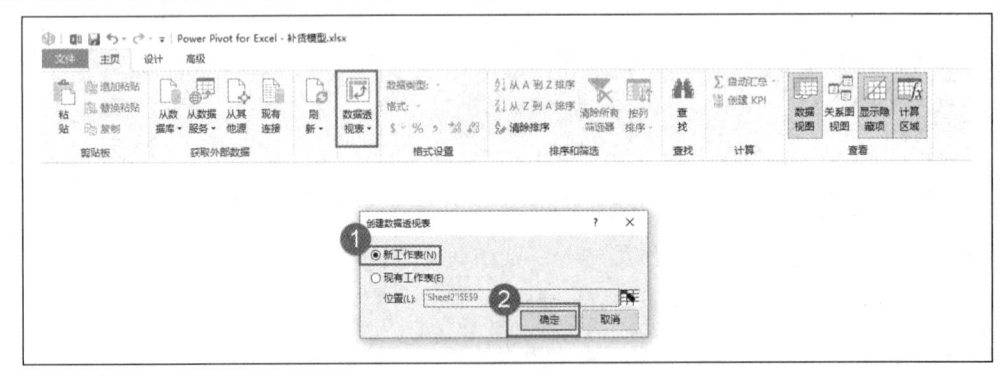

图10-12

（14）右击数据透视表，选择【显示字段列表】，弹出【数据透视表字段】窗口。将【库存统计表】中的【商家编码】字段拖动到【行】区域，将【近N天销量】【库存】【补货周期】【多少天后要补货】【最小补货数】【最少补货数】【最近一周备货量】字段拖动到【值】区域，如图10-13所示。

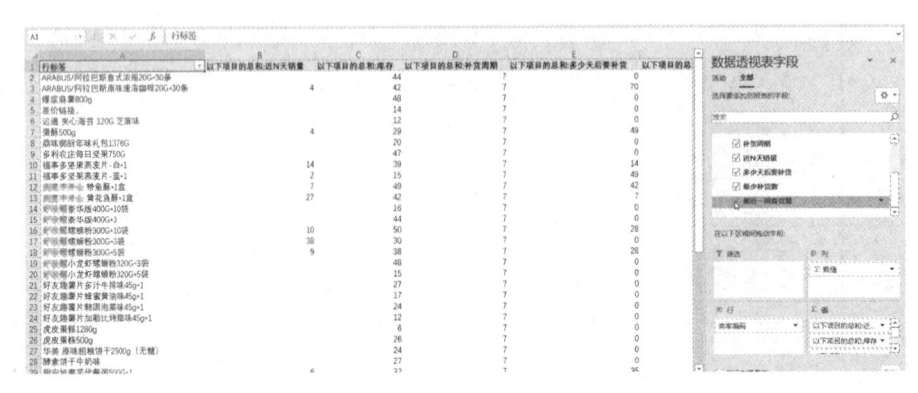

图10-13

（15）对【以下项目的总和:近 N 天销量】字段进行降序排列，单击【行标签】右侧下拉按钮，在弹出的【前 10 个筛选（商家编码）】对话框中填入数据，筛选出【以下项目的总和:近 N 天销量】排名前 10 的数据行，如图 10-14 所示，设置完毕后的效果如图 10-15 所示。

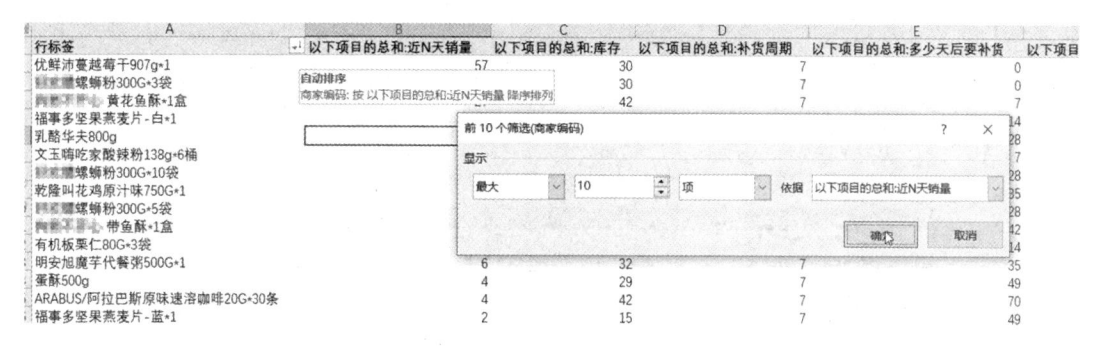

图 10-14

图 10-15

（16）右击【以下项目的总和：补货周期】字段，依次选择【值汇总依据】→【平均值】选项，如图 10-16 所示，设置完毕后的效果如图 10-17 所示。

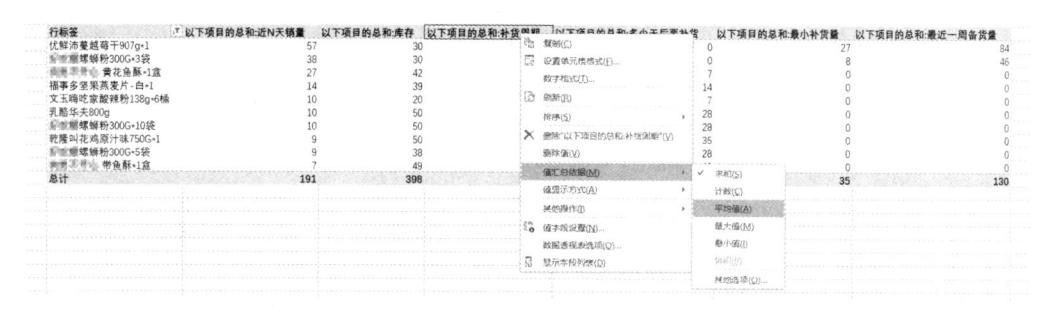

图 10-16

图 10-17

（17）修改透视表中各个字段名称，将【以下项目的总和：近 N 天销量】改为【近 7 天销量】，将【以下项目的总和：库存】改为【产品库存】，将【以下项目的平均值：补货周期】改为【补货周期】，将【以下项目的总和：多少天后补货】改成【多少天后补货】，将【以下项目的总和：最少补货量】改成【最小补货量】，将【以下项目的总和：最近一周备货量】改成【最近一周备货量】，效果如图 10-18 所示，一张完整的库存监控表格就完成了。从表中可以知道如果要备一周的货现在需要进多少量，若将源数据更新，刷新数据透视表即可得到新的结果。

商家编码	近7天销量	产品库存	补货周期	多少天后补货	最小补货量	最近一周备货量
优鲜沛蔓越莓干907g*1	57	30	7	-	27	84
螺蛳粉300G*3袋	38	30	7	-	8	46
黄花鱼酥*1盒	27	42	7	7	-	-
福事多坚果燕麦片-白*1	14	39	7	14	-	-
文玉嗨吃家酸辣粉138g*6桶	10	20	7	7	-	-
乳酪华夫800g	10	50	7	28	-	-
螺蛳粉300G*10袋	10	50	7	28	-	-
乾隆叫花鸡原汁味750G*1	9	50	7	35	-	-
螺蛳粉300G*5袋	9	38	7	28	-	-
带鱼酥*1盒	7	49	7	42	-	-
总计	191	398	7	189	35	130

图 10-18

◎ 提升拓展

完整的补货模型如图 10-19 所示，重点是根据历史同期销售数据和近期销售数据对未来销量进行预测，再结合安全库存、到货周期、在途库存和当前可使用库存测算是否需要补货、补货的量是多少，最后制订补货计划。

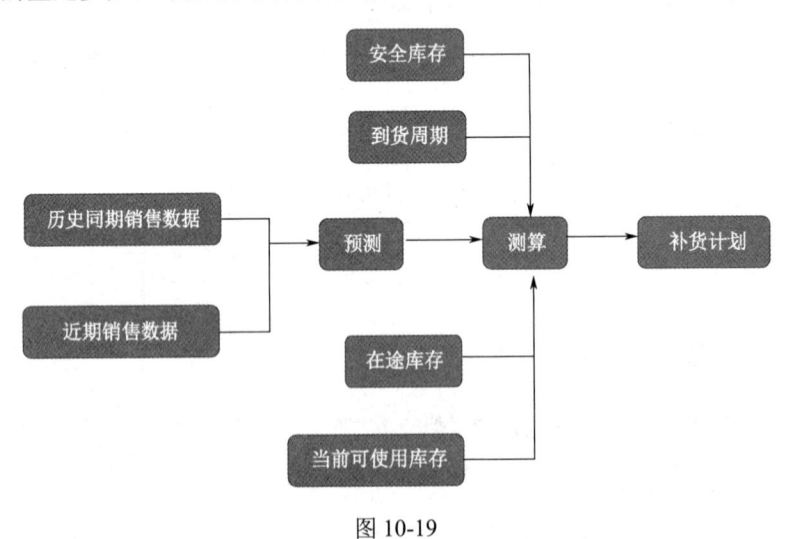

图 10-19

素养园地

习近平总书记在二十大报告中指出:"我们必须增强忧患意识,坚持底线思维,做到居安思危,未雨绸缪,准备经受风高浪急甚至惊涛骇浪的重大考验。"增强忧患意识、始终居安思危,就要用矛盾的观点看问题,用全面、辩证、长远的眼光看待形势变化,在"危"中寻"机"。这就要求我们发挥主观能动性,调动一切可以调动的积极因素,创造条件,抓住机遇,在电商企业供应链管理过程中亦遵循此观点。

事业越向纵深发展,就越要不断增强思辨能力,提高认识和驾驭复杂局面的本领。长远眼光主要是面向未来的眼光,其支撑在于对泉源和大势的把握。只要把握和顺应大势,命运就掌握在自己手中,中华民族就会迎来伟大复兴的光明前景。

必须增强忧患意识、始终居安思危

确立起全面、辩证、长远的眼光

实训项目

实训 10.1

背景:你是企业仓库管理员,老板想了解仓库的情况,以及目前需要补货的情况

目标:用 PPT 做一份报告并进行汇报

数据:练习数据 10.1

要求:

- PPT 不低于 6 页内容(不含标题页和目录页)
- 要有图形展示(折线图、柱形图或饼图等)
- 要有明确的结论(可设置结论页)

项目 11 撰写分析报告

给上级汇报是职场工作者的基本能力，其中报告撰写是非常重要的环节，也是数据分析师的基本能力。

学习目标

知识目标：
- 了解数据分析报告的格式
- 掌握行业分析的撰写思路

能力目标：
- 能撰写格式规范、内容严谨的线上市场分析报告

素养目标：
- 培养以商务决策为导向的数据收集意识
- 培养学生加工处理数据的时候一丝不苟、精益求精、严谨认真的工匠精神和科学态度
- 作为数据分析师要树立高度的责任感和使命感，务实求真，脚踏实地，坚持重实际、办实事、求实效

项目导图

本项目的项目导图如图 11-1 所示。

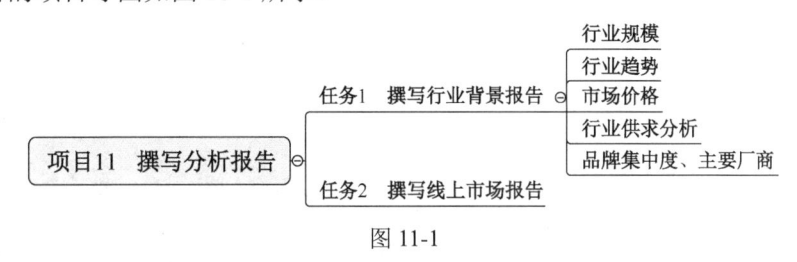

```
                                    ┌─ 行业规模
                                    ├─ 行业趋势
               ┌─ 任务1 撰写行业背景报告 ─┼─ 市场价格
项目11 撰写分析报告 ─┤                    ├─ 行业供求分析
               │                    └─ 品牌集中度、主要厂商
               └─ 任务2 撰写线上市场报告
```

图 11-1

任务1　撰写行业背景报告

◎ 情景导入

某厂家对目前休闲食品（零食）行业的市场缺乏系统的了解，希望通过一份市场报告来了解休闲食品市场的背景，包括目前情况、发展趋势、政策变化等，以便更好地进入该行业。

◎ 解决思路

可以从食品行业需求发展、政策环境分析、消费者行为、市场分布等方面进行分析。

◎ 实施过程

1. 收集行业销售量数据

随着我国国民经济发展和居民消费水平的提高，休闲食品已成为人们日常食品消费中的重要组成部分。图 11-2 是休闲食品销量统计及预测，可以看出，自 2011 年以来，我国休闲食品销售量不断增长，年均复合增长率约为 3.7%，预计到 2025 年，休闲食品行业的销售量有望到达 2255 万吨。

2. 政策环境分析

目前，整个休闲食品行业处于重要战略机遇期，面临市场空间持续扩大、高新技术应用加速、新兴食品行业孕育成长等重大机遇，国家也相继出台了多项产业政策，对产业的健康有序发展起到重要的指导作用。

为进一步促进我国农产品和食品加工业健康快速发展，国务院办公厅在《关于进一步促进农产品加工业发展的意见》中提出"支持大中城市郊区重点发展主食、方便食品、休闲食品和净菜加工,形成产业园区和集聚带。"这些文件的出台,标志着国家对休闲食品产业发展的准确定位、高度重视和大力支持。

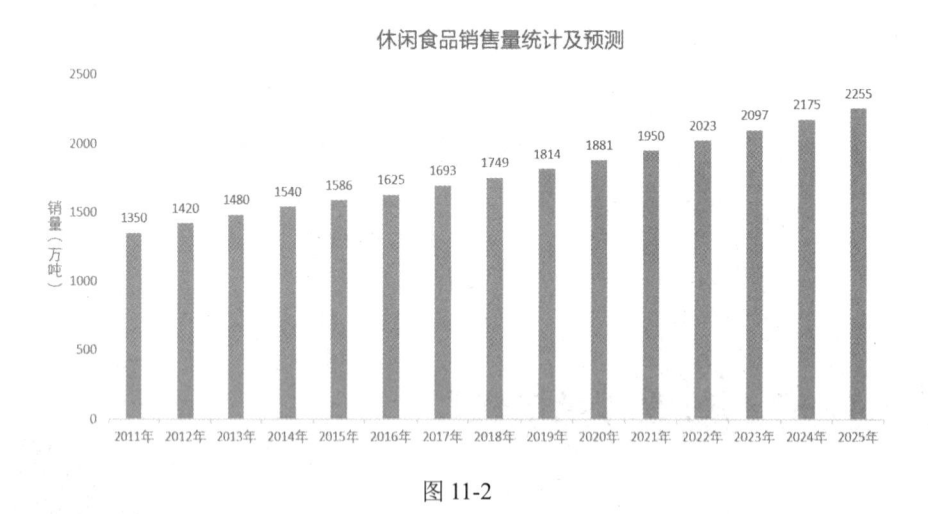

休闲食品销售量统计及预测

年份	销量(万吨)
2011年	1350
2012年	1420
2013年	1480
2014年	1540
2015年	1586
2016年	1625
2017年	1693
2018年	1749
2019年	1814
2020年	1881
2021年	1950
2022年	2023
2023年	2097
2024年	2175
2025年	2255

图 11-2

3. 消费行为分析

图 11-3 是休闲食品市场的消费人群画像。可以看出,18～24 岁年龄段的消费者是休闲食品消费的核心人群;相比男性,女性消费者更喜欢购买休闲食品。

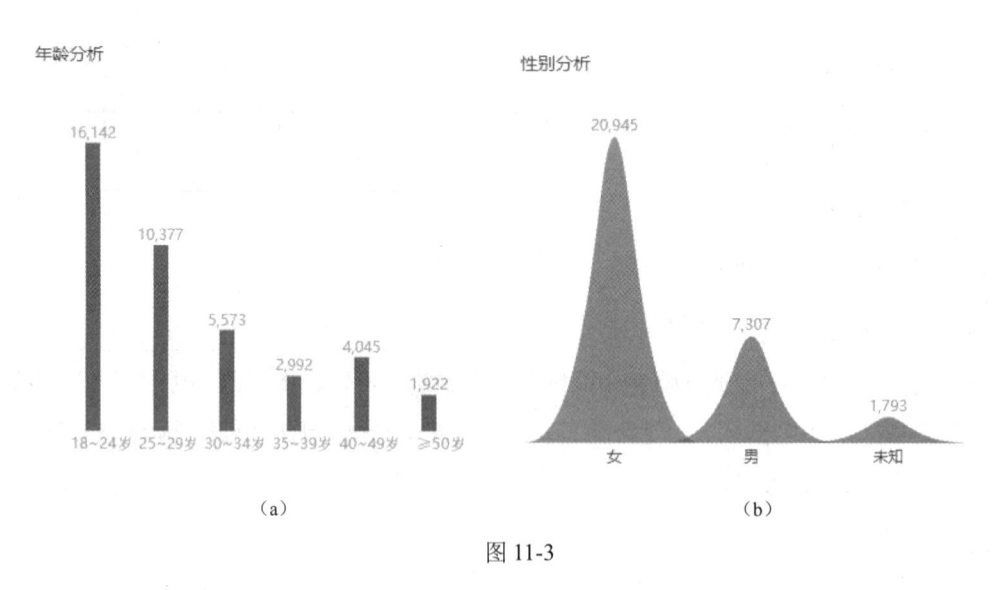

年龄分析

年龄段	人数
18~24岁	16,142
25~29岁	10,377
30~34岁	5,573
35~39岁	2,992
40~49岁	4,045
≥50岁	1,922

(a)

性别分析

性别	人数
女	20,945
男	7,307
未知	1,793

(b)

图 11-3

4. 总结

(1)发展快速。休闲食品行业的需求逐年上升,行业前景良好。

(2)政策支持。国家发布的文件中多次提到大力发展休闲食品,标志着国家对休闲食品产业发展的定位。

（3）消费升级。休闲食品类的客单价不断上升，消费者对休闲食品的品质要求提高，对健康的要求也提高了。

◎ 提升拓展

网红零食在零食的下拉词中排在前列，网红零食的搜索量剧增，随着抖音、小红书等社交软件的宣传，年轻消费者对网红食品的消费需求不断上升，可以切入这点打造专属爆款。比如脏脏包、单身狗粮等都是很好的营销产品。

任务 2　撰写线上市场报告

◎ 情景导入

某厂商了解完零食市场的背景后，希望做一份零食行业的线上市场报告，以便了解零食行业目前的发展现状及市场趋势，并将分析中看到的问题和想法用文字的方式记录下来，方便自己或他人阅读与回顾。

◎ 解决思路

运用之前学习的方法，做一份零食行业线上市场报告，包括零食行业的发展趋势、市场容量、供需关系变化、行业内的品牌状况、价格区间分析等。

◎ 实施过程

1. 零食行业的发展趋势

撰写线上市场报告

从生意参谋采集 2018 年 1 月至 2020 年 12 月的市场数据，如图 11-4 所示，零食行业的旺季基本在每年的 12 月到次年 1 月（公历和农历的新年），淡季是每年的 3 月到 7 月，8 月开始销售上升，因此运营人员需要在 6~7 月中为下半年的销售做好准备。

2019 年产品交易指数环比增长 23.19%，2020 年产品交易指数环比 2019 年增长 11.9%，增长趋势放缓，且整体销售额变化明显。

2. 零食行业的市场容量

如图 11-5 所示，为 2020 年零食细分品类市场容量分布情况，2020 年零食类目下【糕

点/点心】占比为 20.01%，【饼干/膨化】占比为 17.46%，【山核桃/坚果/炒货】占比为 16.20%，【牛肉干/猪肉铺/卤味零食】占比 15.73%。品类分布比较均匀，无明显的集中现象。

2018 年至 2020 年零食交易指数走势

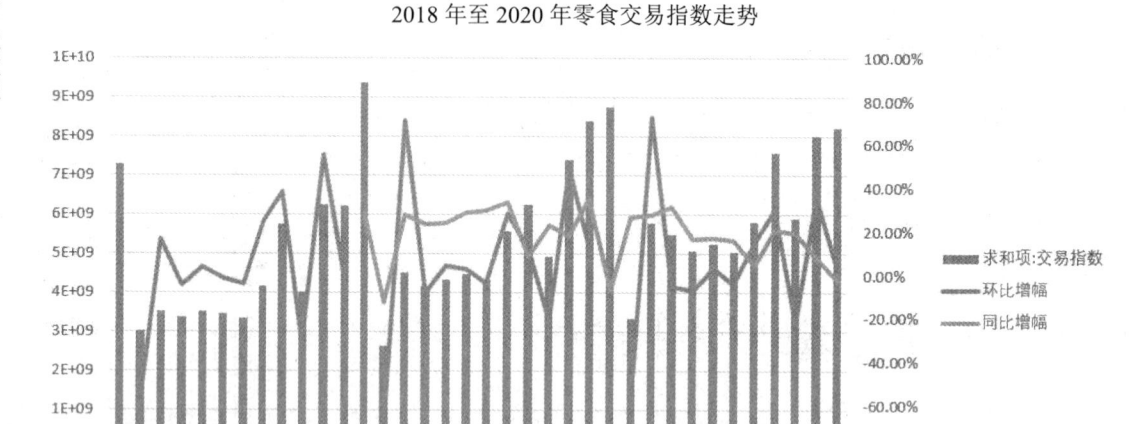

图 11-4

2020 年零食细分品类市场容量分布

糕点/点心	20.01%
饼干/膨化	17.46%
山核桃/坚果/炒货	16.20%
牛肉干/猪肉脯/卤味零食	15.73%
蜜饯/枣类/梅/果干/冻干	10.33%
糖果零食/果冻/布丁	7.50%
鱿鱼丝/鱼干/海味即食	4.82%
豆干制品/蔬菜干	4.14%
巧克力	3.81%

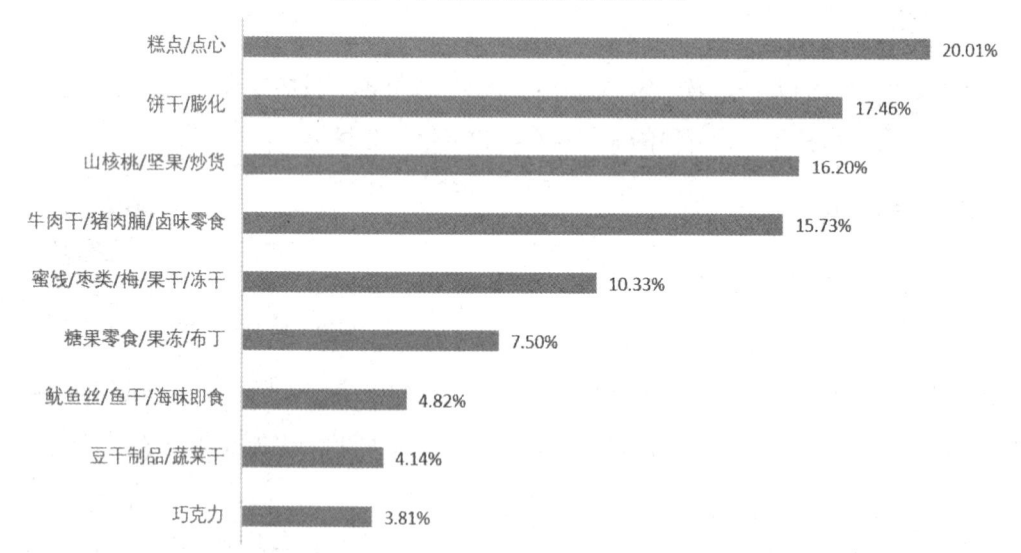

图 11-5

如图 11-6 所示，为 2020 年每月零食细分品类市场相对容量变化情况，2020 年 9 月【糕点/点心】品类占比突然上升，可以细分看具体的类目找出波段原因。1 月的【山核桃/坚果/炒货】品类的份额上升，这是新年的坚果需求上升导致的。

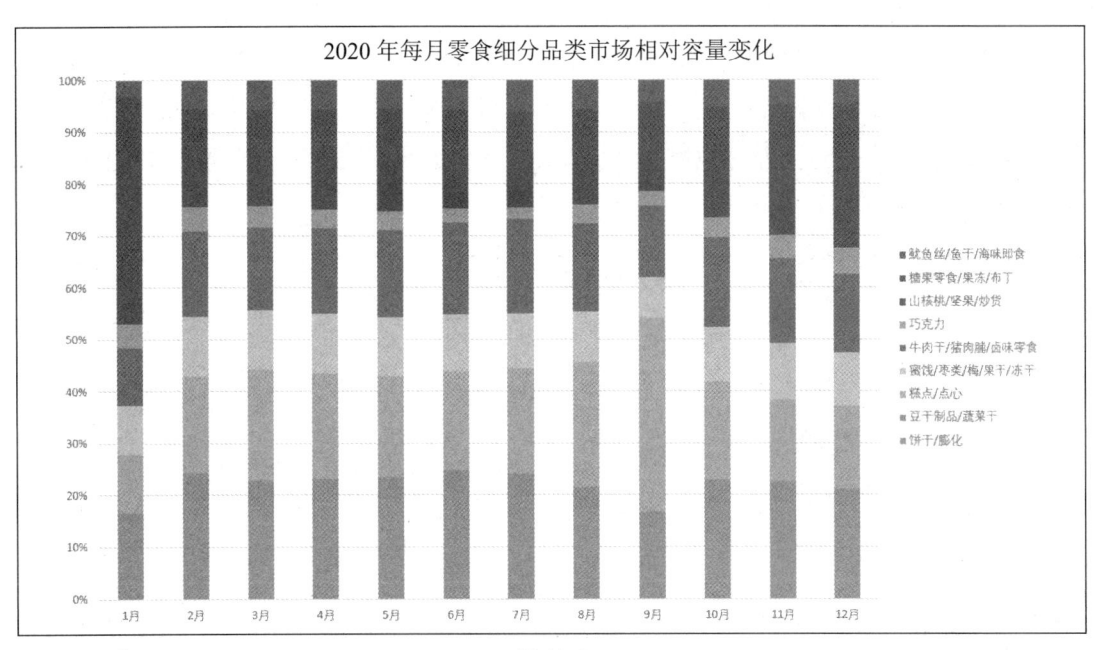

[图 11-6]

3. 行业的供需关系变化

如图 11-7 所示，为零食行业 2018~2020 年市场供需关系的变化情况，可以看出，三年来零食行业【搜索人数】趋势平稳且有一定的上升，【卖家数】也有一定的上升。竞争情况可以用搜索点击人数除以卖家数的值来分析。图 11-8 为零食行业 2018~2020 年商家流量的变化情况，说明平均每个卖家的搜索流量在三年内均略有上升。

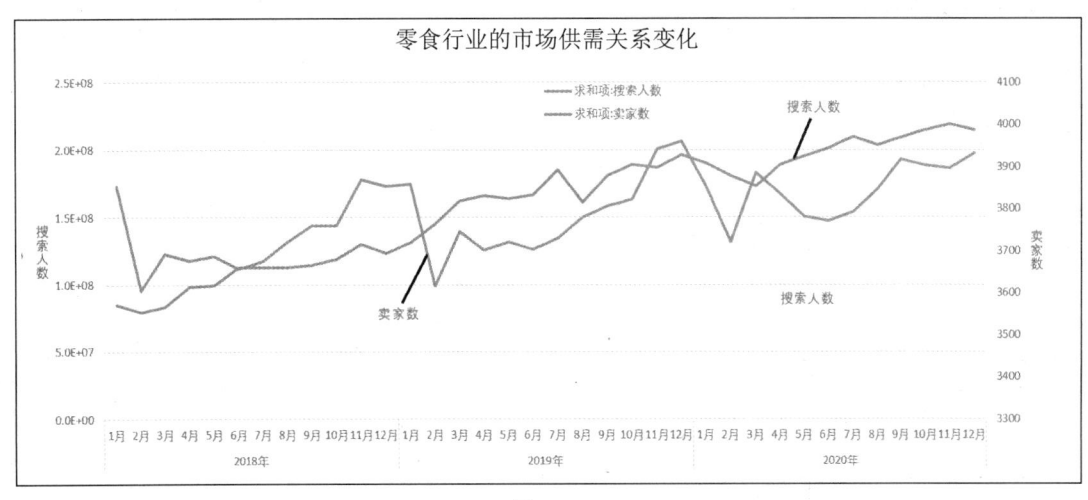

图 11-7

4. 行业的品牌状况

计算 2020 年第一季度品牌集中度，数据如表 11-1 所示，前 10 个品牌累加占比超过 80%，市场份额集中在 10 个品牌中，而且看到在这 10 个品牌内，第二位是第三位的 2 倍多，品牌集中度为 2，计算品牌集中度为 2÷30=6.7%，说明零食市场品牌高度集中，消费者对品牌具有高度认知。通过上面的数据了解到零食行业内的卖家减少了，但是目前行业内的品牌高度集中，发展各具特色。

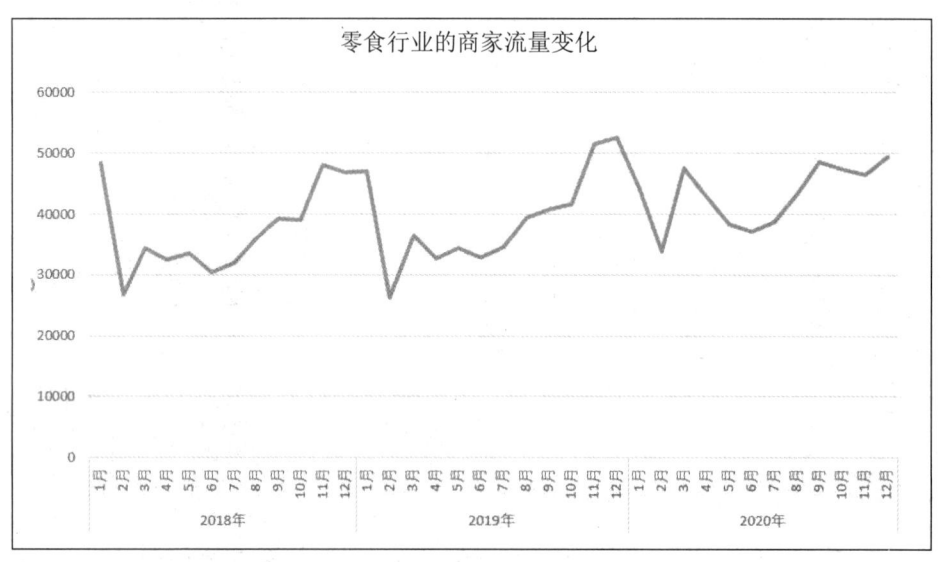

图 11-8

表 11-1　2020 年第一季度零食行业 TOP30 品牌

序号	品牌	交易金额/元	占比	累计占比
1	三×× ×	974 850 851	31%	31%
2	百草味	728 653 287	23%	55%
3	良品铺子	338 698 723	11%	66%
4	德芙	91 774 950	3%	69%
5	徐福记	74 913 926	2%	71%
6	来伊份	72 124 550	2%	73%
7	费列罗	64 253 816	2%	75%
8	沃隆	58 913 392	2%	77%
9	好想你	57 210 126	2%	79%
10	卫龙	54 004 150	2%	81%
11	丽芝士	50 655 945	2%	83%
12	乐事	40 335 050	1%	84%
13	豪士	39 904 871	1%	85%
14	洽洽	37 674 143	1%	86%
15	盼盼	37 577 549	1%	88%
16	口水娃	37 426 652	1%	89%
17	周黑鸭	31 913 186	1%	90%

续表

序号	品牌	交易金额/元	占比	累计占比
18	旺旺	31 849 362	1%	91%
19	奥利奥	30 817 486	1%	92%
20	港龙	28 802 070	1%	93%
21	童年记	28 760 510	1%	94%
22	稻香村	28 327 523	1%	95%
23	西域美农	23 647 228	1%	95%
24	瑞士莲	23 345 711	1%	96%
25	老街口	21 633 312	1%	97%
26	科克兰	21 372 785	1%	97%
27	天喔	21 359 275	1%	98%
28	甘源	20 314 830	1%	99%
29	好时	19 069 383	1%	99%
30	达利园	19 004 219	1%	100%
	合计	3 109 188 858	100%	100%

5. 行业的价格分析

图 11-9 所示为零食行业的客单价分布，可以看出，客单价集中在 30～70 元，其中 40～50 元的价格段占比为 32.49%。

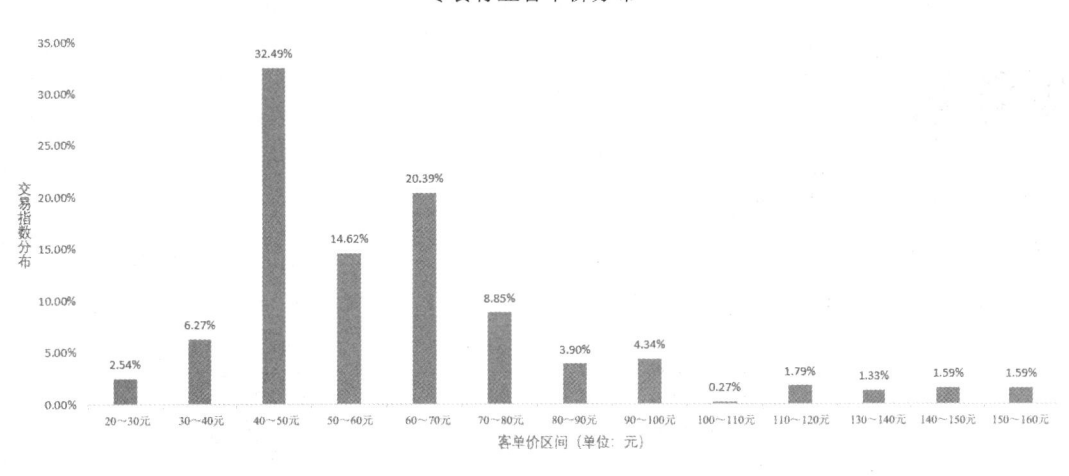

零食行业客单价分布

图 11-9

还可以继续细分到相关的品类看具体品类的价格带，感兴趣的读者可以自行分析。

◎ 提升拓展

用波士顿矩阵图找出切入细分市场。用销售额占比和增长率来看零食品类的四象限图，如图 11-10 所示。

2020年零食细分品类波士顿矩阵

问题　　　　　　　　　　　　　　　　　　　　　　　　明星

- 鱿鱼丝/鱼干/海味即食
- 豆干制品/蔬菜干
- 牛肉干/猪肉脯/卤味零食
- 饼干/膨化
- 糕点/点心
- 巧克力
- 糖果零食/果冻/布丁
- 蜜饯/枣类/梅/果干/冻干
- 山核桃/坚果/炒货

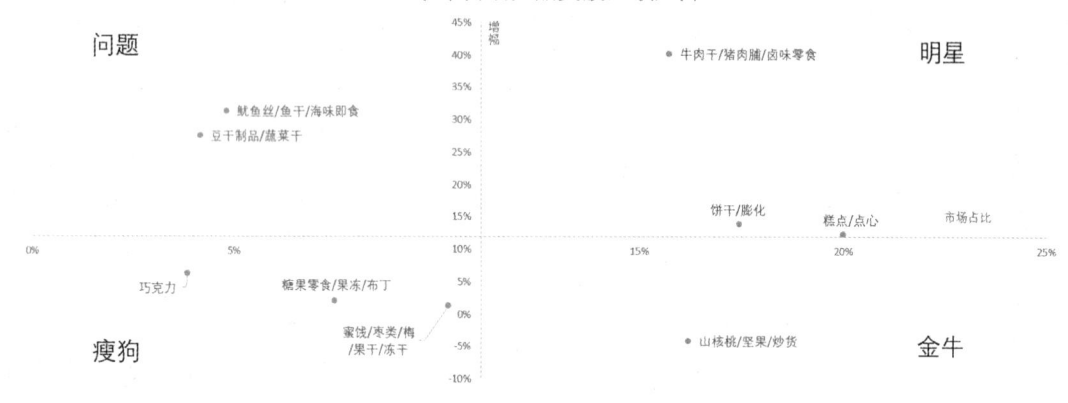

瘦狗　　　　　　　　　　　　　　　　　　　　　　　　金牛

图 11-10

【牛肉干/猪肉铺/卤味零食】【饼干/膨化】【糕点/点心】处于明星象限，是高增长高占有率的产品群；【山核桃/坚果/炒货】处于金牛象限，是低增长高占有率的品类，已经进入成熟期；【鱿鱼丝/鱼干/海味即食】【豆干制品/蔬菜干】处于问题象限，是增长率高但是市场占比比较低的产品群，此类产品市场机会大，前景好，需要在市场营销上进行提升；【糖果零食/果冻/布丁】【巧克力】【蜜饯/枣类/梅/果干/冻干】品类处于瘦狗象限，是低增长率、低市场占有率的品类，商家在进行品类布局的时候应少布局这类产品。

素养园地

劳动者的素质对一个国家、一个民族的发展至关重要。不论是传统制造业还是新兴产业，工业经济还是数字经济，工匠始终是产业发展的重要力量，工匠精神始终是创新创业的重要精神源泉。时代发展，需要大国工匠；迈向新征程，需要大力弘扬工匠精神。

保持严谨细致的工作作风，精益求精，践行使命　　　精益求精、勇于创新

反侵权盗版声明

电子工业出版社依法对本作品享有专有出版权。任何未经权利人书面许可，复制、销售或通过信息网络传播本作品的行为；歪曲、篡改、剽窃本作品的行为，均违反《中华人民共和国著作权法》，其行为人应承担相应的民事责任和行政责任，构成犯罪的，将被依法追究刑事责任。

为了维护市场秩序，保护权利人的合法权益，我社将依法查处和打击侵权盗版的单位和个人。欢迎社会各界人士积极举报侵权盗版行为，本社将奖励举报有功人员，并保证举报人的信息不被泄露。

举报电话：（010）88254396；（010）88258888

传　　真：（010）88254397

E-mail：　dbqq@phei.com.cn

通信地址：北京市万寿路 173 信箱
　　　　　电子工业出版社总编办公室

邮　　编：100036